KB140392

新羅 軍事史 新研究

- 역사로 본 新羅 軍 이야기 -

新羅 軍事史 新研究

- 역사로 본 新羅 軍 이야기 -

서영교

출판사 은어

▌들어가며

　신라 군사사 공부를 시작한 지 20년이 되어간다. 지금 생각해도 1993년 석사논문을 쓰고 1998년 '새로운' 논문이 나올 때까지의 5년이 인생에서 가장 고통스러운 나날로 기억된다. 잡다하게 알고 있던 정보나 지식은 일정한 거처도 없이 그저 부유浮游하고 있었다. 하나의 꼬챙이로 끼는 것이 절실했지만 어디서부터 시작해야 될지도 몰랐다. 미래에 대한 두려움 속에서 정신적 공황恐慌상태에서 살았다. 길을 잃은 것은 아닌가?

　기존의 연구와 다른 것을 쓰기 위해 의도적으로 애를 썼던 것은 아니었다. 그렇지만 본능적으로 자신의 세계를 가지고 싶어했던 것 같다. 그 자체는 결코 쉬운 것은 아니다. 물론 자기 세계 안에서 자신의 시각을 펼치는 것이 편안할 것이라는 생각은 그때는 하지도 못했고, 할 수도 없었다.

　뒤돌아보면 계기는 우연히 찾아 왔던 것 같다. 어떤 영인업자로부터 제에프 베르부르겐의 『유럽 중세의 전술』(J. F. Verburggen, The art of warfare Europe during Middle Age, Amsterdam 「1954」, 1977.)을 구입했다. 얼마 후 구로역에서 굴러 떨어지는 사고를 당했다. 골절로 인하여 집에서 가까운 고대병원에 입원해야 했고, 시간이 많아졌다. 구입한 책을 읽기 시작했다.

　내용 가운데 가장 눈길을 끄는 것은 기병을 잡는 보병 Pikeman(대기병對騎兵 장창보병長槍步兵)이란 개념이었다. 1997년 발행된 이문기李文基 선생의『신라병제사新羅兵制史 연구研究』, (일조각)에서 신라 장창당의 군관조직에 대해 분석한 글이 떠올랐다. 대방동 집에 있는 그 책을 가져오게 했다.

아마도 평생 그렇게 집중하여 공부해본 적은 없었던 것 같다. 구서당九誓幢 9개 사단 가운데 장창당長槍幢(비금서당)만이 기병이 거의 없고, 보병은 구서당 다른 8개 부대에 비해 2배가 많았다. 책의 내용을 『삼국사기』무관 조와 비교 확인했다. 역시 분석 자체는 이문기 선생의 그것이 매우 정확했다.

하지만 이문기 선생은 장창당에 기병이 부재한 것을 기록의 누락으로 단정했고,『삼국사기』무관 조를 불완전한 기록으로 보는 중요한 근거로 삼았다. 앞서 이노우에(井上)는 장창당이 통일 후 해체되었다가 불완전한 형태로 재조직되었기 때문에 군관조직이 결원될 수밖에 없었다고 본 바 있다(井上秀雄,「新羅兵制考」『新羅史基礎硏究』東出版, 1974). 이노우에는 무관조 기록 그 자체는 사실로 인정했다. 다만 그는 장창당이 다른 구서당 8개 부대와 군관조직이 같아야 하는데 다른 것이 이상하다고 생각했고, 이문기 선생도 이점에 대해서만은 동의를 하고 있다.

그러나 장창당 조직에는 나름의 논리가 있었다. 구서당 7개 부대에는 검은 옷을 입고 장창을 사용하는 보병, 흑의장창말보당黑衣長槍末步幢이 존재한다. 장창당 안에 그것이 존재하지 않는 것은 논리적으로 이해가 된다. 장창보병부대 안에 또 다른 장창보병부대가 중복적으로 존재하지 않은 것은 상식적으로 당연한 것 아닌가.

무엇보다 장창당의 창설연도가 672년이었다는 것이 중요했다. 그때 신라는 당에 이끌려온 3만 이상의 말갈기병 내습을 경험하고 있었다. 신라는 말갈기병을 효율적으로 막아내기 위해 대기병장창보병부대를 만들었던 것으로 보인다. 북방에 비해 양적이나 질적으로 많은 말이 생산되지 않은 신라의 입장에서는 기존의 보병을 이용하여 대기병조직을 만들어 낼 수밖에 없다.

「신라 장창당長槍幢에 대한 신고찰」, 『경주사학』 18, 1998. 이란 논문이 완성되고, 지도를 해 주신 이기동李基東 선생님을 찾아가 뵈었다. 처음으로 칭찬을 받았다. "나당전쟁기(670~676)에 당에 이끌려 온 말갈기병에 신라가 어떻게 대항해 싸웠는지 알 수 있게 되었다." 축하해 주니 대학원 입학 후 눌려왔던 필자의 서글픈 객기가 꿈틀대기 시작했다. 선생님! 『삼국사기』 무관 조에 나오는 신라 군사조직들을 살아 움직이는 군대로 만들어 보겠습니다. 하지만 『삼국사기』 무관 조에 보이는 신라 군사조직 연구는 자료의 한계로 오래가지 못 했고, 선생님께 일방적으로 선언한 '장담'을 지키지 못 했다. 본고는 그 차선책이다. 필자의 능력으로 할 수 있는 것만을 하려고 했다.

1장은 신라의 왕실경호조직 시위부와 그 조직이 사용했을 수도 있는 무기에 대해 살펴보았다. 여기서 경비와 경호의 차이를 부각시켰고, 나당전쟁기 대규모 말갈기병의 내습이 가져다준 신라의 창槍 형태 진화에 대해 다루었다.

2장에서 궁수부대와 장창보병에 대해 생각해 보았다. 먼저 육정六停 6개 사단 가운데 하나인 강릉의 하서정河西停 군사조직과 활 전문부대인 하서궁척河西弓尺의 관계에 대해 고찰해 보았다. 여기서 지형에 따라 군사조직은 차이를 보이고, 무기의 선택도 달라진다는 점을 알게 되었다. 산악지형에서는 적 기병의 접근이 제한되고, 장창보병부대보다 전문 활 부대(궁척弓尺)가 배치될 가능성이 높다.

이어 신라 흑의장창말보당에 대해 살펴보았다. 장창보병의 진陣끼리의 싸움이 가장 원초적인 형태의 전투이며, 오른손에 창을 쥐고 왼손으로 방패를 잡기 때문에 진陣이 왼쪽으로 기울어지는 사선이 형성된다는 점에 대해 고찰해보았다. 그 허점을 막아내기 위해 진陣의 왼쪽 측면에 기병을 배치한다. 뒤의 3장에서 언급한 보기합동전술의 원형은 이러한 상황에서 배태되었던 것으로 보인다.

이어 신라 장창당의 대對기병전술 기원으로서 소정방의 장창보병에 대해 살펴보았다. 660년 12만의 당나라군대를 이끌고 백제에 도착한 소정방蘇定方은 3년 전(657) 서역에서 장창보병부대를 이용하여 서돌궐의 유목민 기병을 격파했다. 농경민의 장창보병전술이 유목민을 격파했던 저명한 사례 가운데 하나이다. 이로써 당은 서쪽의 문제를 어느 정도 해결했고, 동쪽 백제로 눈을 돌릴 수 있었다. 630년 약탈문제로 군복을 벗고 근 70세가 되어 재기에 성공한 소정방은 백제에서 신라군과 연합작전을 했다. 신라는 여기서 대기병 장창보병전술의 개념을 배웠던 것으로 보인다.

소정방의 장창보병에 관한 글은 동국대 사학과 정병준 선생의 자료제공과 지도에 힘입은 바가 크다. 그 과정에서 필자는 기사騎射가 가능한 유목민 기병, 가장 발달한 기병의 개념에 대해 눈을 뜨기 시작했다. 그것이 기병과 목장 연구의 기반이 되었다.

3장에서는 신라 기병과 그 생산지인 목장에 대해 살펴보았다. 보병과 기병이 혼합된 보기당步騎幢이 어떠한 조직인지 생각하는 데서 출발했다. 여기서 구서당九誓幢·십정十停과 오주서五州誓의 보기步騎결합형태를 구분해 보았다. 전자는 보기합동전술, 후자는 보기일체전술을 사용했다고 생각했다. 전자는 세계 일반적이고, 후자는 유목민들이 대규모 기병전을 벌일 때 사용한 전술이었던 것으로 여겨진다. 보기일체전술을 구사하기 위해서는 말의 수가 많아져야 한다. 백제 고구려 멸망 이후 신라는 말 생산지 섬 목장 확보로 말을 증가시켰다.

신라가 백제지역의 서남해안 다도해를 접수한 직후인 668년, 문무왕은 174개 목장을 분배했다. 대규모 말 생산 기반이 형성된 신라는 비약적인 기병조직의 증강을 단행할 수 있었다. 물론 목장의 분배 대상은 진골 귀족이며, 그 이유는 그들만이 그 목장을 운영할 수 있는 인간조직을 소유하고 있었기 때문인 것으로 이해했다. 장보고와 그의 기병들은 진골귀족 목장에서 일했던 인간조직과 관련이 있는 것으로 보인다.

장보고의 기병과 서남해안 목장에 대해서는 정병준 선생님의 아이디어에서 출발했다(2001년). 선생님의 화두는 이러했다. "장보고가 유목민 출신 병사들이 있는 중국에서 말을 타고 창을 다루는 데 탁월함을 발휘했다는 두목杜牧의 기록을 어떻게 보아야 하나? 장보고 기병 3,000은 민애왕의 정부군 10만을 격파하지 않았는가." 이 논문에서 필자는 장보고가 진골귀족들의 서남해도서해안 목장의 목동 출신일 가능성이 높으며, 그가 중국에서 귀국한 이후 그러한 목동들을 끌어 모아 기병을 양성했다고 보았다. 정병준 선생의 지도로 완성된 이 논문은 필자에게 언제나 위로가 된다.

지금도 필자는 목장과 마馬 관련 글을 쓰고 있다. 「부산 영도(절영도絕影島), 신라왕실 목장」이란 제목으로 나올 이 논문이 그것이다. 아쉽지만 다른 곳에 선약이 되어 있어 이 책에는 넣지 못 했다. 약간의 내용을 이야기하며 이 글을 마치고자 한다.

『삼국사기』 김유신전을 보면 손자 윤중允中이 성덕왕에게 절영도의 말(절영산마絕影山馬)을 하사 받자 근친 왕족들이 심한 질투를 했다는 기록이 보인다. 절영마 하사 사실은 절영도가 신라왕실 목장임을 암시하고 있다. 그리고 왕족들의 '질투'는 절영도에서 생산된 말이 뭔가 특별한 존재였던 것을 의미할 수도 있다.

대마도와 가까운 곳에 위치한 절영도 목장에서 생산된 말은 키가 큰 대형마大形馬였을 가능성이 높다. 같은 시기의 내용을 담고 있는 『속일본기』 716년 6월 기록을 보면 신라산 말의 어깨 높이가 165cm였다고 명기하고 있다(馬史伊麻呂等 獻新羅國紫驃馬二疋 獻新羅國紫驃馬二疋

高五尺五寸).『삼국사기』직관지 내성內省의 왕실기관들 가운데 서역마
大宛馬가 먹는 목숙苜蓿을 제배하는 목초지가 4개 보인다.『사기史記』
대완렬전大宛列傳은 다음과 같이 기록하고 있다.

> "대완大宛 사람들은 술을 즐겨 마시고 대완(大宛의) 마馬는 목숙苜蓿을 좋아
> 한다."

후삼국시대에도 절영도絕影島는 명마名馬 산지의 명맥을 유지하고
있었다.『고려사』를 보면 926년 8월 견훤甄萱이 고려高麗 태조 왕건王
建에게 절영도絕影島의 총마驄馬 1필을 선물했다고 한다. 이 사실은
절영도 목장이 누대로 얼마나 말 양육 기술이 축적되었는지 보여준다.
그 총마驄馬의 이미지에 대해서는 8세기 당나라 시인詩人 두보杜甫의
총마행驄馬行에 확실하게 나타난다. "처음으로 꽃무늬 청백색 말을 얻
었으니 대완국大宛國에서 난 품종이네, 옛날부터 전해 듣고 한번 보길
원했는데, 끌고 오니 좌우 사람들 정신이 모두 떨렸네."

신라왕들은 진골귀족들의 말보다 훨씬 키가 크고 다리가 긴 절영
도絕影島의 총마驄馬를 탔던 것으로 보인다.

목 차

1장

시위부侍衛府 조직과 무기

I. 국왕 경호조직 시위부

　국왕의 자리란 어느 지역에서나 또 어느 시대에나 신성한 것이다. 왕은 한 국가의 중심에 위치하는 존재이며, 그 사회를 상징하기 때문이다. 본고는 국왕을 보호하기 위해 신라인들은 어떠한 시위 구조를 갖추어 놓았는지 파악하는 데 목적이 있다.

　지금까지 국왕을 경호하는 시위부가 왕권 강화와 관련되어 있다는 주장이 거듭 되풀이 됐다. 이기백은 진평왕 46년(624)에 시위부의 대감 6명을 둔 것에 주목하고 이 시기에 시위부가 처음 조직되었고, 그것은 내성內省 사신私臣을 두어 대궁大宮·량궁梁宮·사량궁沙梁宮을 겸해서 관장케 한 때로부터 2년 뒤로서 일련의 왕권王權 강화책이 발휘될 때 이루어졌으며, 시위부의 조직화도 그러한 일련의 정책의 한 고리였다고 보았다. 나아가 그는 진덕왕 5년(651) 전제왕권專制王權을 뒷받침해주는 집사부執事府가 설치된 그 해에 시위부가 3도徒로 편제된 것은, 결국 군사적인 면에서 전제왕권을 뒷받침해주기 위한 것으로 이해했다.

　또한, 그에 의하면 신문왕 원년(681) 김흠돌의 반란사건이 있은 직후 시위부 장군 6명이 설치된 것은 귀족들의 위협으로부터 전제왕권을 보호하는 시위부대를 강화하고 그 격을 높이려는 뜻을 나타낸 것이라 하였다.[1] 그야말로 시위부의 성립과정은 왕권의 강화 내지 전제화 과정과 궤를 같이하고 있다는 것이다. 이러한 관점은 신형식과 이문기 선생에 의해 그대로 재현되었다.

신형식은 시위부의 군관직 설치를 전제왕권 구축을 위한 정치적 조치로 간주했다. 이문기 선생은 여기서 한걸음 더 나아가 신문왕 원년(681) 김흠돌 반란진압 후 두어진 시위부 장군 6인의 상한 관등이 아찬인 점에 주목하고 그것은 진골귀족의 시위부 침투를 배제한 조치로 이해하였다. 그것은 장군직 진골귀족 임명의 독점규정을 폐지한 조치이며, 시위부 장군직을 6두품에게 개방함으로써 전제왕권의 무력적 기반을 삼게 한 것이라 한다. 왕권에 직접적인 무력도발에 대한 대응책으로서 시위부를 진골세력 저지 기관으로 국왕의 사병적私兵的 성격으로 개편했다는 것이다.2)

중고에서 중대로 이행하는 과정에서 신라의 왕권이 강화되어온 것은 사실이며, 시위부의 직제가 개편되어 온 것도 확실하다. 그리고 시위부의 직제 개편을 왕권강화와 연결하는 것도 이해되며, 이문기 선생의 지적대로 시위부가 그 성격상 왕권과 밀착될 수밖에 없다.

왕권이 약화된 하대에 가서도 국왕의 왕권강화는 끊임없이 시도되었으며, 그를 경호하던 시위부의 직제도 지속적으로 개편되었다는 것은 충분히 상정이 가능하다. 왕권강화의 시도와 국왕 경호조직의 개편은 중고 이전에도 이후에도 계속되었을 것이다. 왕권강화는 시위부 규모 자체의 팽창과 비례할 수도 있다.3)

자신의 권력이 축소되는 것을 원하거나 의도하는 왕은 없으며, 자신의 신변에 대한 위협을 그대로 방치하려고 하는 왕도 없다. 하지만 국왕을 시위하는 경호조직과 국왕의 무력적 기반인 직속 병력은 구분할 필요가 있다. 경호와 경비는 엄연히 구분되는 개념이다.

1. 관등규정과 조직체계

국왕의 신변과 직결되는 시위부의 개편과 정비는 지속되었다고 볼 수 있다. 『삼국사기』 직관지 무관조에 시위부를 소개하는 기록을 보자.

시위부에는 3도가 있다. 진덕왕 5년에 장군 6명을 두었고, 신문왕 원년에 감을 파하고 장군 6명을 두었는데 관위는 급찬에서 아찬에 이르는 자가 임명되었다. 대감은 6명인데 관위가 나마에서 아찬에 이르는 자가 임명되었다. 대두는 15명인데 관위가 사지에서 사찬에 이르는 자가 임명되었다. 항은 36명인데 사지에서 나마에 이르는 자가 임명되었다. 졸은 117명인데 선저지에서 대사에 이르는 자가 임명되었다.[4]

위의 기록을 통해 우리는 시위부의 편제와 연혁·군관들의 정원·관등 규정 등을 알 수 있으며, 이러한 시위부의 모습은 그것이 제도적으로 완성된 빨라도 681년 이후의 실태를 보여주고 있다.[5] 시위부에 관한 최초의 기록은 『삼국사기』 권4, 진평왕 46년(624) 조에 보인다.

봄 정월에 시위부에 대감 6명을 두었다.(春正月 置侍衛府大監六員)

624년 1월에 시위부대감 6인을 설치했다는 기록이다. 이기백은 이를 근거로 시위부가 이 시기에 처음 조직된 것으로 보고 있다.[6] 그러나, 이 기록을 그대로 해석한다면 시위부에 대감 6인을 설치한 것이 된다. 그 이전에도 시위부가 존재했다는 것을 암시하고 있다. 기존의 시위부에 대감 6인을 설치한 것에 다름 아니다.

이 기록은 이전부터 존재했던 시위부가 보다 조직화하여 가는 것을 말해주고 있다. 신라 국가가 성립하고 왕이 존재했던 이후로 왕을 시위하는 조직은 이미 있었다고 보는 것이 순리적이다. 이보다 앞서 진평왕 이전 여러 국왕의 측근에는 일종의 친위적인 군사력이 존재했을 개연성이 크다는 지적도 있었다.[7]

내부 반란을 경험한 신문왕대에 시위부 개편이 있었다. 『삼국사기』 권8, 신문왕 원년 조를 보자.

시위감을 파하고 장군 6명을 두었다.(罷侍衛監 置將軍六人)

정상井上씨는 진평왕 46년에 설치된 시위부侍衛府의 대감大監과 시위감侍衛監을 동일한 것으로 보고, 신문왕대의 이 기록을 대감의 상위에 장군을 설치한 것으로 이해했다.[8]

한편 이기백은 『삼국사기』 권40, 직관지 무관武官 조에 "감監을 파하고 장군將軍을 두었다."라는 기사에 주목하고 여기서 파했다고 한 감監이 전기(『삼국사기』 권4, 진평왕 46년(624) 조-필자)의 대감大監을 말하는 것인지, 혹은 대감大監을 설치하기 전부터 있었던 감監(시위감侍衛監)을 말하는 것인지 잘 알지 못하겠다고 한다. 그의 이러한 지적은 시위감의 위치에 대한 중요한 암시를 주었다.

여기에 대해 감監이 대감大監을 지칭하는 것이 아니며 그것은 곧 시위감侍衛監이라는 지적이 있다. 그 근거로 대감이 『삼국사기』 무관 조에 시위부의 대감으로 남아 있는 사실을 들고 있다.[9] 시위감이라는 관직을 폐지하고 그 자리에 장군직이 설치된 것으로 보고 있는 지적은 타당하다. 신문왕 이전에 시위부의 최고 책임자는 시위감侍衛監이었고, 김흠돌의 반란을 진압한 신문왕은 시위감을 파하고 장군 6인을 두었던 것이 확실하다.

시위부의 조직은 대체로 681년 장군將軍 6인의 설치로 최종 완성된 것으로 볼 수 있다.[10] 장군將軍의 관등은 6위 아찬阿飡에서 9위 급찬級飡까지, 대감大監은 6위 아찬阿飡에서 10위 나마奈麻까지, 대두隊頭는 8위 사찬沙飡에서 13위 사지舍知까지, 항項은 10위 대나마大奈麻에서 13위 사지舍知까지, 졸卒은 12위 대사大舍에서 17위 선저지先沮知까지였다. 각 관직의 상위 순위를 보자면 장군과 대감은 6위 아찬으로 같고 대두는 8위 급찬, 항項은 10위 나마奈麻, 졸卒은 12위 대사大舍이다.

시위부에 최고 대사의 관위까지 진급할 수 있는 4두품 출신이 있다면, 그는 원칙상 중간책임자 대두까지 진급할 수 있다. 또 최고 대나마의 관등을 가질 수 있는 5두품 출신이라면, 그는 대감까지 진급할 수 있다. 6두품은 시위부 장군까지 가능하다. 앞서 언급한 바와 같이 시위부 장군은 6위 아찬에서 9위 급찬까지 임명될 수 있는 직책이다. 사실 『삼국사기』 무관조에서 6정停·9서당誓幢의 장군將軍 36명은 모두 진골귀족만이 임명될 수 있다는 규정이 있다. 유일하게 시위부 장군이 6두품에게도 개방되어 있다.

『삼국사기』 무관 조의 시위부 기록을 바탕으로 하여 우선 명령이 하달되는 조직차트(Organization Charter)를 만들어 보자.

장군2 —대감2—대두5—항12—졸39

삼도   장군2 —대감2—대두5—항12—졸39

장군2 —대감2—대두5—항12—졸39

각 도徒는 상위 관등이 동일한 장군將軍과 대감大監이 최고지휘부를 형성하고 있음을 알 수 있다. 그 아래에 대두攮頭-항項-졸卒은 상위 관등이 각각 8위 10위 12위로서 상하관계가 비교적 분명한 직선형의 신속하고 일관된 지휘명령체계를 가지고 있다. 시위부의 각 도徒는 그야말로 피라미드적 조직구조를 가진 조직이다.

시위부의 각 도는 직계제적 조직임을 알 수 있다. 직계제 조직이란 위에서 아래로 하나의 직선적인 명령지휘체계를 띄는 것을 말한다. 시위부는 장군(2명)-대감(2명)-대두-항-졸 등의 식으로 직선형 조직인 것이다. 직계제적 조직의 최대 장점은 조직에 의한 명령수행능력이 다른 어떠한 조직보다도 빠르다는 점이다. 물론 상명하복의 철저한 명령체계가 주축을 이루고 있기 때문에 이러한 일이 가능하리라 생각되지만 무엇보다도 각 단위 조직 간의 계층이 명확하게 구분되어 있다는 점이 중요하다.

직계제 조직의 장점은 책임 소재가 명확하다는 점이다. 각 계급 간의 정확한 명령권과 책임의 한계가 규정되기 때문에 실수에 대해서는 철저한 책임추궁이 가능하다. 책임에 대한 한계가 명확해야만 징계나 보상과 같은 문제가 발생했을 때 이를 효과적으로 처리할 수 있다.

이와 관련하여 각 도가 5개의 대隊로 나누어진 것이 주목된다. 각 조직에는 계급이 있어 그것에 따라 내리는 명령에 실리는 힘이 다르다. 비록 높은 계급에 있는 사람이라고 해도 자기가 내리는 명령에는 일정한 한계가 따르는 법이다. 대두는 특히 자신에 소속된 항과 졸 이외는 명령권에 제한을 받았던 것으로 생각된다.

지휘자는 자신이 명령을 내릴 수 있는 범위가 사전에 한정되어 있어야 하며 자신이 내리는 명령을 전달받아 이를 실행에 옮길 수 있는 부하의 숫자가 한정되어야 한다. 혼선을 방지할 수 있는 장치이다. 가령 특정 대두의 명령을 받은 항이나 졸이 다른 대두의 명령을 중복적으로 받는다면 그들은 어느 한 가지도 제대로 이행할 수 없다.

똑같은 원리로 항과 졸은 자신의 직속상관인 특정 대두의 명령만 따르도록 되어 있었을 것이다. 이는 자기에게 명령을 내리도록 지시되어 있지 않은 지휘관이 내리는 명령에 대해서는 거부할 수도 있다는 것을 의미한다.

각 도徒의 대두隊頭 5인은 그 명칭에서 알 수 있듯이, 도徒는 5개의 대隊로 나누어지며, 대를 가장 기초적인 단위로 하고 있다. 대를 통솔하는 대두는 도徒 조직의 허리 역할을 하고 있으며, 조직운영 전반이 대두에 의해 직접 관리되고 있다고 볼 수 있다. 그는 각 도徒의 최고 책임자 장군과 대감의 중간 보조자로서 책임자이다. 항 5인-졸 39인 등의 하부조직은 직접 최고 책임자 장군의 관리를 받기보다 중간단계에 있는 대두의 지휘 · 감독을 받는 것이다.

각 도의 5명 대두 밑에는 51명 (항 12+졸 39=51)의 항과 졸이 있다.

따라서 각 대두는 대략 10명 정도의 부하를 관리하고 있다고 보아도 될 것이다. 사람이 얼굴을 맞대고 인간적인 관리까지 제대로 할 수 있는 범위가 10명 정도임을 뜻하는 것이 아닐까. 주지하다시피 경호 책임자가 직접 챙기고 관리할 수 있는 경호원의 숫자는 통상적으로 10명에서 최대 15명까지이다. 1명의 대두가 수십 명의 부하를 모두 관리하는 것은 실제로 불가능하다.

한 사람의 책임자가 부하가 많다고 해서 반드시 일을 잘 할 수 있음을 뜻하는 것은 결코 아니다. 숫자가 많으면 관리의 손길이 미치지 않은 인력이 생기게 마련이다. 국가의 최고 지휘자 국왕을 경호하는 조직은 잘 관리될 수 있는 정예요원만이 필요하다. 한 치의 오차도 허용 되지 않는 경호업무의 성격상 그렇다는 것이다.

5인의 대두 아래에는 항項이 12명 있다. 그리고 그 아래 졸이 39명이 있다. 그렇다면 대두는 2-3명의 항을 거느리고 있고, 각 항은 또한 2-3명의 졸卒과 함께 현장에 투입된다는 것을 의미한다. 항은 그가 실질적으로 명령을 내리거나 의사결정을 내릴 수 있는 권한을 가지고 있었다고 생각되지는 않는다. 그는 근무 시 졸卒들의 입장에서 업무 수행이 제대로 이루어지도록 만드는 역할을 한 것으로 추측된다. 다시 말해 항은 대두의 지시 상황을 현장에서 챙기는 경험 많은 선임이었을 것으로 보인다.

2. 시위부 3도徒편제의 의미

시위부는 3개 조직으로 구성되었다. 핵심은 3도의 조직편제가 무엇을 의미하는 것인가에 있다. 여기에 대하여 이노우에 히데오井上秀雄는 3도를 중국의 최고사령관을 모방한 관직으로 이해한 바 있다. 그는 여기에 대하여 더는 상세한 검토는 하지 않았다.[11] 하지만 3도는 이병도 선생의 지적대로 3개의 부대를 가리키는 것으로 보인다.

이병도 선생은 "3도의 도는 두레集團의 뜻으로, 3도는 3부대三部隊를 말하는 것이니, 장군은 각 2인, 대감大監도 각 2인, 대두隊頭는 각 5인, 항項은 각 12인, 졸卒은 각 39인이었다."라고 한다. 3도는 각각 장군 2-대감 2-대두 5-항 12-졸 39로 이루어진 3개의 부대라는 것이다.[12] 『삼국사기』권40 직관 하 무관武官 조를 보면 진덕여왕 5년(651)에 시위부가 3도로 편성되었음을 전하고 있다.

시위부는 3개의 조직이 있는데 진덕왕 5년에 설치되었다(侍衛府 有三徒 眞德王五年置).

기록을 본다면 651년에 최초로 시위부가 3개의 부대로 정비되었다. 하지만 『삼국사기』권4, 진평왕 46년(624) 조(春正月 置侍衛府大監六員)를 보면 시위부에 대감 6인을 설치했음을 알 수 있다. 이것은 3개의 조직으로 나누어질 수 있는 숫자다. 이는 진평왕 이전부터 시위부가 3개의 조직으로 나누어진 조직이었다는 것을 암시 하는 것은 아닐까. 다시 말하지만 『삼국사기』무관 조에 보이는 신라의 시위부는 장군이 6명이며, 대감도 6명이다. 대두隊頭·항項·졸卒까지 합하여 모두 180명이다. 어떻든 6 내지 180은 모두 3으로 나누어질 수 있다.

선덕여왕이 비담의 반란 와중에 사망한 것을 고려한다면 반란을 진압하고 실권을 장악한 김춘추·김유신 일파가 시위부조직을 개편하지 않을 수 없었을 것이다. 시위감과 대두隊頭-항項-졸卒의 군관직이 진덕왕 5년에 설치된 것으로 보는 견해가 있다.[13] 『삼국사기』무관 조에 보이는 시위부의 조직은 진덕여왕대 완성된 것으로 추측하고 있는 것이다.

사실 진덕여왕대 시위부에 대한 개편의 현실적 필요성이 있었다. 647년(선덕여왕 16) 상대등 비담을 의장으로 하는 화백에서 선덕여왕

의 폐위가 결정되자 이에 불복하는 김춘추와 김유신이 군사를 일으켰
다. 진골귀족 보수 연합세력과 김유신, 김춘추 일파의 무력충돌이 일
어나 10일간의 시가전이 벌어졌다. 김유신의 경산 사단의 개입으로 비
담 등의 군대를 진압했지만, 이 혼란의 와중에서 선덕여왕은 돌연히
사망하고 말았다.

진덕왕 5년 시위부의 개편에는 당시의 막후 실력자인 김춘추·김
유신 일파의 지원이 개재되어 있었을 것이며, 구성원 증가로 인한 시
위부의 3도 편제에 이들의 영향력 아래에 있는 군사력이 시위부의 병
졸집단으로 편입되었을 가능성이 있다. 나아가 선덕여왕 11년(642) 김
유신이 고구려에 억류된 김춘추를 구출하기 위해 국왕의 용인하에 소
모했던 사사死士·용사勇士와 같은 성격의 존재들이 이때 편입되었을
수도 있다.14)

이기백은 3도 편제에 대하여 "필시 소속군대의 수가 늘어난 때문에
취해진 조치일 것으로 생각한다."라고 하고 있다. 시위부의 수가 늘어
남에 따라 그것을 3개로 나누었다는 것이다. 나아가 그는 이 해(진덕
왕 5년)가 전제왕권을 뒷받침하는 관부인 집사부가 설치된 시기임을
지적하고, 시위부의 편제도 같은 맥락에서 보았다. 진덕여왕 즉위 이
후 김춘추의 권력이 증대한 것은 사실이며, 진덕여왕대 시위부의 구성
원이 증가했을 가능성은 있다. 하지만 3도 편제(侍衛府 有三徒 眞德王
五年置) 그 자체가 시위부의 구성원 증가를 반영하는 증거로 볼 수는
없다.

물론 시위부 졸이 군관의 대우를 받았을 가능성은 있다. 나아가 시
위부의 졸을 휘하에 병졸을 거느린 군관으로 볼 수도 있다. 정확한 규
모는 알 수 없으나 총 117명의 시위부 졸卒이 수십 명의 병졸들을 통
솔했다고 가정하면 시위부의 병력은 수천으로 늘어난다.15) 『구당서』
권199, 신라전을 보자.

왕이 거주지를 금성이라 하는데 둘레가 8리이고, 위병 3천이 사자
대로서 지키고 있다(王之所居曰金城 周七八里 衛兵三千人 設獅子隊).

위의 기록은 어느 시기에 신라를 방문한 당의 사신이 남긴 것으로
생각된다. 국왕이 거주하는 곳은 금성이며, 그 둘레는 7 내지 8리가 되
며, 3천 명의 위병衛兵(경계병)으로 구성된 사자대를 들고 있다. 위의
기록에 보이는 금성金城은 국왕의 궁성宮城이 아니며 왕도王都로 보
아야 하며, 하대에 시위부가 강화되고 그 기능까지 확대되어 왕도 수
비나 치안업무에까지 핵심적인 임무를 수행하게 되었을 수도 있다.16)
물론 그들의 업무가 성벽 경비에 한정되는 것은 아니었을 것이다.
왕궁 외성의 성문을 지키는 것도 그들의 업무에 포함되는 것이었을
것이다. 궁성의 여러 문들을 지키는 위병들의 존재는 안압지雁鴨池에
서 출토된 목간木簡에서도 확인된다.

表 · □隅宮北門廷 □□ 阿□閻宮門廷 □□□□

裏 · 大門□□ □□開義門廷 小也友永 金弃□

(18×4.5×0.5 자료資料430/431, 이성시李成市의 석문釋文에 의함)

궁북문宮北門, 여궁문閻宮門, 대문大門, 개의문開義門이란 명칭이
보인다. 문門의 명칭이 보이고, 그 아래에 소자小字로 4-7자로 기재되
어 있다. 이성시李成市에 의하면 이렇게 문명門名을 열거하고 그 아
래에 인명을 열거하고, 그 원수員數를 합계하는 형식의 목간은 일본에
서 많이 출토되고 있다고 한다. 그 예로 평성궁平城宮터 목간 중에서
병위兵衛가 서궁西宮으로 일컬어지는 구화에 있는 문門으로 출근한
당일의 식료청구食料請求를 위한 목간을 들고 있다.17)

· 東三門 鴨州 林 神 各杉 漆部 姦   北門 H下部 北府 服□ 縣 人伴

동삼문東三門, 북문北門 등에 출근한 병위兵衛의 씨氏(우지)를 기재하고 있다.[18] 이들 목간의 용도는 문을 경비하는 병위兵衛의 식료食料를 어딘가에 청구하는 것을 목적으로 하는 기록으로 보여지며,[19] 이로부터 율령의 규정에 의한 문門의 경비警備와 병위의 근무형태를 구체적으로 엿볼 수 있다.[20]

이성시는 안압지 목간은 일본 평성궁平城宮 목간과 동일 형식을 가지고 있으며, 아마도 같은 용도였다고 봐도 틀림이 없을 것으로 보고, 신라에도 병위의 근무형태와 문의 경비방법에 관한 상세한 규정이 있었음을 추정할 수 있다고 한다.[21]

『삼국사기』에도 왕궁북문王宮北門에 관한 기록이 보인다. 이것이 안압지 목간에 보이는 궁북문宮北門이라고 단정할 수는 없다. 그래도 이와 관련하여 주목할 필요는 있다. 궁(월성月城)의 북문과 안압지(동궁東宮)는 지척이다.

신문왕 3년 5월 7일 이찬 문영·개원을 신부집으로 보내 夫人으로 책봉하고 그날 묘시에 파진찬 대상·손문 아찬좌야·길숙 등 각각 그들의 아내와 급량·사량 2부의 여자 각 30명과 함께 부인을 맞아오게 했다. 부인이 탄 수레 좌우에 시종하는 관원들과 부녀자들이 매우 많았는데, 왕궁 북문에 이르러 수레에서 내려 대궐로 들어갔다. [(神文王 三年) 五月七日 遣伊湌文穎·愷元抵基宅 册爲夫人 其日卯時 遣波珍湌大常·孫文·阿湌坐耶·吉叔等 各與妻娘及梁·沙梁二部嫗各三十人迎來 夫人乘車 左右侍從 官人及娘嫗甚盛 至王宮北門 下車入內 (『삼국사기』 권8, 신문왕 3년 조)].

위의 기록은 683년 5월 7일 신문왕이 신하들을 시켜 자신의 신부 신목왕후을 친정집에서 왕궁으로 데려오는 장면이다. 신목왕후는 궁에 이르자 수레에서 내려 왕궁으로 걸어 들어갔다. 이때 그녀는 궁북문궁北門을 통과했다. 왕궁인 월성月城 남쪽 성벽을 따라 문천蚊川이 흐르고 있다. 때문에 남쪽보다 북쪽에 궁궐의 정문이 있었을 가능성이 매우 높다. 지금도 월성月城 북쪽 성벽에는 여러 문이 존재했던 흔적이 보이며, 어떻든 각 문에는 그것을 지키는 위병들이 배치되어 있었던 것이 확실하다.

『구당서』 권199, 신라전의 사자대는 3,000명이다. 금성金城=왕성王城을 지키는 위병衛兵이 3,000은 1,000명씩 3으로 나누어지는 점에서 시위부와 같다. 그렇다고 3도가 시위부 졸 예하에 병졸이 두어지는 대대적인 병력증강을 의미한다고 할 수 있을까.

시위부는 국왕을 그림자처럼 수행하는 조직이다. 즉 그들은 국왕의 바로 곁에 포진하여 신변을 책임지던 경호원들인 것이다. 그들의 근무지는 왕이 거처하는 궁성이며 그것도 가장 깊은 내정內庭이다. 넓지도 않은 내정에 수많은 병사들이 주둔할 수는 없다.

이기백이 "시위부에 소속된 병원兵員의 수가 장군 이하 졸卒까지 합하여 180명을 지나지 않았지만 그 중요성은 매우 크다."라고 한데서 알 수 있듯이 그는 시위부가 증가했다고 해도 180을 넘지 않았다고 보았다. 『삼국사기』 무관 조의 시위부에 대한 기록을 그대로 인정하고 있는 이기백의 견해는 정당하다.

그렇다면 왜 3개의 조직이 필요한 것일까. 필자는 왕궁의 경비나 국왕에 대한 경호가 365일 24시간 지속되어야 하는 업무인 점에 주목하고 싶다. 왕이 수행해야 했던 수많은 의례적 행사와 그리고 수많은 만찬과 접견하는 수많은 사람들을 생각해 보라.

현장에서 항시 긴장하고 있어야 하는 경호원들에게 그 업무는 많은 스트레스와 중압감을 주지 않을 수 없다. 근무시간에 한 순간도 쉴 수 없는 업무는 시간을 기준으로 경호조직을 나누는 것을 강요할 수밖에 없다. 쉬지 않으면 다시 근무를 할 수 없다. 3도의 조직은 3교대를 의미한다고 보고 싶다. 도도徒는 교대제 근무를 위해 사용하는 단위 였을 것이다. 물론 그것은 위병(경비병)들에게도 해당된다.

경비와 경호의 공통점이 그것이다. 신라의 위병은 각각 1,000명씩 3개로 나누어지는 수를 가지고 있다. 그들이 3교대를 했다면 왕성에 배치된 그들은 각각 1,000명씩 돌아가면서 근무를 한 셈이 된다. 고려 태조 때 궁의 경비를 맡았던 삼군三軍이 우천군祐天軍에 1,000명·천 무군天武軍에 1,000명·간천군杆天軍에 1,000으로 모두 3,000명이었다 는 것은 이와 관련하여 주목된다.

신라의 궁성을 경비하는 데 1,000의 병력이 교대로 24시간 동원되었 다는 것은 수적으로 너무 과다한 것일까. 그들은 맡은 성벽의 일정구 역을 책임져야 했으며, 밖에서 왕성으로 들어가는 여러 문은 물론 왕 궁내에서 내정內庭으로 향하는 많은 문의 경비도 했을 것이다. 안압지 목간에서도 알 수 있듯이 왕성과는 별도로 문무왕대(674년) 이후 늘어 난 궁성의 규모에 대해서도 고려해야 한다. 목간자료에서 알 수 있듯이 태자가 거처하는 동궁東宮(안압지)에도 경비하는 위병이 있었다.

물론 경비업무란 궁성구내宮城區內를 몇 개의 구역으로 나누어 각 기 경비전담구역을 담당하는 것이다. 그렇게 하지 않으면 근무하기 편한 구역으로 위병들이 집중되어 사고의 위협이 있는 별도의 사각지 대가 만들어지기 때문이다. 이 같은 문제를 미연에 방지하기 위해 구 역별로 전담반을 구성하여 구역에 대해서는 전적인 책임을 지도록 했 을 것이다.

기록 그대로 금성金城은 왕도王都가 아니며 신라 국왕이 거하는 궁성宮城이다. 사자대가 시위부와 함께 궁성宮城에 있었다. 하지만 사 자대가 시위부 휘하에 있었다고 볼 수 있는 증거가 없으며, 시위부=사 자대로 볼 수도 없다. 경비는 고정된 공간의 개념이다. 움직이는 국왕 을 시위하는 경호업무와 확연히 차이를 보인다. 그래도 경비원과 경

호원 양자 모두 기계가 아니라 살아있는 인간이기에 정상적인 근무를
위해 3교대로 쉬어야 했다.

3. 시위부와 금군禁軍-경호와 경비

시위부라는 경호조직이 국왕의 무력적 권력기반이었을까. 비담의
반란을 무력으로 진압하고 진덕여왕대에 집권한 김춘추·김유신 일파
가 시위부의 병력을 증가시켰다는 것은 상정이 가능하다. 그렇다고
해서 진덕여왕 사후死後 김춘추가 화백和白을 누르고 왕위에 즉위할
수 있었던 데에는 시위부의 군사력이 일정한 역할을 수행했다고[22] 볼
수 있을까.

가령 681년 8월 신문왕이 김흠돌의 반란을 진압할 당시 시위부가
주도적인 역할을 한 구체적인 증거는 없다. 오히려 신문왕은 궁정 외
부에 배치된 군사력으로 비담의 반란을 진압했다. 이는 '시이추집병중
是以追集兵衆(이 때문에 병사들을 끌어 모았다.)'이라든지 '소집병마所
集兵馬'했다.[23]는 기록에서 확인된다. 김춘추가 즉위할 당시에도 김유
신은 신라의 중추 사단인 대당을 장악하고 있었을 가능성이 높으며,
최소한 앞서 경산에 주둔했던 사단(하주정)이 그의 무력적 기반으로
있었을 것이다. 김흠돌의 반란 진압시 시위부의 병력이 이용되지 않
았다.[24] 다만 측근이 연루된 기록상의 흔적은 보인다.

　…흉악하고 간사한 자들을 불러들이고 궁중의 근수近竪들과 서로
결탁하여 화가 안팎으로 통하게 하였으며 나쁜 무리들이 서로 도와
날짜와 기한을 정하여 반란을 일으키려고 하였다(『삼국사기』 권8, 신
문왕 원년 조).

궁중의 근수近竪들이 반란에 연루된 것을 알 수 있다. 국왕 측근에서 수竪는 심부름을 하는 소년 또는 환관宦官의 뜻이 될 수 있다. 하지만 경호원의 뜻은 명백히 아니다. 만일 그들이 경호원이었다면 신문왕은 살아남지 못했을 것이다. 경호원의 역심逆心만큼 국왕에게 치명적인 것은 없다. 신문왕의 신속한 병력 동원은 중대의 신라 국왕이 왕경 부근의 군부대를 장악하고 있었다는 것을 보여주는 단적인 사례가 될 것이다.

당정幢停체제가 무너진 하대에 국왕 직속의 사병적 무력 기반의 존재가 보인다. 경문왕의 금군禁軍이 그것이다. 『삼국사기』 권11, 경문왕 14년(874) 조를 보자.

> 이찬 근종이 역모를 하여 대궐을 침범했다. (왕이) 금군을 내어 (근종의 군사를) 격파했다. 근종과 따르는 무리들이 야밤에 도주하자 추격하여 잡아 거열형에 처했다.(伊湌近宗 謀逆犯闕 出禁軍擊破之 近宗與其黨夜出城 追獲之車裂)

이찬 근종이 군사를 이끌고 대궐을 범하자 경문왕이 금군을 출동시켜 이를 격파했다. 근종의 범궐은 불시에 이루어진 것이다. 금군이 궁중에 주둔하지 않았다면 이와 같은 즉각적인 반격이 이루어지지 못했을 것이다. 이기백의 지적대로 금군은 곧 경문왕의 족병族兵(사병私兵)이다.[25]

금군으로 기록된 군사력은 곧 시위부였으며, 이 군사력은 당대의 상황에서 미루어 보자면 국왕직속의 군사력을 재편한 것으로 볼 수도 있다. 또한 하대의 국가적인 공병公兵조직이 유명무실해지고, 진골귀족의 사병이 보편화된 상황에서 시위부는 족병 등 국왕의 사병을 재편한 군사조직으로 존재하였을 가능성도 배제할 수 없다.[26]

그렇다면 시위부가 바로 금군으로 재편되었을까. 금군이 경문왕대에 국왕 직속의 사병을 기반으로 존재했던 것은 확실하며, 국왕을 경호하는 시위부가 하대에 가서 재편된 것도 충분히 상정할 수 있다. 그러나 근종의 반란군을 격파한 금군이 곧 시위부라고 하는 것은 검토의 여지가 있다. 다시 말해 시위부의 기능이 확대되어 금군이 되었다고 단정할 수 없다. 국왕을 따라다니며 경호하는 업무와 왕궁을 외부 침입자로부터 방어하는 군사적 경비 업무는 질적으로 다르기 때문이다. 국왕 직속 경비대와 경호실 시위부를 구분할 필요가 있다. 경문왕 대에도 시위부의 역할을 하는 경호조직은 엄연히 존재한 것은 충분히 상정할 수 있으며, 금군이 궁궐을 범한 근종의 군대와 맞서 싸우고 추격하여 소탕하는 와중에도 경호조직은 별도로 경문왕을 굳건히 지키고 있었을 것이다.

국왕의 국왕 직속 무력기반강화는 바로 국왕의 시위 · 경호 강화에 도움이 된다. 국왕의 군대가 없이 이루어지는 소수 경호원의 시위는 불안하다. 외부의 반란은 국왕직속 군대로 막아내야 하기 때문이다. 그러나 국왕의 직속 군대가 아무리 많다고 해도 전문적인 경호원 없이는 궁정 내부에서 소수 역심逆心을 품은 자들의 비수로부터 국왕을 보호할 수 없다. 그것은 너무나 짧은 순간에 일어날 수 있는 일이다.

고려 태조 때 국왕 직속 군대 내부의 반란은 이것을 단적으로 보여준다. 마군馬軍과 3천 명으로 구성된 삼군三軍(우천군祐天軍 · 천무군天武軍 · 간천군杆天軍)은 태조의 친위군이었다.[27] 그러나 이와는 별도로 위사衛士 즉, 내군內軍이 존재했다.[28] 삼군과 마군의 일부는 외궁外宮에 주둔했지만, 위사는 내궁內宮에 배치된 내군內軍이었다. 삼군과 위사는 근무 위치가 달랐던 것이다. 그만큼 삼군 내에서 위사는 각별한 존재였다. 한마디로 위사는 태조가 거처하던 내정內庭(금원禁苑)에서 같이 근무하던 부대였다.[29] 태조 즉위 원년(918)에 반란을 일으킨 마군장군馬軍將軍 환선길桓宣吉은 정예병을 거느리고 숙위 임무까지 수행하면서도 금원에 배치된 위사들의 실태를 정확히 파악할 수 없었다.[30] 이 점은 경호 조직인 위사가 국왕의 직속 군대인 마군馬軍·삼군三軍과 얼마나 격절된 집단이었는지를 말해준다.

경호와 경비의 개념은 상당히 다르다. 모든 병사들이 경호업무를 수행할 수 있다고 보아서는 안 된다. 경호는 신변보호Body Guard라는 어떤 특수목적의 업무를 별도로 수행하는 역할을 말한다. 경호업무는 일반적 군 조직을 가지고서는 사실상 제대로 된 업무 수행을 할 수 없다. 국왕경호는 그의 사회적 지위만큼이나 업무 내용이 복잡하고 항상 우발적 상황을 전제에 두고 있으므로 정상적인 조직 체계만을 가지고 이 분야의 일을 할 수 없다. 특수한 교육을 받지 않으면 그것은 불가능하다.

국왕의 행행시行幸時 경호 대상자에게 직접 가해지는 공격 행위가 아닌 군중의 소란, 화재 등과 같이 우연히 발생한 사태라 하더라도 교육을 받은 경호원은 그 상황 자체로 판단하면 안 된다. 그는 그 상황이 위해危害 기도자가 공격 여건을 조성하기 위한 술책이라는 것을 염두에 두어야 한다. 범궐한 역도의 군대와 국왕의 금군 사이의 전투가 벌어지는 혼란 상황도 마찬가지다.

우발 상황은 심각한 비상사태로 발전할 수 있으며, 충격적 상황에 대한 심리적 공포가 인간의 기본욕구인 자기 자신을 보호하려는 보호 본능이 발생함에 따라 순간적으로 자세를 낮춰서 시위의 본분을 망각할 수도 있다. 그러므로 그들은 자기 본원의 임무를 망각하지 않기 위해 평소에 반복 숙달훈련과 심리적 훈련을 받지 않으면 안 된다.[31] 경호원은 일반 군사들과 훈련 내용이 상당히 다르며, 그들이 배치된 위치, 업무, 조직의 성질도 다를 수밖에 없다.

4. 소결

그는 불행한 신라의 왕들 가운데 한 명이었다. 통일의 영주인 아버지 문무왕이 사망한 직후 가장 믿을 수 있는 장인이 반란을 일으켰다. 기댈 수 있는 모든 것을 잃은 신문왕은 조상신 앞에서 처음 맺어진 여인과 강제 이혼을 했으며, 처의 아버지와 그의 친구들을 형장으로 보내야 했다. 영혼의 깊은 상흔 위로 불신不信이란 저주가 내려앉았다. 배신에 대한 분노에 앞서 다른 사람을 믿지 못하는 황폐한 인간이 되어 버렸다.

그는 자신의 몸을 지켜낼 시위부 조직을 개편했다. 장군將軍2-대감大監2-대두隊頭5-항項12-졸卒39로 이루어진 3개(삼도三徒)의 조직을 만들어 교대로 24시간 3교대 시켰다. 각 관직의 상위 순위를 보자면 장군과 대감은 6위 아찬으로 같고 대두는 8위 급찬, 항項은 10위 나마奈麻, 졸卒은 12위 대사大舍이다. 6정停·9서당誓幢의 장군將軍 36명은 모두 진골귀족만이 임명될 수 있었다. 유일하게 시위부 장군만이 6두품에게도 개방되어 있다. 물론 6두품만을 염두에 둔 관등 규정으로만 볼 수 없다. 보다 정직한 젊은 진골귀족 출신도 고려했을 것이다.

조직은 장군將軍과 대감大監이 지휘부를 형성하고 그 아래에 대두隊頭-항項-졸卒은 상위 관등이 각각 8위 10위 12위로서 상하관계가 비교적 분명한 직선형의 신속하고 일관된 지휘명령체계를 가지고 있다. 직계제적 조직의 최대 장점은 명령 수행능력이 빠르고, 책임 소재가 명확하다. 정확한 명령권과 책임의 한계가 규정되기 때문에 실수에 대해서는 철저한 책임 추궁이 가능하다.

경호조직 도徒는 5개의 대隊로 나누어졌고, 각 대에는 10명의 항과 졸이 있었다. 대의 장인 대두는 특히 자신에 소속된 항과 졸 이외는 명령권에 제한을 받았던 것으로 생각된다. 지휘자는 자신이 명령을 내릴 수 있는 범위가 사전에 한정되어 있어야 하며 명령을 실행할 수 있는 부하의 숫자도 마찬가지다. 그래야 혼선을 방지할 수 있다. 똑같은 원리로 항과 졸은 자신의 직속상관인 특정 대두의 명령만 따르도록 되어 있었다. 직속상관 외의 명령은 거부할 수도 있다는 것을 의미한다.

각 도徒의 대두隊頭는 도徒 조직의 허리 역할을 하고 있었다. 장군과 대감의 중간 보조자로서 책임자였다. 항 5인-졸 39인은 최고 책임자 장군의 관리를 받기보다 중간단계에 있는 대두의 지휘감독을 받고 있었다. 도의 5명 대두 밑에는 51명(항12+졸39=51)의 항과 졸이 있었고, 1인당 대략 10명 정도의 부하를 관리했다. 사람이 얼굴을 맞대고 인간적인 관리까지 제대로 할 수 있는 범위가 10명 정도이다.

숫자가 많으면 관리의 손길이 미치지 않은 인력이 생기게 마련이다. 국왕 경호조직은 관리될 수 있는 정예요원만이 필요하다. 한 치의 오차도 허용되지 않는 업무의 성격상 그렇다. 1인의 대두는 2-3명의 항을 거느리고 있고, 각 항은 또한 2-3명의 졸과 함께 현장에 투입된다는 것을 의미한다. 항은 그가 실질적으로 명령을 내리거나 의사결정을 내릴 수 있는 권한을 가지고 있었다고 생각되지는 않는다. 그는 근무 시 졸卒들의 입장에서 업무수행이 제대로 이루어지도록 만드는 역할을 한 것으로 추측된다. 다시 말해 항은 대두의 지시상황을 현장에서 챙기는 경험 많은 선임이었을 것으로 보인다.

결론적으로 말해 『구당서』보이는 신라 위병衛兵은 둘레 7-8리의 왕성을 지키는 '위병'이지 내정內庭에서 국왕을 '시위'하는 경호원이 아니다.

(미주)

1) 李基白·李基東,『韓國史講座』(古代篇), 일조각, 1982, 340쪽.

2) 李文基,「新羅 侍衛府의 成立과 性格」,『歷史敎育論集』9, 1986, 33;『新羅兵制史硏究』 일조각 1997, 165쪽 註 230)
　　申瀅植,「新羅 中代 專制王權의 特質」,『統一新羅史硏究』, 삼지원, 1990, 173쪽 참조.

3) 李文基,「新羅 侍衛府의 成立과 性格」,『新羅兵制史硏究』165쪽.

4) "侍衛府 有三徒 眞德王五年置 將軍六人 神文王元年 罷監置將軍 位自級湌至阿湌爲之 大監六人 位自奈麻至 阿湌爲之 隊頭十五人 位自舍知至沙湌爲之 項三十六人 位自舍知至大奈麻爲之 卒百十七人 位自先沮知至大舍爲之

5) 李文基,「新羅 侍衛府의 成立과 性格」,『新羅兵制史硏究』150쪽.

6) 李基白·李基東,『韓國史講座』(古代篇), 340쪽.

7) 李文基,「新羅 侍衛府의 成立과 性格」,『新羅兵制史硏究』151쪽.

8) 井上秀雄,「新羅兵制考」,『新羅史基礎硏究』, 東出版, 1974, 157쪽.

9) 李文基,「新羅 侍衛府의 成立과 性格」,『新羅兵制史硏究』158쪽.

10) 李文基,『新羅兵制史硏究』48쪽.

11) 井上秀雄,「新羅兵制考」,『新羅史基礎硏究』, 1974, 154쪽.

12) 李丙燾,『譯註三國史記』下, 을유문화사, [1977] 1983, 281쪽.

13) 李文基,「新羅 侍衛府의 成立과 性格」,『新羅兵制史硏究』

14) 李文基,「新羅 侍衛府의 成立과 性格」,『新羅兵制史硏究』

15) 李文基,「新羅 侍衛府의 成立과 性格」,『新羅兵制史硏究』170쪽.

16) 李文基,「新羅 侍衛府의 成立과 性格」,『新羅兵制史硏究』172-173쪽

17) 李成市,「韓國木簡연구의 현황과 咸安城山山城出土의 木簡」,『韓國古代史硏究』 19, 2000, 83쪽.

18) 平川南,「古代における人名の表記—最近の木簡から發して」,『國史學』161, 1996.

19) 森公章,「二條大路木簡と門の警備」(奈良國立文化財硏究所創立40周年記念論文集),『文化財論集』Ⅱ, 1995,同朋舍出版.

20) 李成市,「韓國木簡연구의 현황과 咸安城山山城出土의 木簡」, 83쪽(이성시는 門의 警護란 표현을 쓰고 있다. 이는 아마 警備의 오자일 것이다).

21) 李成市,「韓國木簡연구의 현황과 咸安城山山城出土의 木簡」, 83쪽.

22) 李文基,「新羅 侍衛府의 成立과 性格」,『新羅兵制史硏究』

23)『삼국사기』권8, 신문왕 원년 8월 16일 조.

24) 李文基,「新羅 侍衛府의 成立과 性格」,『新羅兵制史硏究』

25) 李基白,「新羅私兵考」『新羅政治社會史硏究』일조각, 260-261쪽.

26) 李文基,「新羅 侍衛府의 成立과 性格」,『新羅兵制史硏究』172쪽.

27) 또한 홍승기는 "환선길이 거느리고 있는 馬軍과 이들을 물리친 衛士가 기본적으로 동일한 궁성 내에서 국왕시위의 임무를 담당하고 있었으나, 전자는 外庭에

후자는 내정에서 각기 역할을 수행한 차이가 있다"라고 지적한 바 있다 (洪承
基, 「高麗 太祖 王建의 執權」, 『震檀學報』 71·72, 1991; 『高麗政治史研究』, 일조각,
2001). 홍승기의 이러한 지적에 대하여 송인주는 "국왕 측근 군사력의 至近거리
정도를 통해 친위군의 차이를 변별하려고 했다는 점에서 주목된다"라고 한 바
있다 (宋寅州, 『高麗時代 禁軍研究』, 경북대 박사학위논문, 1997, 26쪽).

28) 宋寅州, 『高麗時代 禁軍研究』, 26쪽.

29) 金洛珍, 「高麗初期의 內軍과 禁軍」, 『歷史學報』 176, 2002, 70-74쪽.

30) 金洛珍, 「高麗初期의 內軍과 禁軍」, 73쪽.

31) 국왕이 거행하는 수많은 의례적 행사와 근친왕족·고위층 인사와의 접촉을 염두에
두고 생각해보자. 그들은 의례의 절차에 대한 완벽한 숙지를 해야하는 것은 물론
이고, 인사예절, 접객예절, 일상 업무시 예절, 지시 받는 법, 보고하는 법을 배워
야 한다.

II. 동궁 안압지雁鴨池 출토出土 철과鐵戈의 용도用途

안압지雁鴨池는 경북 경주시 인왕동에 위치하고 있다. 이 남쪽에는 반월성과 첨성대가 있고, 동쪽으로 황룡사지가 보인다. 연못은 동서 200m 남북 180m에 이르고 면적은 약 4,738평에 달한다. 안압지에 대한 발굴조사는 1975년부터 2년여에 걸쳐 실시되었는데, 유물 3만여 점이 출토되었다.

출토된 유물은 금속공예품 2,252점, 목제품 920점, 와전류 24,353점, 토기류 3,388점 등 총 32,587점에 이른다. 이들은 지금까지 경주의 고분에서 출토된 부장품과는 달리 통일신라기의 궁중생활을 엿보게 하는 다양한 생활용품이 대부분이다. 하지만 2,252점의 금속제품 중 철제무기도 상당수 있다.

본고에서 살펴보고자 하는 것은 철제 무기이며, 그 중에서도 발굴보고서에서 철과鐵戈라 명명한 것이다. 필자가 국립경주박물관 유물 등록카드를 확인한 결과 그것은 1985년 5월 국립경주박물관 제2 격납고 6-4실에 있다가, 동년 10월에 제 2별관 7번장에 전시되었다. 그리고 1988년 2월 1일에 제 2별관 10번장으로 옮겨져 현재까지 그곳에 있다.[32]

이 철제 무기는 특이한 모양에도 불구하고 지금까지 전혀 주목받지 못했고 보고서도 그것이 안압지의 어느 장소에서 언제 발굴되었는지 침묵하고 있다. 다만 1975년 이후이며 발굴 장소는 안압지였다는 점은 확실하다.

그 용도를 올바로 이해하기 위해서는 그 형태에 대한 정밀한 분석이 필요하다. 무엇보다 철과鐵戈의 아래에 뾰족하게 돌출된 부분이 어떠한 용도로 사용되었는지 밝혀내야 한다. 그러면 먼저 철과의 명칭에 대해 재검토를 하고 이어 그 용도에 대하여 생각해보자.

1. 철과鐵戈의 형태와 그 명칭名稱에 대한 재검토

이 철제 무기에 대한 발굴조사 보고서의 내용은 다음과 같다. "못 내에서 출토되었으며, 자루는 없으나 완전하다. 몸체는 단면斷面 릉형菱形의 등대를 마련한 검劍의 형태이며 몸은 하부로 향할수록 조금 넓어진다. 하단부下端部에 이르러서는 비파형 동검의 하부처럼 넓게 처리하면서 한편에는 다시 예리하게 날개를 마련하고 다시 몸체를 반원형半圓形의 홈을 내어 제거한 상태이다. 지금까지 출토出土 예례가 없는 무기로서 전체적인 형태는 극戟과 검劍을 합습한 형태이다. 양인兩刃은 사용使用에 의해 날이 많이 빠져 있는 상태이며 자루에 삽입되는 병부柄部 부분은 단면 제형梯形으로 하반부는 날카롭게 처리하고 있다. 자루를 마련하여 고정시키기 위한 경徑 0.6cm의 구멍이 두개 뚫려있다." 철제무기는 전장全長이 61.2cm이고, 폭幅이 7.8cm이며, 병부장柄部長이 20.1cm이다.[33]

무기의 형태나 제작기법 등은 그것의 용도를 추정하는 데 있어 빼놓을 수 없는 중요한 사안이다. 그 제작과정을 추측해 보면 아주 긴 삼각형 형태의 철에 열을 가하고 앞쪽 끝부분부터 망치질을 하여 양날의 칼처럼 예리하게 만들어 아래로 내려간 것 같다. 아래로 갈수록 점점 커지다가 하부에서 둥글게 넓어진다.

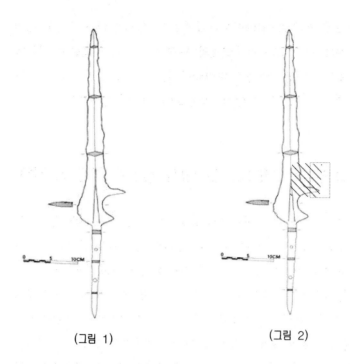

（그림 1）   （그림 2）

필자가 여기서 주목하고자 하는 것은 하단부下端部의 부분이다. 비파형 동검의 하부처럼 넓게 처리하면서 한편에는 다시 몸체를 반원형半圓形의 홈을 내어 제거한 그것이다. 2차 가공의 흔적이 뚜렷하다. 그렇다면 반원형의 몸에 홈을 내어 제거하기 직전의 모습을 복원해보자(그림 2).

어떠한 이유로 이러한 가공을 했을까? 가공 후 가공 전보다 달라진 모습은 마치 병따개와 같이 포인트가 아래위로 두 개가 있다. 그 중에서 위의 포인트가 날카롭다.

과戈는 포인트가 하나인 창(single-pointed spear)이며, 평두극平頭戟(a flat headed chi)이다.[34] 그러나 보고서에서는 이 철제무기를 과戈로 명명命名했다. (그림 3)과 같이 위로는 없고 옆으로 하나의 가지가 나와 있는 무기인 것이다. 그렇다면 이 무기를 과戈로 명명한 것은 잘못이다.

위의 (그림 1)에서 알 수 있듯이 이 철제
무기는 위로 길게 뻗은 양날과 옆에 짧은 포
인트가 있다. 그렇다면 이 무기를 극戟으로
도 볼 수도 있다. 사실 극戟은 찌르고 걸어서
당길 수 있는(thrusting and hooking) 2개의 포
인트를 가진 무기이기 때문이다.[35] 사실 안
압지 출토 철제무기의 용도와 관련하여 걸
어서 당기는(hooking) 기능은 주목된다.

중국의 예를 들어보자. 『한서漢書』 권49,
조착전鼂錯傳을 보면 중신重臣 조착鼂錯은
한문제漢文帝가 흉노匈奴를 치려 하자 흉노
기병을 기병으로 막는 정면 대결을 만류하
면서 다음과 같은 대안을 제시했다.

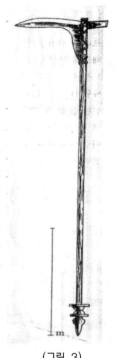

(그림 3)

　"기사騎射에 뛰어난 강건한 흉노의 군사
　에 대하여, 한군漢軍은 평지에서 경거輕車
나 돌격 기병으로 교란하면서 <u>강노强弩나 장극長戟등 사정射程이 긴
무기로써 사용하며 말에서 내려 지상에서 백병전으로 몰아가는 것이
유리합니다.</u>"

조착鼂錯은 정착민이 유목민과 비교하면, 항상 기병이 수적으로 열
세이고, 기사술騎射術이 모자라는 상태를 인식하고 있었다. 그는 유목
민의 기병을 기병으로 대적하기보다는 보병이 유기적이고 조직적인
작전을 구사해야 한다고 제안하고 있다. 여기서 보병이 사용한 주요
무기가 극戟이다.

그러니까 극은 보병이 기병을 상대할 때 사용하는 무기다. 그것은
말馬 위에 있는 기병을 극戟의 hook point에 걸어 말馬에서 끌어내리

는 기능이 있는 것이다.

그러나 안압지 출토 철제무기를 극戟이라고 부르기에도 문제가 있다. 극의 원형이 되는 그림 4)를 보자.

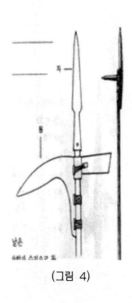

위 그림의 극戟은 한漢나라 때의 것으로, 과戈와 모矛 양쪽을 합한 형태의 날을 가지고 있다. 창의 끝 부분이 모矛와 같고, 그것을 '자刺'라 하고, 과의 날과 비슷한 모양을 한 부분은 '원援' 또는 지枝라 한다. '원'은 내리찍는 효과를 높이기 위하여 날보다는 날카로운 봉으로 바뀌어 '지枝'라 불리게 되었다.36)

극은 과戈와 모矛의 장점만을 취한 무기로 상商나라 때에 출현하여 주周나라 때에 가장 많이 이용되었으며, 진晉시대에까지 크게 유행하였다. 그러나 북위대北魏代 보다 발달된 모矛의 등장으로 주인

(그림 4)

공의 자리를 빼앗기고 만다. 당唐대에까지 사용되기는 하지만 점차 의식용으로 바뀐다.37)

이는『삼국사기』신라본기에서도 확인된다. 동서同書 권10, 애장왕 봄 2월 조를 보면 애장왕이 숙부 언승과 충공에게 문극門戟을 내리고 있고, 동서 권10의 헌덕왕 원년 8월 조를 보면 당唐 헌종憲宗이 최정을 사신으로 파견하여 신라의 대재상 김숭빈 등 3사람에게 문극門戟을 하사했다. 특히 후자의 경우『구당서』권15, 원화 7년 7월 조, 동서同書 권199, 신라전,『당회요唐會要』권95, 신라전,『책부원구册府元龜』권965, 외신부 봉책 조,『신당서』권220, 신라전 등에 동일한 사실이 수록되어 있다.38)

시노다의 지적대로 극戟에도 원援 또는 지枝라는 포인트가 있어

그것을 내리찍어 잡아당겨 앞으로 끌어내어 베는 기능이 있었다 한다. 하지만 극은 과戈와 모矛의 장점만 취하려고 하다가 거꾸로 양쪽의 단점까지 불가피하게 받아들이지 않을 수 없었고, 결국 어중간하게 되어 버린 측면도 있었다고 한다.39) 당대唐代에 그것이 사용이 안 된 것은 아니지만 널리 사용되지 않고 의식용으로 전환되는 것도 이러한 이유 때문일 것이다.

안압지 출토 철제무기를 극戟으로 단정할 수 없다. 그것은 포인트가 찍어 내릴 수 있다는 점에서 극과 같은 용도를 추정할 수 있지만, 극이 가진 '잡아당겨 앞으로 끌어내어 베는 기능'은 없다. 무엇보다 안압지 출토 철제무기의 가장 아래 부분에 있는 작은 포인트를 결코 무시할 수 없다. 그렇다면 이 철제무기의 명칭을 무엇이라 하면 좋을까. 끝이 날카로운 병부柄部가 있는 것을 고려한다면 일단 이것은 창의 일종이라 할 수 있다. 이 창에는 포인트(구鉤)가 2개가 함께 있다. 그렇다면 포인트가 있는 창이라 하여 구창鉤槍이라 명명命名할 수 있을까?

일본의 정창원에는 중창中倉 모鉾가 33매枚가 있는데 구형鉤形을 한 것이 13매枚, 다른 것은 모두 직창형식直槍形式이다.40) 정창원에 소장되어 있는 구형鉤形의 모鉾 중 하나를 보자.

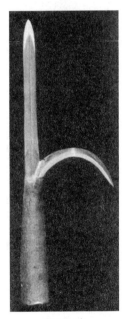

(그림 5)

(그림 5)는 완전한 구겸모鉤鎌鉾이다. 이는 아래의 (그림 6)에 있는 구겸창鉤鎌槍을 보면 알 수 있다.

위의 (그림 6)과 안압지 출토 철제 창槍과 모양을 비교해 보면 양자가 상당히 다르다. 따라서 안압지 창을 정확히 구창鉤槍이라고 명명하기

에는 무리가 있다. 하지만 딱히 다른 명칭을
붙이기도 쉽지 않다. 그렇다면 그것을 '구형鉤
形의 창槍'이라 부르기로 하자.

(그림 6) 할베르트

2. 구형鉤形 창槍의 용도用途

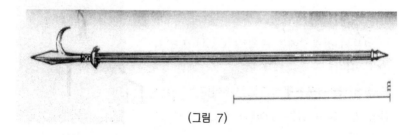

(그림 7)

여기서 더욱 중요한 것은 통일기 신라의 왕경王京의 궁원지宮園池
에서 어떻게 해서 '구鉤형의 창槍'과 같은 무기가 출토되는가에 있다.
안압지 창의 포인트만 본다면 위의 (그림 7)에서 알 수 있듯이 그것

이 오히려 스위스의 할베르트를 많이 닮았다. 할베르트는 스위스 장
창보병(pikeman)이 사용했던 무기로써 도끼 같은 날과 그 반대쪽에는
찌르기 위한 예리한 날도 갖추고 있다. 스위스 장창보병은 전문적으
로 기병을 제압하는 대기병對騎兵 부대로서 세계적 명성이 있다[41].
스위스 장창보병에서 처음으로 사용한 것은 3m 이상의 직창直槍이었
는데 14세기에 들어와 그것은 할베르트로 서서히 교체된다.[42] 물론
할베르트가 가진 포인트의 용도는 직창을 가진 병사들이 집단 대열을
이루고 적 기병을 가로막아 그 속도가 없어졌을 때 말 위에 탄 사람을
찍어 끌어내리는 것이다.

　이제 안압지 출포 구형鉤形 창槍으로 다시 돌아가 보자. 앞서 언급
한 바와 같이 '구형鉤形의 창槍'의 위쪽에 있는 포인트는 적을 끌어당
겨 넘어뜨릴 수 있는 기능을 가지고 있을 수도 있다.[43] 그렇다면 아래
부분의 작은 포인트는 어떠한 역할을 했다는 말인가. 필자는 안압지
철제 무기의 양兩 포인트가 결코 끌어당기는 Hooking으로 한정된 것
으로 생각하지 않는다. 오히려 아래의 작은 포인트가 존재함으로써
Hooking보다는 Pushing하기가 더 용이하다. 이 무기의 위의 큰 포인트
는 결코 안쪽으로 휘어진 형태가 아니기 때문이다. 즉 위의 포인트와
아래의 포인트는 같이 맞물려서 작용을 했던 것이며, Pushing을 하기
가 더 좋다. 이것을 가능하게 하려면 나무자루가 상당히 길어야 한다.

　안압지 출토 구형의 창은 그것을 나무자루에 고정시키기 위한 경
俓 0.6cm의 구멍이 두 개 뚫려 있다. 무엇보다 병부장柄部長이 20.1cm
인 점이 주목된다. 보통 창날의 길이가 20cm인 점을 고려한다면 이는
상당히 긴 것이다. 이는 3~4m 이상의 나무자루를 염두에 두고 제작된
것이 분명하다. 이때 구형 창은 보병 개인이 아니라 대열을 이룬 집단
이 사용했을 것이다.

　무기란 전쟁에서 살아남기 위해 지속적으로 개량되고 발달하는 것

이다. 안압지가 조성된 시점인 674년 당시 나당전쟁은 끝나지 않았다. 더구나 2년 전인 672년 8월 신라군의 중앙군단이 석문에서 벌어진 당군과의 정면 대결에서 전멸하다시피 했다. 필자는 안압지에서 발굴된 이 특이하게 제작된 구형鉤形의 창槍이 나당전쟁이라는 거대한 전쟁의 어떠한 양상을 반영하는 것으로 보고 싶다.

문무왕 11년(671)부터 당唐의 대규모 기병이 대방帶方(황해도)의 평야 지대에 등장하고 있거니와 이것은 신라가 일찍이 경험해 보지 못한 새로운 현상이었다. 사실 나당전쟁기간에 당에 이끌려 대거 남하했던 말갈군靺鞨軍은 주로 기병騎兵을 사용했으며,[44] 거란족의 경우 유목민이었다. 그 주요 전쟁터가 황해도·경기도 평야 지대이며, 『삼국사기』권6, 문무왕 15년(675) 조에서 신라군은 매초성에 주둔한 이근행李謹行의 20만 말갈병에 승리한 후 3만여 필의 말을 포획한 점을 생각해 보면 그러하다.

이를 지휘한 장군將軍 이근행의 부父가 당초唐初에 하북성河北省 유주幽州에 자리잡은 말갈 부족장 돌지계突地稽이다.[45] 그의 부족은 일찍이 수隋제국에 귀부했지만, 앞서 고구려에 부용附庸된 적도 있었다. 려수麗隋전쟁을 촉발시킨 고구려의 1만萬 말갈기병이 그들이다.[46] 그러니까 그들은 오래 전부터 다수의 기병을 보유하고 있었던 것이다.

설인귀薛仁貴가 안동도호부에 자리를 비운 뒤 신라·고구려 유민 연합군을 진압하기 위해 이근행과 함께 당唐 말갈靺鞨 연합군을 지휘한 당장唐將은 고간高侃이었다. 고간은 650년 돌궐 토벌의 영웅이었다. 이때 고간은 우효위랑장右驍衛郞將으로 종군하여 차비가한車鼻可汗을 사로잡는 큰 공을 세웠다. 물론 그의 병력은 정예기병이었다.[47]

이는 또한 『삼국사기』권6, 문무왕 11년 조에도 확인된다. 즉 설인귀薛仁貴가 보낸 편지에는 당의 군사력을 과시하면서 신라를 협박하는 내용이 있는데, 고간이 이끄는 당唐 기병騎兵이 포함되어 있다.[48]

이때 고간高侃의 1만 기병은 20년 전 동돌궐을 정벌하는 데 활약했던 병력이 근간이 되었는지도 모른다. 어떻든 그가 나당전쟁에 이끌고 온 병력은 당의 최정예 기병이었을 것임이 틀림없다.

무엇보다도 나당전쟁에서 당唐이 기병 중심의 전쟁을 수행했다는 것은 당의 마정馬政을 보면 알 수 있다. 당은 북방 유목민족 돌궐에 위협을 느끼고, 고조高祖·태종太宗·고종高宗 3대에 걸쳐 마정을 정비하는 데 박차를 가했으며, 태종대에 태복소경太僕少卿 장만세張萬歲의 노력에 힘입어 말의 수가 70만 6천 필에 이르게 됨으로써 당시의 마가馬價가 비단 1필이면 말 1필을 살 수 있을 정도로까지 떨어졌다고 한다.[49] 이는 당이 나당전쟁에 기병을 대규모로 동원할 수 있는 현실적 배경이 되었다고 하겠다.

또한, 말의 공급과 관련하여 주목되는 것은 당이 거란契丹과 동맹을 맺고 있었다는 것이다. 문무왕 13년(673)부터 당은 나당전쟁에 거란을 동원하였다. 거란은 유목민족으로 그 병력은 모두 기병으로 보아도 좋을 것이며, 그들이 당에 말을 공급했을 가능성은 충분히 있다. 다시 말해 당시 거란의 위치가 신라와 비교적 인접해 있으므로 그러한 개연성이 있는 것이다.

필자는 앞서 문무왕 12년(672)에 창설된 장창당長槍幢을 이러한 전황변화에 대처하기 위하여 만들어진 보병조직으로 본 바 있다. 산성을 중심으로 벌어진 산악전에 익숙한 신라로서는 당의 기병을 기병으로 대처하는 데 수적으로나 기술적으로 열세였음에 틀림이 없고, 기존의 보병을 체계적으로 조직하고, 새로운 대기병對騎兵 전술개발이 절실했다.[50]

안압지 출토 철제 무기 가운데서 구鉤형 창槍이 보인다는 것은 당 기병의 쇄도와 무관하지 않다. 앞서 언급한 바와 같이 구형 창의 병부장柄部長이 20.1cm인 것은 나무자루가 긴 장창長槍이었다는 것을 의미한다. 따라서 구형의 창은 보병집단이 기병단의 공격을 막아내거나, 말을 탄 기병을 밀어낼 때 사용한 대기병용對騎兵用 무기였을 가능성이 높다. 어떻든 당의 대규모 기병쇄도는 신라의 창槍에 영향을 주지 않을 수 없었다.

　물론 이 무기의 양 포인트는 집단적 대열을 취하고 있는 보병이 고슴도치와 같은 밀집된 벽을 만들어 질주하는 기병단을 가로막아 그 기동성을 제거한 이후에 사용하였을 것이다. 달리는 기병의 속도는 매우 빨라 충격력이 있다. 이 상태에서는 보병이 기병에 접근할 수 없다.

3. 소결-구鉤형 창槍과 시위부侍衛府·개지극당皆知戟幢

　그렇다면 어느 군부대가 이 무기를 사용하였을까? 모든 가능성을 열어 놓고 생각을 해 보자. 안압지가 674년에 조성되었던 점을 고려한다면 이 구鉤형의 창槍은 통일 신라기 왕도에 주둔했던 어느 군부대가 사용했던 것만은 확실하다. 그것도 출토장소가 안압지인 만큼 왕궁을 수비하는 경호조직이 사용했을 가능성이 크다. 이와 관련하여 주목되는 것이 시위부侍衛府이다. 『삼국사기三國史記』 권40, 직관지 무관 조에 있는 시위부 관련 기록을 보자.

> 시위부 3개의 조직이 있고, 진덕왕 5년에 설치했다.
> 장군 6인이다. 신문왕 원년에 감을 파하고 장군을 설치했다.
> 관위는 급찬에서 아찬에 이른다.
> 대감은 6인이고 관위는 나마에서 아찬에 이른다.
> 대두는 15인이고 관위는 사지에서 사찬에 이른다.
> 항은 36인이고 관위는 사지에서 나마에 이른다.
> 졸은 117인이고 관위는 선저지에서 대사에 이른다.

위의 기록을 보고 알 수 있는 것은 시위부는 3개의 조직으로 이루어져 있다는 것을 알 수 있다. 즉 장군 2인, 대감 2인, 대두 5인, 항 12인, 졸 39인으로 이루어진 조직이 3개가 존재했던 것이다. 그것은 항시 궁중에 주둔을 가능하게 하기 위해서 3개의 팀이 3교대로 8시간씩 근무를 하게 했던 것으로 보인다. 안압지 출토 구鉤형의 창槍은 시위부의 병사들이 사용했을 가능성도 배제할 수 없다.

한편 왕도에 주둔한 다른 군부대도 염두에 둘 필요가 있다. 그 중에서도 개지극당皆知戟幢이 주목된다. 『삼국사기三國史記』 권40, 직관지 무관 조에 보이는 관련기록을 보자.

개지극당감 4인이 王都에 있고, 관위는 사지에서 奈麻에 이른다.
개지극당 신문왕 10년에 처음으로 설치되었다. 금색은 흑적백이다.

개지극당감皆知戟幢監 4인을 왕도에 두었고, 그 관위는 나마에서 사지에 이른다. 그 설치연대는 신문왕 10년(690)이고, 금색衿色은 흑적백이다. 개지극당皆知戟幢이 690년에 설치된 점, 왕도에 배치된 점을 고려해 보더라도 결코 안압지 출토 구형의 창과 상호 모순되지 않는다. 무엇보다 그 부대 명칭이 무기의 이름을 따르고 있다.

개지극당皆知戟幢이란 명칭에서 개지皆知란 무엇을 뜻하고 있는지 한자 자체로는 알 수 없으며, 이는 이두가 아닌가 한다. 그렇다면 그것은 중국의 보통 극戟과 구별되는 신라 고유의 개지극皆知戟이 분명하다. 안압지 출토 구형의 창槍이 곧 이 개지극皆知戟이 아닐까? 단정은 유보하겠다. 다만 개지극당皆知戟幢이 왕도王都에 주둔한 개지극皆知戟을 사용한 군부대였던 것은 확실한 만큼 이것을 앞으로 유념할 필요는 있다고 생각한다.

(미주)

1)「국립경주박물관 유물등록카드」雁1035, 金 武器利器 2, 통일신라시대.
2)『雁鴨池 發掘 調査報告書』, 문화공보부 문화재관리국, 1978, 297쪽.
3) E. T. C. Werner, Chinese Weapons, Graham Brash (Pte)Ltd, Singapore[1932], 1989, pp.7-8.
4) 위의 註와 같음.
5) 시노다 고이치 著, 신동기 譯,『무기와 방구』(중국편), 들녘, 2001, 120-121쪽.
6) 앞의 주와 같음.
7) 정구복 外,『역주삼국사기』Ⅲ, 정문연, 1997, 318쪽, 參照.
8) 이치카와 사다하루, 앞의 책, 121쪽.
9) 加島,「鉾 一枚」,『特別展 正倉院寶物』, 東京國立博物館, 昭和56年10月31日―11月 25日(1981), No.45.
10) J F Verburggen, The art of warfare Europe during Middle Age, Amsterdam〈1954〉 1977, pp.50~51, pp.109~111, pp.146~147, p.157, pp.164~173.
11) H. W. Koch, Medieval Warhare, Bison Book, London, 1978, p.130.
12) 부수적인 효과지만 포인트는 공격대상을 찔렀을 때 창이 필요 이상으로 깊숙이 들어가는 것을 방지한다.
13) 李基東,「新羅下代의 浿江鎭」,『新羅骨品制 社會와 花郎徒』, 일조각, 1984, 220쪽.
14) 末松保和,「新羅幢停考」『新羅史の諸問題』東洋文庫, 東京, 1954, 355쪽.
15)『隋書』卷80, 高麗傳 "明年, 元率靺鞨之衆萬餘騎寇遼西." 598년 고구려가 요서지역 을 공략할 때 휘하 말갈기병 1만을 동원한 바 있다. 말갈족은 상당한 기병을 보유 한 것을 알 수 있다.
16)『舊唐書』卷194, 突厥傳 "(高)侃率精騎追車鼻獲之."
17)『삼국사기』권6, 문무왕 11년 조를 보면 番兵 4만이라 하고 같은 책 12년 조를 보 면 고간의 병력 1만 휘하 이근행의 말갈병이 3만이라 하고 있다.
18)『郡書考索後集』권44, 兵門馬政類, 南都泳,『韓國馬政史』한국마사회, 1996, 37쪽 에서 재인용
19) 서영교,「新羅 長槍幢에 대한 新考察」,『慶州史學』17, 1998.
20)『삼국사기三國史記』권40, 직관지 무관 조 "侍衛府 有三徒 眞德五年置 將軍六人 神文王元年罷監將軍位自級湌至阿湌爲之 大監六人 位自奈麻至阿湌爲之 隊頭十 五人 位自舍知至沙湌爲之 項三十六人 位自舍知至奈麻爲之 卒百十七人 位自先沮 知至大舍爲之."
21)『삼국사기』권40, 직관지 무관 조 "皆知戟幢監四人, 並王都 位舍知至奈麻爲之 皆知戟幢 神文王十年始置, 衿色黑赤白"

2장

궁수와 장창보병

I. 하서정과 하서궁척

　주지하는 바와 같이 신라의 주요 군사적 거점에 주둔했던 육정군 단六停軍團은 신라 중고기中古期 이래 대외적 팽창과 삼국통합과정에서 중심적인 임무를 수행하였다. 그 중의 하나인 하서정何西停은 오늘날의 강원도 강릉을 그 본영으로 대체로 영동지역이 그 담당 대상이었다.[1] 이 일대는 나제동맹이 체결된 눌지왕 이후 어느 시기에 신라가 고구려로부터 확보한 지역이었다.

　필자가 하서정에 주안점을 둔 이유는 육정군단六停軍團의 어느 부대보다 그 규모가 적기 때문이다. 〈표 1〉를 보면 알 수 있듯이 장군將軍의 경우 대당大幢과 귀당貴幢(상주정上州停)은 각각 4명, 한산정漢山停과 완산정完山停은 각각 3명, 우수정牛首停과 하서정河西停은 각각 2명으로 차이가 나며, 대체로 이는 전체적 규모와 비례한다. 대당大幢이 가장 크며, 그 다음이 귀당貴幢(상주정)과 한산정漢山停, 그리고 완산정完山停과 우수정牛首停 순이며, 마지막으로 하서정이다.

　육정六停 각 부대에 설치된 특정 군관직 수의 상호 차이를 염두에 둔다면 더욱 그렇다. 대관대감大官大監, 대대감隊大監, 제감弟監, 소감少監, 화척火尺, 보기당주步騎幢主, 흑의장창말보당주黑衣長槍末步幢主 등의 군 관직은 각 부대 사이에 그 숫자상 약간씩 차이가 보이지만, 하서정의 경우 대대감隊大監-소감少監-화척火尺 등 영보병令步兵 대대감계열隊大監系列의 군관직軍官職과 보기당주步騎幢

主·보기감步騎監, 흑의장창말보당주黑衣長槍末步幢主가 결여되어 있다. 하서정의 군관직의 심한 결여에 대하여 정상수웅井上秀雄은 그 명확한 이유를 알 수 없다고 하였고,[2] 이문기는 기록상 누락이라 했다.[3] 하서정 군관직의 기록상 탈락을 인정하기 위해서는 그 상하관계에 문제가 있어야 한다.[4] 그러나 그러한 모순은 찾아볼 수 없다.

하서정은 장군將軍 2명-대관대감 4명-제감弟監 4명-화척火尺과 소감少監이 각각 12명과 10명으로 상하관계가 명확하다. 군사당주軍師幢主(1명)와 대장척당주大丈尺幢主(1명)의 경우도 직속부관인 군사감軍師監(2명)과 대장척감大丈尺監(1명)으로 육정六停의 타 부대와 같다. 영보병令步兵 대대감隊大監은 없다. 그것이 없기에 그 계열의 소감少監과 화척火尺도 없으며, 이와는 별도로 보기당주步騎幢主가 없기에 보기감步騎監도 없다.

하긴 이문기가 하서정 군관직의 상하관계에 모순이 없다는 것을 간과했던 것은 아니며, 씨의 지적대로 육정六停이 보병步兵중심의 군사조직이라는 점[5]을 고려해 보더라도 하서정에 영보병令步兵 대대감계열隊大監系列의 군 관직 결여는 석연치 않다.[6] 또한 그 명칭을 보아도 알 수 있듯이 보병步兵으로 짐작되는 흑의장창말보당주黑衣長槍末步幢主가 하서정에 결여되어 있는 것도 마찬가지다.

그래도 우리가 기록에서 느끼는 현상적 모순이란 본질에 대한 이해부족에 기인할 수도 있다. 따라서 어떻게 그러한 모습으로 발현되었는지 주목할 필요가 있다. 〈표 1〉에서 알 수 있듯이 육정六停의 군관조직이란 시차를 두고 증설해온 것이 분명하다. 다시 말해 육정군단六停軍團은 진흥왕대 완성되었다고 볼 수 있지만 각 부대의 군 관직은 그 이후에도 지속적으로 증설되었다.

군 관직 증설은 전쟁이 강요한 지속적인 조직화의 결과일 것이다. 우리는 무관 조에 보이는 군부대 조직을 고찰할 때 그것이 어떠한 합리성을 가졌는지 숙고해 볼 필요가 있다. 군조직의 보완과 개선은 생존과 직결되어 있는 문제이기 때문이다. 현격히 결여된 하서정의 군관조직은 어떤 중요한 현상을 반영할 수도 있다. 필자는 본고에서 하서정의 중요성을 강조할 의도는 없다. 군사조직으로서 하서정이 어떠한 이유로 군관직이 현격히 결여되었는지 고찰해 보는 것이 목적이다. 필자는 다음의 두 가지 시각에서 하서정 군관조직에 대하여 살펴보았다.

먼저 진흥왕대 급격한 국토팽창이 하서정의 전략상 중요성 변화를 가져왔다는 점이다. 신라의 함남咸南지역 석권으로 앞서 군사적 비중이 컸던 강릉·삼척 지역이 후방 지대화 되었다. 다시 말해 최전방 원산지역에서 260km 떨어진 강릉·삼척지역은 상대적으로 그 중요성이 감퇴할 수밖에 없다.[7] 따라서 하서정은 일선에 있는 5개 부대에 비해 군 관직 증설의 우선순위에서 제외될 수도 있다. 후술하겠지만 562년 이후에 설치된 대대감隊大監-소감少監-화척火尺의 결여는 이를 반영할 수도 있다.

그다음으로 강릉·삼척의 배후지가 산악지형인 점은 기병관계 군관직 증설에 제약을 가했을 것이다. 육정六停에 유일하게 기병이 포함 되어 있는 보기당주步騎幢主가 하서정에 없는 점, 이와는 별도로 기병騎兵부대 하서주서河西州誓(오주서五州誓의 하나)의 군 관직이 심하게 결여된 점은 이와 관련이 있을 수도 있다. 역으로 이 지역이 산악지형인 점은 고구려 기병騎兵의 공격을 받을 가능성이 적다는 것을 의미할 수도 있다. 이렇게 볼 때 하서정에 대기병방어對騎兵防禦의 기능을 가진 흑의장창말보당주黑衣長槍末步幢主가[8] 결여된 것은 결코 우연이 아닐 것이다. 군사조직의 편제란 그것이 주둔하는 지역의 지형과 전략적 가치에 따라 그 모습이 다르게 나타날 수도 있다.[9]

1. 진흥왕대의 팽창과 하서정河西停(실직정悉直停)
-일선부대에서 후방부대로

1. 하서정(실직정)의 설치시기

본 장에서는 진흥왕대 급격한 팽창이라는 전략상의 변화가 하서정의 군관조직 증설에 어떠한 제약을 가했는지 살펴보고자 한다. 그런데 하서정이 선덕왕대善德王代 가서야 창설되었다든가, 혹은 진흥왕 22년(561) 이후 어느 시기에 설치되었다고 보는 연구자들의 견해가 있는 만큼 본 논의에 들어가기에 앞서 하서정의 설치시기에 대하여 검토해 보는 것이 순서가 아닐까 한다.

말송보화末松保和는 하서정河西停의 모체母體가 된 실직정悉直停의(이하 하서정으로 통일) 설치시기를 선덕왕善德王 8년(639)으로 추정했다.[10] 이에 반해 이종욱은 실직주悉直州를 설치하고 군주軍主를 파견한 지증왕 6년 505년을 그 설치연대로 보고 있다.[11] 이성시李成市도 말송씨末松氏 추정의 근거는 확실하지 않으며, 오히려 하서정은 육정六停의 타군단과 거의 동시기에 만들어졌을 가능성이 크다고 보았다.[12] 그는 진흥왕대 신라가 급격한 팽창을 하면서 하서정이 설치된 것으로 생각했던 것이다. 이문기의 경우 진흥왕 22년(561)에 건립된〈창녕비昌寧碑〉에 "우추실직하서아군于抽悉直河西阿郡" 등의 3개로 묶여진 동해안지역의 행정구역은 준주準州로 보고 하서정이 적어도 진흥왕 22년 이후나 선덕왕 이전 사이에 성립된 것으로 추정했다.[13]

말송씨末松氏나 이성시李成市, 이문기 선생은 지증왕대 실직주悉直州와 실직군주悉直軍主를 실직정悉直停·하서정河西停과 상관이 없는 별개의 것으로 생각하고 있다.[14] 말송씨의 경우 대당大幢이 성립된 진흥왕 5년(544)을 신라 군사조직의 정비에 있어 하나의 획기적인 시기이며, 그 후에 축차적으로 성립된 육정六停의 각 부대만이 주

<표 1> 6정停 군관구성軍官構成

부대명 / 군관직명	대당	귀당 -상주정	한산정	완산정	하서정 -실직정	우수정 -비열 홀정	설치 연대	관등규정
장 군	4	4	3	3	2	2	-	진골상신- 상당
대관대감	5	5	4	4	4	4	549	진골(6) -(13) 차품(6) -(11)
대대감 (영보병)	3	2	3	2	-	2	-	(6)-(11)
제감	5	5	4	4	4	4	562	(10)-(13)
감사지	1	1	1	1	1	1	523	(12)-(13)
소감 속대관	15	15	15	13	12	13	562	(12)-(17)
소감 영보병	6	4	6	4	-	4		
화척 속대관	15	10	10	10	10	10	-	(12)-(17)
화척 영보병	6	4	6	4	-	4		
군사당주	1	1	1	1	1	1	524	(7)-(11)
대장척당주	1	1	1	1	1	1	-	(7)-(11)
보기당주	6	4	6	4		4		(8)-(13)
흑의장창말 보당주	30	22	28	20	-	20	-	(9)-(13)
군사감	2	2	2	2	2	2	-	(11)-(13)
대장척감	1	1	1	1	1	1	-	(10)-(13)
보기감	6	4	6	4		4		(11)-(13)

치정州治停에 주둔했으며, 광역주廣域州의 군관구軍官區를 가지고 있다는 것이다.[15] 한편 이문기 선생은 상주上州가 확정된 진흥왕 13년(552) 이후에 광역주가 만들어졌으며, 주치와 광역주의 이원적인 주제가 만들어졌다고 보았다. 따라서 그 이전에 성립된 주州는 주치州治의 의미가 없으며, 지방관으로서 군주軍主가 정치적·군사적 거점이었다고 한다.[16]

필자가 여기서 대당大幢의 창설 시기의 병제 혁신이나 상주上州가 확정된 시기의 변화를 부인하고자 하는 것은 아니며, 그 이전에 성립된 주는 군주의 정치적·군사적 거점이었다는 것도 인정한다. 다만 필자가 여기서 말하고자 하는 것은 지증왕대 설치된 실직주에 군주의 군사적 거점이 있었으며, 군 조직이 존재했다는 점이다.

눌지왕대 나제동맹이 성립된 이후 하서·실직(강릉·삼척)지역은 신라의 최전방이 된 것은 확실하며, 이 지역은 5세기에 와서 고구려와 영역을 다투는 분쟁지역으로 자주 언급되고 있다.[17] 눌지왕대 나제동맹의 성립은 백제·가야지역에 분산될 수도 있는 신라의 역량을 고구려 접경지역에 집중했다. 지증왕 6년(505) 신라 최초로 (실직)주州가 설치되고 군주軍主가 파견된 것은 이를 단적으로 말해준다. 이때의 주州가 광역주廣域州가 아니며 단순히 군주가 파견된 정치적·군사적 주요 거점이라 하더라도[18] 군주를 필두로 하는 군 조직이 존재했던 것은 부인할 수 없다.

〈표 1〉에서 알 수 있듯이 523년과 524년에 각각 설치된 감사지監舍知와 군사당주軍師幢主는 하서(실직)정의 설치연대와 관련해서 유력한 단서가 된다. 군부대가 없이 군 관직이 먼저 설치되는 경우는 있다고 해도 극히 드물기 때문이다. 당시 군주軍主가 파견된 지역은 하서주(실직주) 외에 지증왕 12년(525) 사벌주沙伐州가 있었으며, 이 양주兩州는 고구려의 남침을 방어하기 위한 일선지역이었다. 최전방에 우선적으로 신설군관이 설치되는 것은 자연스러운 것이며, 지증왕 4년 군사업무를 전문적으로 담당하는 병부兵部 설치도 이와 무관하지는 않을 것이다. 감사지와 군사당주는 하서(실직)군주나 사벌군주 예하의 군관이었을 가능성이 크다. 법흥왕 11년(524)에 세워진 〈울진봉평비蔚珍鳳坪碑〉에서 보이는 실지군주悉支軍主는[19] 하서정의 전신인 실직悉直지역에 주둔한 군사조직의 존재를 단적으로 말해주고 있다. 따라서 하서정의 전신인, 군주의 군 조

직으로서 실직정은 법흥왕 11년 이전에 설치되었을 가능성이 크다.

2. 발육 정지의 군관조직軍官組織

그렇다면 진흥왕 22년(561)에 건립된 〈창녕비昌寧碑〉에서 사방군주四方軍主(비자벌군주比子伐軍主 · 한성군주漢城軍主 · 비리성군주碑利成軍主 · 감문군주甘文軍主)중에서 실직군주가 빠져있고, "우추실직하서아군사대등于抽悉直河西阿郡使大等"이란 관직명만 나오는 것은 어떻게 이해할 것인가. 말송씨末松氏의 표현대로 동해안지역이 군주가 지배하는 군정軍政과 판연히 구별되는 문관정치구文官政治區로 전환된 느낌을 주고 있다.[20] 실직정은 폐지되어 사라져 버린 것인가?

여기에 대하여 강봉룡 선생은 하서정이 신라가 팽창하면서 진흥왕 17년에 함남 안변으로 이동하여 비열홀정으로 개칭했다고 보고 있다.[21] 그렇다면 〈창녕비〉에 보이는 비리성군주碑利城軍主가 이끄는 비열홀정의 전신은 하서정이었다는 것이 된다. 씨는 진흥왕 17년 비열홀정 창설을 하서정의 북상으로 보았던 것이다. 씨의 견해를 따른다면 〈창녕비〉에 하서(실직)군주가 보이지 않는 것에 대한 설명은 가능하다. 그러나 〈창녕비〉에는 하서(실직)군주가 보이지 않는 것 외에 씨의 견해의 근거가 될 것은 아무 것도 없다. 또한 씨의 견해대로라면 비열홀정比列忽停은 본래 춘천의 우수정牛首停의 전신이며, 실직정이 하서정의 전신으로 명기하고 있는 『삼국사기』 직관지 무관조의 기록을 무시해야 한다.[22]

이보다 후대의 일이지만, 『삼국사기三國史記』 권6 문무왕文武王 8년(668) 조條를 보면 신라가 고구려원정을 위해 편성한 군부대 중에 비열주와 하서주가 나란히 보인다. 이는 안변의 비열홀정比列忽停과 강릉의 하서정河西停이 동해안가에 동시에 존재했던 것을 말해주고 있다. 물론 비열홀정은 고성이나 춘천으로 이동하기도 하였으며, 하서정도 삼척이나 강릉을 왕복했던 것도 사실이지만 어떻든 이 기록은 양부대의 동시적 존재를 보여주고 있다.

〈창녕비〉의 사방군주四方軍主에서 하서정이 제외된 것은 무엇을 반영하는 것인가? 필자는 이것을 진흥왕대 급격한 팽창이 동해안 하서·실직지역의 전략적 가치 감소와 관련하여 보고 싶다. 함남 원산지역으로의 신라의 북상은 강릉·삼척지역의 후방화를 의미했다. 그 후 주요한 전쟁터가 된 곳은 한강 중 하류나 백제와 국경을 접한 서부 전선지역이었다. 나제동맹羅濟同盟 당시 강원 영동이나 경북의 북부지역이 고구려를 상대로 한 첨예한 전쟁터가 되었지만 이제 그것은 한강유역으로 옮겨갔다.

위의 〈표 1〉에서 보이는 하서정의 심한 군 관직 결여는 이를 반영하는 것에 다름 아닐 것이다. 주지하다시피 신라는 진흥왕대 이후 통일 전쟁이 종결될 때까지 만성적인 전쟁을 경험했다. 이 시기에 신라의 군 조직은 거듭 개량하고 발전되었으리라는 상정은 충분히 가능하며, 새로운 군관직軍官織의 신설과 군조직軍組織의 분업화가 수반되었을 것이다. 실직정(하서정)이 일선부대의 자리에 있지 못했다는 점은 그것의 군 관직 결여에 영향을 주었을 가능성이 크다. 다시 말해 실직·하서정은 신설 군 관직 배치의 우선순위에서 제외되었을 수도 있다. 진흥왕 23년(562) 제감弟監과 소감少監을 마지막으로 다른 군 관직이 설치된 것은 기록상 확인할 수 없는 것도 우연은 아닐 것이다.

하서정의 원형이었던 실직정이 후방부대로 전락하면서 그것은 발육이 정지된 군 조직이 되었다.[23] 이는 신라의 영토팽창과 나제동맹의 파기로 인한 전략상의 변화가 낳은 의도하지 않은 결과였으며, 그러하기에 신라 군조직의 원초적 모습을 그대로 간직하고 있을 수도 있다. 이를 한번 더 확인하기 위해 하서정에 결여되어 있는 대대감 계열의 설치시기에 대한 검토가 필요하다.

3. 대대감계열隊大監系列의 설치시기 – 군관조직 분화의 단초

앞에서 하서정의 군 관직 결여 원인을 진흥왕대 한강유역 점령이후 전략상의 변화에서 찾아보았다. 이를 구체적으로 증명하기 위해서는 먼저 대대감의 설치시기에 대하여 검토해볼 필요가 있다. 왜냐하면 대대감이 진흥왕대 팽창 이후에 설치되었음이 증명되어야 필자의견해가 타당성을 가지기 때문이다.

물론 대대감 설치시기에 대한 직접적인 기록은 없다. 다만 소감少監이 562년에 설치된 것이 명기되어 있어 하나의 단서가 된다. 대관대감이 549년에 이미 설치되었기 때문에 562년 설치된 소감少監은 속대관屬大官인 것은 확실하다. 하지만 대대감隊大監 설치연대를 알 수없기 때문에 영보병令步兵 소감少監이 그 해에 설치되었다고 장담할수 없다. 또한 대관대감과 영보병 대대감 중 어느 것이 먼저 설치되었는지 연대의 선후관계와 연관된다.

정상씨井上氏의 경우 대관대감에 진골귀족이 보임할 수 있는 관등규정(진골眞骨 6-13)이 있는 것을 근거로 그것이 대대감보다 일찍 설치된 것으로 보았다. 정상씨는 대관대감이 원대감原大監이고 신라 군관직의 중핵中核은 진골로 구성되었으며, 이 점에서 대관대감은 장군과 성격이 같으며 이는 대대감보다 먼저 창설되었다는 것을 말해준다고 한다.[24] 씨의 지적은 필자의 연구에 소중한 지침이 된다.

진골眞骨이나 육두품六頭品만이 임명될 수 있는 대관대감大官大監보다 오두품五頭品도 보임이 가능한 대대감隊大監이 신분적 제한이완화되었다는 점을 고려해 보더라도 그렇다. 대대감隊大監은 자신의휘하에 소감少監·화척火尺 등의 하급군관을 거느리고 있는 부장군副將軍에 해당하는 직급이다. 그것의 관등규정을 보면 6-11관등이 보임할 수 있다. 대관대감大官大監의 경우도 이는 마찬가지다. 하지만 대관대감은 차품次品(6두품)만이 보임할 수 있다는 단서가 있다. 5두품

의 경우 대대감에 임명될 수 있지만 대관대감은 불가능하다. 문관직
文官職의 차관 경卿에 5두품이 진급할 수 없는 점을 염두에 둔다면 무
관직武官職 대대감隊大監은 상당히 신분적 제한이 완화된 모습을 보
여준다. 군 관직 임명에 있어 신분적 제한 완화는 기존 군 관직 보다
신설된 그것을 대상으로 했을 가능성이 크다.〈표 1〉을 보면 설치 된
지 오래된 감사지監舍知(523년 설치), 군사당주軍師幢主(524)나, 대장
척당주大丈尺幢主[25)보다 그 후에 신설된 소감少監(562)이 정원이 많
고 관등의 제한 폭이 완화된 경향을 보인다.

　무엇보다 군 관직 증설의 추동력은 전쟁이 강요한 군 관직의 분업
화·전문화였을 것이다. 조직의 비대화는 전문화·분업화를 필연적으
로 수반하기 때문이다. 그것은 비대한 조직에 탄력성을 불어넣고 책
임 소재를 명확하게 한다. 이는 육정六停 군관조직에서 대대감隊大監
과 그 직속 소감少監·화척火尺이 보병步兵만을 전담한 분화된 모습
을 가지고 출발하고 있다는 점에서도 알 수 있다.[26) 그렇다면 562년에
설치된 소감少監은 처음에는 대관대감 직속에 있다가 대대감隊大監이
신설되면서 영보병領步兵 소감少監으로 분화되었을 것이다. 따라서
영보병슈步兵 대대감은 562년 이후에 설치될 가능성이 크다.

　562년 이후에 신설된 대대감 계열은 증설대상의 우선순위에 벗어
난 하서정에 설치되지 않았다. 이는『삼국사기』무관 조에 명기된 대
대감 총인원 70명인 하서정의 소속인원 그것이 빠진 숫자인 점에서도
알 수 있다.[27) 하서정에 대대감 계열의 결여는 기록상 탈락이 아니라
진흥왕대 전략적 가치의 저하를 반영하는 것이다.

　이와 같이 진흥왕대 하서정의 후방부대 화는 대대감 계열과 같은
신설 군 관직 설치를 제약했을 것이다. 하지만 흑의장창말보당주黑衣
長槍末步幢主의 경우 하서정의 후방 부대화가 그것의 결여 원인이 되
었다고 보기에는 장애가 있다. 흑의장창말보당주의 설치연대에 대하

여 전혀 기록이 없다는 점 때문이다.

다음으로 흑의장창말보당주는 구서당九誓幢 중의 장창당과 백금서 당에도 결여되어 있다. 하서정이 후방 부대화 된 이후에 흑의장창말 보당주가 설치되었다고 치더라도 구서당 중 백금서당과 장창당에 그 것이 결여된 것에 대해 설명을 할 수 없다. 흑의장창말보당주의 결여 원인에 대한 또 다른 시각의 검토가 필요하며, 무엇보다 그것의 성격 파악이 선행되어야 한다.

2. 흑의장창말보당주黑衣長槍末步幢主 결여缺如와 하서궁척河崙弓尺-지형적 배려

1. 장창당長槍幢과 흑의장창말보당黑衣長槍末步幢의 근친성 近親性 − 비非중복적 배치의 합리성

〈표 1〉과 〈표 2〉를 보면 육정六停 중 하서정, 구서당九誓幢 중 장창 당長槍幢과 백금서당白衿誓幢에 흑의장창말보당주黑衣長槍末步幢主 가 결여된 공통점이 있다. 먼저 명칭이 유사한 장창당長槍幢과의 비교 를 통해서 그 성격을 규명해 보자. 흑의장창말보당주黑衣長槍末步幢主 의 명칭을 자세히 보면 장창을 주무기로 사용한 것이 분명하고, '말보 末步'라는 명칭은 그것이 보병이라는 점을 암시한다. 그러니까 흑의장 창말보당도 장창을 주무기로 하는 보병이었을 가능성이 크다. 〈표 2〉 에서 알 수 있듯이 장창당도 기병을 통솔하는 군 관직이 극히 결여되 고, 지극히 보병부대적인 성격이 강화된 군관조직을 가지고 있었다.

대대감隊大監은 영마병領馬兵이 없고 영보병領步兵이 4명으로 2배 이며, 소감少監의 경우 영기병領騎兵이 2분의 1인 3명, 영보병領步兵은 2배인 8명, 화척火尺은 영기병領騎兵이 없고, 영보병領步兵이 2배인 8 명, 보기당주步騎幢主, 보기감步騎監이 없고, 저금기당주著衿騎幢主와 저금감著衿監도 없고, 흑의장창말보당주黑衣長槍末步幢主가 결여되어 있다. 장창당 소속 소감少監에 영기병군관領騎兵軍官이 3명이 있지만, 여타 부대의 2분의 1 수준이다. 장창당은 기병관계 군 관직이 현저하게 결여되어 있으며, 보병이 구서당의 여타 부대보다 2배 정도 많다. 장창당은 기병을 의도적으로 빼고 보병을 강화한 장창보병부대였다.

흑의장창말보당도 대기병방어對騎兵防禦를 위해 조직된 장창당과 동일한 기능을 했던 느낌마저 든다. 장창당에 흑의장창말보당이 결여되어 있는 점은 이를 단적으로 말해준다. 같은 기능을 가진 대기병對騎兵 방어조직을 중복해서 배치할 필요가 없었던 것이다.

필자는 이보다 선행한 연구에서 장창당長槍幢에 기병군관들의 결여 그 자체를 근거로 삼아 그 성격을 밝혀낸 바 있다.[28] 장창보병부대란 기병이 절대적으로 열세인 측에서 보유한 보병조직이다. 이는 중국의 한漢,[29] 당唐,[30] 송宋,[31] 서양의 로마[32]에서 확인되며, 또한 잉글랜드, 스코틀랜드, 플랑드르, 스위스 보병에게서도 볼 수 있다.[33] 신라의 경우 황해도, 경기도 평야 지대에 대규모로 출현한 당, 말갈기병을 막아내기 위하여 장창 보병을 조직했던 것이다.

문무왕文武王 11년(671)부터 당唐의 기병대장 고간高侃의 통솔 아래 대규모 기병이 대방(황해도)지구에 등장하고 있거니와 이것은 신라가 경험해 보지 못한 새로운 현상이었으며, 그 이듬해인 동왕同王 12년에 창설된 장창당은 이러한 전황 변화에 대처하기 위하여 만들어진 보병조직이었다. 산성山城을 중심으로 벌어진 산악전에 익숙한 신라로서는 당의 기병을 기병으로 대처하는 데 수적으로나 기술적으로 열세였음에 틀림이 없고, 기존의 보병을 체계적으로 조직하고, 새로운 대기병對騎兵 전술 개발이 절실했다. 흑의장창말보당주黑衣長槍末步幢主은 육정六停이나 구서당九誓幢에 가장 많은 숫자를 가진 군관이며, 이는 나당전쟁기羅唐戰爭期에 창설되었거나 기존의 것이 대규모

증설되었던 것을 말해준다. 〈표 2〉에서 알 수 있듯이 장창당이 독립된 사단이었다면 흑의장창말보당은 사단 예하의 장창보병조직長槍步兵 組織이었다.[34]

〈표 2〉 구서당군관조직표九誓幢軍官組織表

부대명 \ 군관직명		녹금서당 진평5 (583) 신라인	자금서당 진평47 (625) 신라인	백금서당 문무12 (672) 백제인	비금서당-長槍幢문무12 (672) 신라인	황금서당 신문3 (683) 고구려인	흑금서당 신문3 (683) 말갈인	벽금서당 신문6 (686) 보덕성민	적금서당 신문6 (686) 보덕성민	청금서당 신문8 (688) 백제殘民	관규	등정
장 군		2	2	2	2	2	2	2	2	2		진골 각간-급찬
대 관 대 감		4	4	4	4	4	4	4	4	4		진골6-13차품 6-11
대 대 감	(영마병)	3	3	3	-	3	3	3	3	3		6-13
	(영보병)	2	2	2	4	2	2	2	2	2		6-13
제 감		4	4	4	4	4	4	4	4	4		10-13
감 사 지		1	1	1	1	1	1	1	1	1		12-13
소 감	(속대관)	13	13	13	13	13	13	13	13	13		12-17
	(영기병)	6	6	6	3	6	6	6	6	6		12-17
	(영보병)	4	4	4	8	4	4	4	4	4		12-17
화 척	(속대관)	10	10	13	10	13	13	13	13	13		12-17
	(영기병)	6	6	6	-	6	6	6	6	6		12-17
	(영보병)	4	4	4	8	4	4	4	4	4		12-17

군 사 당 주	1	1	1	1	1	1	1	1	1	7-11
대 匠 척 당 주	1	1	1	1	1	1	1	1	1	7-11
보 기 당 주	4	4	4	-	4	4	4	4	4	8-13
저 금 기 당 주	18	18	18	-	18	18	18	18	18	8-13
흑의장창말 보당주	24	20	-		20	20	20	20	20	6-13
군 사 감	2	2	2	2	2	2	2	2	2	11-13
대 장 척 감	1	1	1	1	1	1	1	1	1	10-13
보 기 감	4	4	4	-	4	4	4	4	4	11-13
저 금 감	18	18	18	-	18	18	18	18	18	11-17

2. 백금서당白衿誓幢의 대기병對騎兵 방어조직防禦組織 결여缺如 - 구조적 의존성

〈표 2〉에서 알 수 있듯이 백금서당의 경우 흑의장창말보당주의 결여를 예외로 한다면 구서당九誓幢 여타의 부대와 거의 동일한 군관수를 가지고 있다. 때문에 정상씨井上氏도 이것을 기록상 탈락으로 보았던 것 같다. 정상씨는 자신이 만든 구서당 군관조직 〈표表〉에 백금서당의 흑의장창말보당주가 결여된 것을 기록상 탈락으로 보고 괄호를 하고 복원시키고 있다.35) 그러나, 『삼국사기』 직관지職官志 무관 조武官條에 흑의장창말보당주黑衣長槍末步幢主의 총인원은 백금서당의 그것을 뺀 숫자이다. 따라서 이것을 기록상 탈락으로 보기 어렵다.

흑의장창말보당주黑衣長槍末步幢主의 수는 대당大幢과 한산정漢山停이 각각 30명과 28명으로 가장 많고 구서당 중 녹금서당이 24명에 이르며, 나머지 육정六停, 구서당九誓幢 9개 부대에도 20명 이상이 있다. 나당전쟁시 당唐·말갈靺鞨·거란契丹의 대규모 기병騎兵 내습이

『삼국사기三國史記』 무관조武官條에 이토록 뚜렷한 흔적을 남겨 놓았던 것이다.36) 하지만 동시기同時期(672)에 창설된 백금서당에 흑의장창말보당이 없었다는 것은 이해되지 않는다. 이는 백금서당白衿誓幢이 대기병對騎兵 방어 능력이 없었던 것을 의미하며, 대규모의 당·말갈기병의 공격에 정면 노출되어 있었던 것을 말해준다.

그렇다면 신라는 왜 백금서당에 대기병 방어조직을 결여시키고 있는 것인가? 필자는 백금서당이 백제인을 그 구성원으로 했다는 데 주목하고 싶다.

주지하는 바와 같이 진흥왕이 한강유역을 점령하면서부터 실지회복의 열망에 불타는 백제는 신라를 끊임없이 공격해 왔으며, 선덕여왕 때 대야성 등 40여 성을 함락시켜 신라의 조야朝野를 공포의 도가니로 몰아넣었다. 신라가 백제를 멸망시킨 후에도 거의 10년간 저항한 것을 보더라도 백제인의 신라에 대한 적개심은 대단했다. 저항적인 백제인을 신라군으로 조직하는 것은 어쩌면 생소한 것이며, 무장시켜 실전에 투입한다는 것은 모험이다. 백금서당의 장군이나 군관들이 대부분 신라인이었다고 하더라도 그렇다. 당唐을 상대로 하는 전쟁에서 그들의 투항은 치명적이다.

백금서당의 구성원들에게 흑의장창말보당의 결여는 불안을 느끼게 했을 것이다. 달려오는 기병騎兵은 보병步兵이 바라보기에 너무나 높고 빠르다. 기병騎兵의 주파 능력은 상대 보병步兵들에게 극단적 공포감을 주며, 그들을 정신적 공황상태로 내몬다. 이때 흑의장창말보당의 존재 여부는 전장에서 병사들의 사기를 좌우할 수도 있다. 기병騎兵이 보기에 검은 옷을 입고 땅에 창을 고정시킨 장창보병의 밀집대형은 그야말로 가시 박힌 인간벽이다. 그것은 일반 보병들이 최후에 피할 수 있다고 믿는 곳이며, 전장에서 유일한 마음의 안식처다. 각 부대에 배치된 흑의장창말보당은 병사들에게 심리적 안정을 준 것이 분명하며, 그들이 전쟁터로 나아가게 하는 추동력이 되었을 것이다.

나당전쟁 당시 신라는 육정六停 군단이나 구서당九誓幢(당시 4개) 등의 여러 부대가 합동작전을 수행하는 경우가 많았다. 따라서 백제 인으로 구성된 백금서당은 적 기병騎兵의 급습에 대한 방어를 신라군 에 의존했을 수도 있다. 신라군에 대한 구조적인 의존은 백제인 백금 서당의 구성원들이 신라군에 반항하거나 이탈한다는 것은 상상하지 못하게 만들었을 것이다.[37]

3. 하서정河崙停의 흑의장창말보당주黑衣長槍末步幢主 결여缺如와 하서궁척河崙弓尺

마지막으로 6정停 중 하서정河西停에도 그것이 결여되어 있는 점 도 생각해 보자. 하서정이 위치한 강릉지역의 경우 그 배후지가 지형 상 산악지역이었다. 강릉에서 경주로 이어지는 동해안의 지형은 험준 그 자체이다. 동해안은 함흥에서 강릉에 이르기까지 비교적 완만한 평야지대가 해안선을 따라 형성되어 있다가 명주군 강동면에서 태백 산맥줄기가 바다와 마주친다. 정동진의 지형을 보더라도 배후의 산과 바다는 거의 붙어 있으며, 삼척에서 울진까지 해안은 거의 절벽을 이 루고 있다. 근덕이나 임원, 원덕에서는 완만해진 해안선이 보이기도 한다. 하지만 그것은 어디까지나 바다와 만나는 태백산백의 가지가 고저를 이루면서 나타나는 산발적인 현상일 뿐 앞은 바다요 삼면이 산으로 둘러싸인 작은 골짜기에 불과하다. 울진에서 남으로 영덕까지 산줄기가 조금 약해지기는 해도 그 정도는 만만치 않다.

이는 562년에 설립된 〈창녕비昌寧碑〉를 보더라도 알 수 있다. 〈창 녕비〉에 보이는 강릉 삼척 등 신라 동해안 지역 거점들이 하서-실직- 우추河西-悉直-于抽 등으로, 강릉-삼척-울진이 남북으로 나란히 배치 되어 있는 것이다. 이는 동해안 지역은 앞은 바다요, 배후지가 산으로 고립된 지역을 반영하는 것에 다름 아닐 것이다.

18개의 구주만보당九州萬步幢 중 하서주에 배치된 그것의 금색衿色에도 그러한 모습이 보인다. 즉 하서주 만보당은 2개가 있는데 각각의 금색이 청흑青黑, 청적青赤이다. 여기서 청색은 강릉 지역이 동부임을 상징하는 것이 분명하며, 흑黑은 북北, 적赤은 남南을 의미하며 따라서 하서주의 만보당은 남북으로 나란히 배치되어 있었던 것이다. 여기에도 바다와 연해서 남북으로 뻗쳐있는 동해안의 지형이 반영되어 있다. 동해안은 그 배후지가 지형상 산악지역이기 때문에 기병 이용이 효율적이지 못하다.

사실 나당전쟁기에 원산 지역에 출몰한 거란기병이 동해안을 내려와 강릉 지역에 출몰한 경우는 거의 없으며, 그들은 추가령 구조곡을 따라 강원도 철원이나 경기도 지역을 향했다. 이는 문무왕 11년(671) 추가령의 길목인 함남 안변 서곡면瑞谷面에 위치한 설구성舌口城을 공격해 왔고[38], 문무왕 13년에 거란·말갈군이 회양의 현리에 위치한 대양성을 함락시켰던 점을 보아도 알 수 있다.[39] 문무왕 15년에 원산 바로 위에 위치한 문천군 덕원에 안북하를 따라 쌓은 관關과 성城은[40] 어쩌면 거란·말갈기병의 공격을 막기 위하여 장성長城의 형태를 취한 것으로 볼 수 있으며,[41] 철관성은 이 방어벽의 지휘본부일지도 모른다. 이는 발해가 건국 후 신라의 북변이 그 세력이 미치자 성덕왕 20년(721)에 영흥군에 장성을 쌓았다는 것에서도 알 수 있다.[42]

어떻든 나당전쟁기에 동해안의 원산 지역에 출몰한 거란·말갈군대가 추가령이나 철령을 넘어 강원 중부 나아가 한강유역으로 향했던 것이 확실하다. 이 방어벽은 적의 동해안으로 남하를 고려한 것이 결코 아니며, 추가령이나 철령을 넘어가는 적을 막기 위해 설치했을 가능성이 높다. 따라서 하서정에는 대기병對騎兵 방어조직의 절실한 필요가 없으며, 흑의장창말보당주黑衣長槍末步幢主가 결여된 것은 이와 무관하지 않다.

그렇다고 해서 동해안을 따라 군대가 진격해 올 수 없는 것은 아니다. 중고초中古初부터 고구려 군대의 이 방면 공격은 계속 있었으며, 신라가 이것을 막아내는 데 부심했던 것도 사실이다. 하지만 동해안과 태백산맥이 조우하는 삼척 이남의 험한 지형은 대규모의 군대 진입을 제약했을 것이다. 다시 말해 남북으로 서 있는 태백산맥의 본령에서 동서로 뻗어 가지를 형성하고 있는 수많은 준령의 존재는 대규모 군대의 이동에 장애가 되었던 것은 확실하다. 굽이굽이 이어진 고개 위에서 조직적인 저항이 있다면 그것은 불가능에 가깝다. 더욱이 원거리 발사 무기를 사용하면서 조직적으로 저항하면 침입자들에게 치명적이다.

이때 주목되는 것이 하서궁척河西弓尺이다. 진평왕 20년(598)에 조직된 하서궁척河西弓尺은 그 명칭에서 시사하는 바와 같이 전문 궁륵부대인 듯하다. 산악지대에서 수비는 활이 훨씬 용이하며, 험조한 동해안 지역 방어에 적합한 군 조직이다. 사실『삼국지三國志』위지魏志 동이전東夷傳에서 동해안에 거주했던 동예·옥저가 궁륵을 사용한 기록이 보이며, 현지인들에게 그것은 익숙한 것이었다. 제갈량이 지은 것으로 전해지는 병법서『장원將苑』36 지세地勢 편에도 '의산부간依山附澗 고림심곡高林深谷 차궁노지지야此弓弩之地也'라 하여 산악지형에서 궁륵이나 노弩 등의 원거리 발사 무기가 용이하다고 지적하고 있다.[43]

J. F. Verburggen은 Wales의 장궁長弓이 산악지형에 알맞은 무기며, 활이란 본래 산악지대에 거주하는 가난한 공동체들이 사용하기 용이하다고 한다.[44] 이들은 국가를 형성하지 못하고 각각 고구려나 신라에 흡수된 가난한 공동체였다는 점에서 Wales 지역과 비슷하다. 어떻든 신라는 하서정에 대기병對騎兵 방어 보병부대步兵部隊 혹의장창말보당을 채택하지 않고 대신에 현지 지형에 알맞은 전문 활 부대 하서궁척河西弓尺을 배치했던 것이다.

하서정에 유일한 기병관계 군관인 보기당주步騎幢主가 결여된 것
도 이러한 맥락 속에서 이해가 가능하다. 산악지형에서 기병은 그 효
율성이 저하된다. 공간 부족으로 일정한 대열을 형성하기도 쉽지 않
으며, 기동성을 발휘하기 힘든 것이다. 따라서 아래 〈표 3〉에 기병부
대 오주서五州誓의 하서주서河西州誓에 심한 군 관직 결여도 이와 관
련이 있다.[45] 그렇다면 우두주서에는 왜 군 관직이 결여되어 있을까?
이것을 설명할 수 없다면 하서주서河西州誓의 군 관직 결여 원인에
대한 필자의 견해 또한 설득력이 떨어질 것이다. 따라서 여기에 대한
약간의 고찰이 필요하다.

<표 3>오주서군관조직표五州誓軍官組織表

군관 부대	대대감 (영기병)	소감 (영기병)	소감 (영보병)	화척 (영기병)	저금기당주	저금감
청주서	1	3	9	2	6	6
완산주서	1	3	9	2	6	6
한산주서	1	3	9	2	6	6
우수주서	-	-	-	-	3	3
하서주서	-	-	-	-	4	3

4. 우수주서牛首州誓와 벌력천정伐力川停의 보완관계

– 삭주朔州(수약주首若州)로路의 기병부대騎兵部隊 사이의 공조

필자는 먼저 여기서 우두주서의 남쪽 후방 홍천洪川에 십정十停
중의 하나인 벌력천정伐力川停이 배치되어 있다는 점에 주목하고 싶
다. 춘천과 원주의 중간에 위치하고 있는 홍천의 이 기병부대는 우두
정을 지원하기 위해 배치되었을 가능성이 크다.

『삼국유사三國遺事』권2 기이紀異 효소왕대孝昭王代 죽지랑竹旨郎
에서 술종공述宗公이 삭주도독朔州都督으로 부임해 가는데 기병騎兵

3천이 호위했다고 한다. 왕경王京 경주에서 삭주朔州의 주치州治 춘천으로 향하는 데는 경주-영주-제천-원주-홍천-춘천으로 이어지는 삭주로[46]를 이용했을 가능성이 크다. 기병 3천이 호위했다는 것은 삭주로가 기병의 활동이 가능한 곳임을 가시적으로 보여준다. 사실 삭주의 주치 춘천에는 기병부대 오주서五州誓 중 우수주서牛首州誓가 있었고, 홍천의 기병부대(십정十停중) 벌력천정, 청송에 속히 영주로 이동 가능한 기병부대(십정十停의) 이화혜정伊火兮停이 있었다.

후대의 일이지만 이 루트는 1253년 뭉케 치세의 몽고기병蒙古騎兵의 진격로로 시사하는 바가 크다. 뭉케가 지휘하는 일군一軍이 의주로 진군하고 타카차르가 지휘하는 일군一軍이 만주에서 청진방면으로 나와 동해안을 따라 진군하여 양군兩軍이 지금의 원산 지역에서 합류했는데 이들은 동해안을 따라 진군하지 않고 철령을 넘어 철원-춘천-원주-충주로 내려갔다.[47]

이 루트가 한반도 내륙에서 지형상 기병작전 가능 지역임을 말해주는 단적인 사례가 될 것이며, 우수정牛首停에 대기병방어對騎兵防禦 보병부대步兵部隊 혹의장창말보당黑衣長槍末步幢이 존재한 것은 우연이 아닐 것이다. 어떻든 춘천의 우두정이 작전을 수행할 때 홍천의 벌력천정의 기병이 즉각적으로 지원에 나설 수 있는 위치에 있었던 것이다. 우리는 여기서 신라 각 군단간의 유기적인 상호보완체계의 일면을 볼 수 있다.[48]

강원 내륙 지역에 남북횡단 교통로만 있었던 것은 아니었다. 원주를 중심으로 한 동서횡단 교통로도 있었다. 지리학에서도 횡성-원주-충주로 이어지는 낮은 구릉지대로 이루어진 축과 원주에서 여주, 서울로 이어지는 축을 설정하고 있다.[49]

횡성-원주-충주 축은 북쪽으로 홍천, 춘천을 거처 철원평야와 추가령 구조곡으로 이어진다. 원주에서 여주를 거쳐 서울로 이어지는 축은 동쪽으로 비교적 완만한 구릉지대를 지나 대관령을 넘어 강릉으로 연장된다. 지금도 원주가 최대의 군대주둔지며 핵심 지휘본부가 집중된 도시인 것은 결코 우연이 아닐 것이다.[50] 원주는 지리적으로 경기만에 출발하여 수원-여주-이천-원주-강릉의 동서의 축과, 앞서 언급한 춘천-홍천-원주-충주-상주 또는 원주-제천-영주로 이어지는 남북의 축이 교차하고 있는 곳이다.

경기 여주와 이천利川 지역에 주둔하고 있는 10정十停 중 2개의 기병부대도 이러한 연결축과 무관하지 않다. 여주와 원주는 지금 영동고속도로가 지나가는 고위 평탄면에 있다. 여주 주둔 골내근정骨內斤停(십정)과 이와 인접한 이천 주둔 남천정南川停(십정)은 원주로 이동하여 홍천洪川의 벌력천정이 춘천지역에 지원을 나간 빈자리를 채워줄 수 있을 위치에 있었을 뿐만 아니라 한산주정漢山州停을 지원할 수 있는 전략적 위치에 있었다. 실로 십정十停의 골내근정과 남천정이 인접한 지역에 있었던 것은 한산정과 우수정 양쪽 모두를 고려했기 때문이다.

통일전쟁기에 신라군 수뇌부의 지휘본부로서 육정六停의 남천정이 자주 등장하는 것도 이와 무관하지 않을 것이며, 어떻든 십정十停의 양兩 부대는 서울지역은 물론이고 지금의 영동고속도로가 지나가는 길을 따라 원주를 거쳐 홍천으로 직행할 수 있었다. 결론적으로 춘천의 우수정은 홍천, 여주, 이천에 있는 십정十停 3개 부대의 기병 지원을 언제든지 받을 수 있는 위치에 있었다. 때문에 우수주서牛首州誓의 상당 수 기병 결여는 충분히 보완될 수 있는 구조로 되어 있었던 것이다.

<표 4> 십정군관조직표十停軍官組織表

십정 10개 부대 군관구성 동일	대대감	소 감	화 척	삼천당주	삼 천 감	삼 천 졸
	1	2	2	6	6	15
	영마병	영기병	영기병	착금	착금	-

3. 소결

지금까지 『삼국사기』 무관조武官條 제군관諸軍官에 보이는 하서정河西停의 군 관직 결여문제에 대하여 살펴보았다. 필자는 앞서 「신라新羅 장창당長槍幢에 대한 신고찰新考察」을 통하여 장창당에 기병騎兵관계 군 관직이 결여된 것은 대기병방어보병조직對騎兵防禦步兵組織라는 그 기능적 특성에 기인한 것이라는 점을 논증한 바 있다.[51] 어떻든 이로써 필자는 『삼국사기』 무관조武官條가 상당히 정확성이 있는 기록임을 알게 되었고, 하서정, 하서주서, 우두주서에 보이는 군 관직 결여도 뭔가 이유가 있지 않은가 생각하게 되었다. 따라서 이는 앞서 발표한 논문의 속편이라고 말할 수 있다.[52]

먼저 하서정의 군관조직 결여 원인을 해명하는 데 진흥왕대의 야심적 영토팽창과 관련해서 생각해 보았다. 눌지왕대 나제동맹의 성립 후 신라는 북쪽 고구려 방어에 전념할 수 있었고 신라 최북단에 있는 하서정의 모체인 실직주는 그만큼 군사적 비중이 컸다. 눌지왕 34년(450)에 실직에서 고구려와의 국경분쟁을 시작으로 하여 그 후 10회 이상 북변의 군사작전과 지증왕대 실직주 설치 그리고 최초의 군주軍主파견은 이를 단적으로 말해준다. 하지만 진흥왕대 급진적 영토팽창은 이러한 전략적 개념을 바꾸어 놓았다. 이는 신라가 방어해야 할 전선이 그만큼 확장된 것을 의미하며, 실직 지역을 후방으로 만들어 놓았던 것이다.

이제 여제 양국을 상대로 하는 방어개념이 생겨나게 되었고 신라는 주력을 한강 유역이나 백제와 인접한 서부경남 지역에 집중해야 했다. 동해안 지역의 국경도 함남 지역까지 북상하였고, 이곳을 수비하기 위한 비열홀정이 새로이 설치되었다.[53] 260km 남쪽에 위치한 실직 · 하서정은 이제 후방부대로 전략을 모면할 수 없다. 그 후 여제 양면공격을 받게 된 신라가 많은 군 관직이 신설되었다는 것은 충분히 상정할 수 있으며, 하서정은 그 우선 순위에서 제외되었을 것이다. 562년 이후에 신설된 대대감 계열의 군 관직이 하서정에 결여된 것은 이를 단적으로 말해주고 있다. 진흥왕대의 야심 찬 팽창은 그야말로 하서정을 발육을 정지한 부대로 만들었다. 그렇기에 하서정은 신라의 급격한 팽창 이전에 가지고 있던 신라 군부대의 원형을 보존할 수 있었다.

한편 하서정의 보기당주步騎幢主 결여와 기병부대 하서주서河西州誓의 기병군관 결여는 동해안의 험한 지형을 반영하고 있는 것으로 보았다. 기병은 험조한 지형에서 그 효율성이 떨어지며, 평지에서 그 위력을 발휘하는 것은 상식이다. 하서정에 대기병방어보병조직對騎兵防禦步兵組織 혹의장창말보당黑衣長槍末步幢의 부재한 것은 동해안 지역이 기병작전이 용이하지 않다는 것을 무언으로 알려주고 있다. 한편 하서궁척河西弓尺의 존재는 이러한 느낌을 더욱 강화시킨다. 산악지역에서 전문적 궁부대弓部隊 하서궁척河西弓尺이 용이한 역할을 할 수 있기 때문이다. 하서정은 그 방어에 장창보병부대를 설치하지 않고 그 지형에 적절한 전문 궁궁부대를 선택했던 것이다.

이상의 결론은 다음의 가능성을 보여준다. 하서정은 진흥왕대 조직의 모습을 그대로 간직하고 있다. 다시 말해 진흥왕대 군관직의 증설이 정지되면서 그 당시의 모습이 그대로 보존되었던 것이다. 따라서 하서정의 모습은 신라 군관조직의 원초적인 형태를 복원할 수 있는 준거가 될 수도 있으며, 설치연대를 알 수 없는 육정과 구서당의 여러 종류의 군관軍官 들의 증설 시기를 유추해내는 기준이 될 것이다.

(미주)

1) 「창녕비昌寧碑」에서 '우추실직하서아군于抽悉直何西阿郡'이라 한 것을 보면 울진-삼척·강릉으로 이어지는 동해안 지역이 그 관할 구역임을 짐작할 수 있다. 『삼국사기三國史記』 직관지 무관조의 육정연혁기사를 보면 하서정은 '본실직정本悉直停'이라 하여 삼척 지역에서 북상 이동한 것을 알 수 있다.

2) 井上秀雄, 「新羅兵制考」, 『新羅史基礎硏究』 1974 東京 東出版. 190쪽.

3) 李文基, 「『三國史記』 職官志 武官條의 內容과 性格」, 『新羅兵制史硏究』 일조각, 1997. 67쪽.

4) 가령 大官大監 직속의 火尺이나 少監이 缺落 되거나 그 반대로 令步兵 隊大監은 없는데 영보병 火尺, 少監이 있는 경우가 될 것이다.

5) 井上秀雄, 앞의 책, 190쪽.

6) 李文基, 앞의 책, 66쪽.

7) 대체로 이는 중고기에 麗濟 양면공격을 막아내던 육정의 각 주둔지역을 보면 알 수 있다.
경북 상주에 주둔한 上州停(貴幢)은 금강상류에서 소백산맥을 넘어오는 백제군을 방어했고, 경남 합천부근에 주둔한 下州停은 남원을 전진기지로 하여 지리산의 운봉을 넘에 서부경남을 잠식해 오는 백제군을 방어해야 했다. 한강하류지역에 주둔한 漢山州停은 그야말로 남북으로 麗濟 양군의 협공을 막아내야 했으며, 안변에 주둔한 비열홀정은 철령이나 추가령을 넘어 남하할 수도 있는 고구려군의 남침을 방어해야 했다. 왕경에 주둔한 신라 최대의 사단 大幢은 대규모 원정이나 적의 공격으로 위험에 처한 지역을 구원해주는 지원부대의 역할을 했다.

8) 서영교, 「新羅 長槍幢에 대한 新考察」, 『慶州史學』17, 1998.

9) 산악지형일 경우 기병이 효율적이지 못하며, 반대로 광활한 평지라면 보병 단독작전은 위험하다. 主戰線의 변화로 특정지역의 전략적 가치가 저하된다면 그곳에 주둔하고 있는 사단은 병력 지원이나 보급의 우선 순위에서 제외될 수도 있다.

10) 末松保化, 「新羅幢停考」, 『新羅史の諸問題』 1954, 東京. 東洋文庫, 338-340쪽.

11) 李鍾旭, 「南山新城碑를 통하여 본 新羅의 地方統治體制」, 『歷史學報』 64, 1974, 30쪽. 강봉룡은 지증왕대 설치된 실직주와 실직군주를 『삼국사기』 직관지 무관조에 보이는 本悉直停("五日河西停 本悉直停 太宗王五年 罷悉直停 置河西停 衿色綠白".)과 직결시키고 있다는 점에서 이종욱과 견해를 같이한다.(姜鳳龍, 「新羅 中古期 州制의 형성과 운영」, 『韓國史論』16, 서울대, 1987. 68쪽.)

12) 李成市, 「新羅六停の 再檢討」, 『古代東アジアの 民族と國家』 東京 岩波書店 1998 173쪽. 註3.

13) 李文基, 「大幢 및 停制의 成立과 展開」, 『新羅兵制史硏究』 일조각, 1997. 112-115쪽.

14) 필자가 六停이 州制(즉 兵制와 地方制)와 서로 불가분의 관계에 있는 것을(末松保化, 「新羅幢停考」, 『新羅史の諸問題』. 323-347쪽.) 모르는 바 아니며, 지금까지 여

기에 대한 연구가 육정군단의 모든 것이라 해도 과언이 아니다. 시각의 차이에도 원인이 있겠지만 무엇보다 상호모순된 내용을 담고 있는 원사료상의 문제로 각 연구자의 견해가 다르다. 즉 상호 모순되는 기록을 모두 존중하여 해석하거나 그 중 하나를 부정하는 과정에서 피할 수 없는 것이다. 그래도 치밀한 고증작업을 바탕으로 한 기존의 연구가 정제의 변화와 성립을 이해하는 데 상당히 도움을 준 것은 부정할 수 없으며, 각각의 견해가 나름대로의 일관성이 있고 타당성도 있다. 본고에서 여기에 대한 언급은 접어두었다.

15) 末松保化,「新羅幢停考」,『新羅史の諸問題』동양문고, 1954.

16) 李文基,「大幢 및 停制의 成立과 展開」,『新羅兵制史研究』일조각, 1997. 112-115쪽.

17) 『三國史記』권3 新羅本紀 눌지마립간 34년조 및 자비마립간 11년조 參照

18) 李文基,「大幢 및 停制의 成立과 展開」앞의 책 1997. 101쪽의 註)79, 113쪽. 註)97.

19) 하긴 末松氏가 이러한 견해를 피력할 당시에는 80년대 말에 가서야 발견된 鳳坪 碑를 보지 못했다.

20) 末松保化,「新羅幢停考」,『新羅史の諸問題』동양문고, 1954.

21) 姜鳳龍,「新羅 中古期 州制의 형성과 운영」,『韓國史論』16, 서울대, 1987.

22) "四日牛首停 本比烈忽停" "五日河西停 本悉直停"

23) 『三國史記』권6 문무왕 元年과 8年조를 보면 河西州는 고구려 정벌을 위해 출병하고 있다. 660년에는 文訓과 眞純이 668년에는 파진찬 宣光, 아찬 長順純長을 하서정의 장군으로 각각 임명되었다. 이를 고려해 보면 하서정은 실전에 참여할 수 있는 조직을 가지고 있었던 것이 확실하며, 나아가 六停의 다른 부대와 비교해 전혀 손색이 없는 조직을 가지도 있지 않았나 생각할 수도 있다. 하지만 『삼국사기』 무관조 諸軍官에 명기되어 있는 각 군관의 합계 숫자는 하서정에 결여되어 있는 슭步兵 隊大監, 그 계열의 火尺·少監 그리고 흑의장창말보당주 보기당주 보기감 등을 포함하지 않는 것이다. 오히려 우리는 조직 규모상 소략한 하서정의 실전 참여에 주목해야 한다. 그것은 〈표1〉에서 알 수 있듯이 장군에서 대관대감 계열로 이어지는 조직(군사당주, 대장척당주 감사지 포함)이 전투능력을 가지고 있으며, 최소한의 완결성을 가진 조직임을 말해주는 것이기 때문이다.

24) 井上秀雄,「新羅兵制考」,『新羅史基礎研究』1974, 東出版, 142-148쪽.

25) 井上氏는 大丈尺幢主가 軍師幢主와 거의 같은 시기에 설치된 것으로 보았다. (井上秀雄,『新羅史基礎研究』151쪽.)

26) 신문왕대 완성된 九誓幢의 경우 대대감 계열 마져 보병을 전담하는 슭步兵과 기병을 전담하는 슭騎兵으로 분리되었다.

27) 隊大監 領馬兵 闕衿一人 音里火停一人 古良夫里停一人 居斯勿停一人 參良火停一人 召參停一人 未多夫里停一人 南川停一人 骨乃斤停一人 伐力川停一人 伊火兮停一人 綠衿幢三人 紫衿幢三人 白衿幢三人 黃衿幢三人 黑衿幢三人 碧衿幢三人 赤衿幢三人 靑衿幢三人 菁州誓一人 漢山州誓一人 完山州誓一人 領步兵 大幢三人 漢山停三人 貴幢二人 牛首停二人 完山停二人 碧衿幢二人 綠衿幢二人 白衿幢二人 黃衿幢二人 黑衿幢二人 紫衿幢二人 赤衿幢二人 靑衿幢二人 緋衿幢四人 "共七十人" 並着衿 位自奈麻至阿湌爲之

28) 서영교,「新羅長槍幢에 대한 新考察」,『慶州史學』17. 1998. 42-45쪽.

29) Karl A. Wittfogel and Feng Chia-Sheng, *History of Chinese Society Liao*, Philadelphia, 1949.

534쪽 註440, 參照.

30) ≪新唐書≫ 卷23 志13 儀衛上에 <諸衛有挾門隊 長槍隊>라 하여 장창부대의 모습이 보이며, 또 ≪舊唐書≫ 卷199 列傳149 東夷 高麗傳에 "李勣以步卒長槍一萬擊之 延壽衆敗"라 하여 이적의 장창보병이 고구려 북부욕살 고연수의 군대를 격파하는 데 결정적인 역할을 한다. 고연수는 선제 공격을 하다가 이적의 장창보병의 벽 앞에 막혔다. 이때 당태종이 측면을, 장손무기가 배후를 협공했던 것이다. 서양학자들의 말을 빌리자면, 이적의 장창보병은 모루의 역할을 했고, 당태종의 군사와 장손무기의 군사는 망치의 역할을 했던 것이다. 당의 장창보병부대는 신라의 장창당의 기원과 관련하여 주목된다. 왜냐하면 통일전쟁기에 신라군은 唐軍과 함께 작전을 수행했기 때문이다.

31) ≪宋史≫ 卷365 岳飛傳, ≪同書≫ 卷366 吳璘傳.

32) *Caesar's War Commentaries--De Bello Gallico & De Bello Civili*, (Edited and Translated by John Warrington), London [1953] 1955, p.289.

33) J. F. Verburggen, 1954~1977. *The art of warfare Europe during Middle Age*(Amsterdam) pp.50~51, pp.109~111, pp146~147, p.157, pp.164~173.; 스위스 장창보병의 위력은 대단한 것이었다. 1477년 스위스 장창보병은 낭시에서 샤를르 용감왕의 군대를 전멸시킴으로써 부르군디공국을 멸망시켰다.(패리앤드슨 著, 김현일 譯, 『절대주의 국가의 역사』, 소나무, 1993. 90쪽.) 이 전쟁에서 가장 이익을 본 것은 프랑스였다. 프랑스는 스위스 장창보병을 돈으로 매수하여 숙적 부르군디공국을 멸망시켰던 것이다.

34) 井上氏는 黑衣長槍末步幢主가 검은 옷을 입고 있는 것으로 보아 주술적·종교적 색채가 있는 軍官이 아닌가 지적한 바 있다. (井上秀雄, 「新羅兵制考」, 『新羅史基礎研究』 1974) 그러나 <표 1>를 보아도 알 수 있듯이 그렇게 보기에는 그 숫자가 너무 많다.

35) 井上秀雄, 「新羅兵制考」, 『新羅史基礎研究』 1974, 192쪽.

36) 서영교, 「新羅長槍幢에 대한 新考察」, 『慶州史學』17. 1998. 42-45쪽.
----, 「九誓幢완성 배경에 대한 新考察」, 『한국고대사연구』18. 2000. 145-6쪽.

37) 여기에는 다음과 같은 의문이 제기될 수도 있다. 신문왕대 만들어진 이민족부대 황금서당, 흑금서당, 청금서당, 벽금서당, 청금서당에는 왜 흑의장창말보당주가 결여되어 있지 않은가? 우리는 여기서 백금서당 창설 후 구서당에 이민족으로 구성된 부대가 순차적으로 5개가 더 증설된 점을 고려해야 한다. 백금서당 창설시 九誓幢은 녹금서당 자금서당 장창당 등 4개부대가 있었다. 나당전쟁기간에 이민족으로 구성된 신라정규군은 백금서당뿐이었으며, 그 자체 시험적인 것이었다. 통일 후 신문왕대 가서 완성된 구서당에서 이민족은 이제 소수가 아니라 다수가 되었다. 이민족이 9개 부대 중 6개를 차지하고 있었던 것이다. 따라서 신문왕대 증설된 5개 부대에 흑의장창말보당주를 제외한다는 것은 구서당 전체에 對騎兵 방어능력의 저하를 의미하는 것이다. 이민족이 구서당의 2/3를 구성하는 상황에서 그들에 대한 통제는 이민족부대 사이의 상호 견제가 더 효율적이다. 가령 황금서당과 벽금·적금서당은 같은 고구려인으로 구성되었지만 그들 사이의 감정의 골은 깊었다. 신문왕 4년(684) 황금서당은 동족인 보덕성민의 반란을 무력으로 진압한 바 있으며, 보덕성민을 구성원으로 하여 조직된 적금·벽금서당과는 상호 견

제적이었다고 볼 수 있다. 필자는 지금 구서당 각부대 사이의 상호견제구조에 대
한 논고를 준비중이다.

38) 井上秀雄 譯註『三國史記』1, 1980 205쪽.

39) 『삼국사기』 권7 문무왕 13년 8월조

40) 『삼국사기』 권7 문무왕 15년 9월조

41) 만리장성의 경우 유목민의 馬와 가축들이 중원으로 내려오는 것을 막기 위한 장
벽이다. 長城이란 지속적인 騎兵공격을 염두에 둔 장애물과 같은 것이다.
(Robert Silverberg, *The Great Wall of China*, Chilton Book, Philadelphia and New
York 參照)

42) 李基東, 「新羅下代의 貝江鎭」, 『新羅骨品制社會와 花郎徒』 일조각 1984, 212쪽.

43) 『諸葛孔明集』에 수록되어 있는 『將苑』은 50편으로 구성되어 있다. 본편을 굳이 분
류하자면 전 50편 중 약 반 가량은 將帥論이고 나머지 반은 이른바 兵法論의 내
용으로 되어 있다. 옛날에는 『心書』라 불리기도 했던 듯하다. 내용적으로는 『孫
子』의 영향을 많이 받은 것 같다.(안길환 『평전 제갈공명』 시공사 1991, 230쪽)

44) J. F. Verburggen, '*The art of warfare Europe during Middle Age*' (S.Willard and S.
Southern. tr)Amsterdam 「1954」 1977 pp.105-106.

45) 〈표2〉에서 오주서의 군관조직을 보면 河西州誓와 牛首州誓가 군관이 심하게 결
여되어 있다. 여기에 대하여 末松씨는 청주서 완산주서 한산주서 등은 주체적인
것이고 우두주서 하서주서 등은 부수적인 것으로 보았고,(末松保化, 「新羅幢停
考」『新羅史の諸問題』, pp.367-370.) 이문기는 기록의 탈락으로 추정했다.(李文基,
「『三國史記』職官志 武官條의 內容과 性格」, 『新羅兵制史研究』, 33쪽.)

46) 이때 원산만 방면에서 북한강·남한강 상류를 거쳐 소백산맥 이남으로 이어지는
교통로가 존재했다고 한 노태돈 선생의 지적은 귀중한 암시를 주고 있다. 그에
의하면 안변-淮陽-금화-춘천-횡성-원주-제천-영춘-단양-풍기-영주로 이어지는 교통
로는 후대의 경우지만 조선시대에도 존재했으며, 그것은 바로 통일기 신라의 首
若州(朔州) 관할지역과 일치한다고 한다. 당시 수약주는 원산만 일대에서 남으로
강원도 서부지역을 포괄하여 경북 북부방면에 이르는 지역을 관할하고 있었으며,
관내 지역 자체가 그러한 교통로를 중심으로 설정된 것이라는 것이다.(盧泰敦,
「《삼국사기》 신라본기의 고구려관계 기사 검토」, 『慶州史學』16. 1997. 80쪽.)

47) 스기야마 마사아키 著, 임대회外 譯, 『몽골세계제국』 신서원 1999. 286쪽. 參
照; 과거의 기병운용과 현대의 戰車운용은 상당한 공통성을 가지고 있거니와
몽고기병이 남하한 이 길이 현재 對戰車防禦地域이었다는 점은 시사하는 바
가 크다.

48) 지금도 홍천에는 보병 11사단과 (현재의 기병 역할을 하는) 3기갑 여단이 배치되
어 있다. 이는 물론 춘천을 지원하기 위한 예비사단이다. 步兵(三千幢)과 騎兵 隊
大監계열(대대감-소감-화척)의 이중적 조직을 가진 伐力川停도 이와 다르지 않을
것이다. 이보다 앞서 여호규는 1999년 2월 12 숭실대에서 개최된 제12회 한국고대
사학회 약정 토론에서 "六停이 十停 관련 부대들을 군령권 속으로 포섭을 하면서
작전을 수행했을 가능성도 배제할 수 없다"고 지적한 바 있다. 이 점 참고된다.(『
한국고대사연구』 16. 1999. 221쪽.)

49) 權赫在, 『地形學』 法文社 [1974] 1994, 150-153쪽.

50) 원주에는 1군사령부가 있고 그 예하에 3군단 2군단 7군단이 있는데 이들은 각각 3개의 사단과 1개의 특공연대를 거느리고 있다. 그 주변에 있는 1급 정예 사단의 수만 환산한다고 하더라도 9개 이상이 된다. 그 뿐만 아니다. 1군수 지원사령부와 102여단, 미군의 작전지휘본부도 여기에 위치하고 있으며, 그 외 상당수의 부대가 더 있다고 한다. 물론 1군 예하 사단들의 실질 병력들은 원주 주변 여러 지역에 포진하고 있으며, 오늘날의 이같은 모습은 고대 신라의 경우를 이해하는 데 도움이 된다. 왜냐하면 거의 변화되지 않은 지형은 동일한 전략적 상황을 산출하기 때문이다.

51) 서영교, 「新羅長槍幢에 대한 新考察」, 『慶州史學』17, 1998.

52) 지금까지 필자는 하서정 군관조직의 정확성을 나름대로 검토해 보았다. 이는 『三國史記』 職官志 武官條의 諸軍官이 상당히 정확한 기록임을 시사해 주고있다. 동시대의 병제가 아니라면 그 정확성을 담보할 수가 없었을 것이다. 따라서 井上氏가 지적한 바와 같이 무관조가 신문왕 10년 이후 적어도 中代에 정리된 따라서 동시기의 병제를 그대로 반영하는 기록일 가능성이 높다. 사실 무관조가 그 서술 내용이 기억이나 단편적 사료를 조합하여 재구성했다고 상상하기에는 너무나 방대하며, 때문에 신라본기와 계통을 달리하는 사료일 가능성이 크다. 신라하대의 군사조직인 패강진전이 무관조가 아닌 외관조에 수록된 것은 이를 반증하고 있다.(井上秀雄, 「新羅兵制考」, 『朝鮮學報』 11, 1958, 『新羅史基礎硏究』 東出版, 東京 1974, 131-132쪽 및 137쪽.) 이와 관련해서 필자는 무관조 諸軍官 부분에 대한 다음의 가능성을 타진해 보고 싶다.

주지하다시피 무관조의 3/5를 차지하고 있는 諸軍官 부분은 군관들의 직급별 나열 형태를 취하고 있다. 그것은 각 군관직의 직급별 숫자 파악에 주관점을 두고 있는 것이다. 이는 필시 제군관의 원자료의 용도와 깊은 관련이 있을 것이다. 이때 무관조의 군관인원 기록인 諸軍官 부분을 戰時 行軍에 대비한 야전군조직의 "所屬軍官 配置表"로 본 李成市의 견해는 주목된다.(李成市, 「新羅兵制における貝江鎭典」, 『早稻田大學文學硏究科紀要』 別冊 7, 1981.; 『古代東アジアの 民族と國家』 東京 岩波書店 1998. 279-280쪽.) 씨는 六停을 평상시에 특정인물이 배치되지 않은 편제상의 임시군관조직으로 보고 있으며, 어떻든 무관조의 諸軍官을 表로 보았다는 점에서 씨의 주장의 사실여부를 떠나 귀중한 암시를 주고 있다.

사실 무관조에서 특히 제군관 부분은 군관의 숫자를 한눈에 볼 수 있는 Chart적인 성격을 가진 것은 분명하다. 하지만 그것이 군조직의 명령복종의 연쇄를 한눈에 파악할 수 있도록 해주는 Organization Chart는 아니다. 여기서 조직차트란 조직표 상에서 직위상 아래로 연장되는 지휘하달과 위로 올라가는 報告의 연쇄라인이 보이는 것이며, 무관조에서 侍衛府의 조직만이 예외적으로 여기에 해당된다. 李成市의 주장대로 武官條의 제군관이 전시행군에 대비한 야전군조직의 소속군관 배치표가 되기 위해서는 부대 조직별로 나열된 조직차트가 되어야 한다. 행군이란 군부대별로 하는 것이기 때문이다.

그렇다면 직급별 차트적 모습을 보여주는 『三國史記』 武官條 諸軍官의 원자료는 어떠한 용도에 의해 작성되었을까? 필자는 이를 세조·월봉 지불과 관련하여 생각해 보고 싶다. 고정적인 지출은 행정편의상 지출표가 작성될 가능성이 크며, 이것이 『삼국사기』 職官志 武官條 찬술시 제군관 부분의 원자료가 되지 않았나 한

다. 8세기 초중반에 가서 작성된 것으로 보이는 「佐波理加盤附屬文書」의 일부가
최근에 月俸 지급과 관련된 문서임이 논증되었는데 여기서 官等보다는 官職이
월봉 지급의 기준이었다.(尹善泰,「正倉院 所藏〈左波理加盤文書〉의 新考察」『國
史館論叢』74, 302-311쪽:『新羅 統一期 王室의 村落支配』서울大 博士學位論文,
2000. 97-124쪽; 全德在,「新羅時代 祿邑의 性格」,『韓國古代史論叢』10, 한국고대사
회연구소, 2000. 241-242쪽.)

53)『三國史記』卷4 眞興王 17年「置比列忽州 以沙湌成宗爲軍主」

II. 흑의장창말보당黑衣長槍末步幢

　　흑의장창말보당黑衣長槍末步幢은 당주幢主가 총 264명으로[1] 신라의 군관 가운데 가장 숫자가 많다고도 볼 수 있다. 신라군에는 장창보병長槍步兵의 비중이 단연 높았다. 264개의 흑의장창말보당黑衣長槍末步幢이 존재했으며, 그것은 특수부대가 아니라 군 조직 편제의 근간을 이루는 주력 병력이었다.

　　흑의장창말보당黑衣長槍末步幢은 신라의 주력군단인 육정六停과 구서당九誓幢 예하에 배치된 부대이다. 육정에는 하서정河西停을 제외한 5개 사단, 즉 대당大幢에 30개 · 귀당貴幢에 22개 · 한산주정漢山州停에 28개 · 우수정牛首停에 20개 · 완산주정完山州停에 20개가 있었고, 구서당에는 장창당長槍幢과 백금서당白衿誓幢을 제외한 7개 사단, 즉 금서당紫衿誓幢에 20개 · 황금서당黃衿誓幢에 20개 · 黑흑금서당衿誓幢에 20개 · 벽금서당碧衿誓幢에 20개 · 금서당赤衿誓幢에 20개 · 청금서당靑衿誓幢에 20개 · 녹금서당綠衿誓幢에 24개가 있었다.

　　창을 든 보병의 진진陣과 진진陣이 서로 부딪쳐서 먼저 대열이 깨지는 쪽이 전쟁에서 패배하게 되는 것이 일반적인 고대의 전투였다. 창이야말로 인류 역사상 가장 유서 깊고 보편적인 무기이다. 화약이 등장하기 이전까지 가장 많이 사용되었고,[2] 화약무기가 등장한 직후에도 그것은 그 자리를 유지했던 것 같다. 총기가 전장을 완전히 지배하고 나서야 그것은 역사의 전면에서 물러났다. 장창보병에 대한 연구는 전근대의 전쟁사를 파악하는 데 아주 중요하다.

흑의장창말보당黑衣長槍末步幢에 대한 연구가 없었던 것은 아니다. 윤일영 선생은 당幢의 병력은 중국 남북조의 여러 나라와 수·당의 군사제도에서 100명이었고, 신라의 경우 노당弩幢의 병력도 그러했음을 고증했다. 나아가 흑의장창말보당黑衣長槍末步幢도 같은 수의 병력을 가졌다고 보았다. 또한 장창의 길이나 형태와 용도 그 종류 등을 상세히 분석했으며, 나아가 서양의 그리스 중장 장창보병의 운용을 참고하여 흑의장창말보당의 병력편제와 전투대형 등을 치밀하게 복원했다.3)

본고에서는 신라의 흑의장창말보당黑衣長槍末步幢과 관련된 여러 자료를 찾아보고 분석하여 전근대 군에서 가장 보편적인, 가장 비중이 높은 창병에 대한 이해를 돕고자 한다. 이를 위해 신라의 흑의장창말보당과 유사한 형태의 무기와 군대를 조사해 보았다. 무기와 전술만큼 세계적인 보편성을 띠는 것도 드물기 때문이다. 특히 고대 그리스의 창병 Phalanx(진陣)의 운영과 발달과정에 대한 기존의 상식은 많은 참고가 되었다. 그중에서도 최근에 번역된 독일의 전쟁사가 한스 델브뤼크의 저서 『병법사』(민병길 譯)는 이 글의 작성에 큰 도움이 되었다.

그 동안 필자는 구서당九誓幢 9개 사단 가운데 하나인 장창당長槍幢과 구서당과 육정六停의 거의 모든 사단 예하에 배치된 흑의장창말보당黑衣長槍末步幢의 성격을 대기병對騎兵 장창보병으로 파악했다.4) 하지만 본고를 작성하는 과정에서 흑의장창말보당黑衣長槍末步幢이 대기병뿐만 아니라 대보병對步兵이나 대장창보병對長槍步兵 작전도 수행한다는 사실을 새롭게 알게 되었다. 기병의 사용이 제한되었던 한반도 남부에 위치한 신라에서 흑의장창말보당黑衣長槍末步幢은 대對보병 작전에서 출발한 군 조직이었을 가능성이 있다.5)

1. 고구려의 영향, '당幢'

신라군대의 군 편제 단위는 '당幢'이었다. 이는 고구려의 영향이었다. 주지하다시피 신라는 400년 광개토왕의 남정 이후 고구려의 지배를 받았다. 고구려는 왜의 공격으로 위기에 처한 신라를 구원해주었다. 당幢은 「광개토왕비문廣開土王碑文」 14년 조에 나온다.

> 十四年甲辰而倭不軌侵入帶方界□□□□□石城□連船□□□王躬
> 率□□從平穰」
> □□鋒相遇王幢要截盪刺倭寇潰敗斬煞無數
> [『譯註 韓國古代金石文』 I (1992)]

광개토왕 14년(404)에 왜구가 대방계(황해도)를 침범하였다. '왕당 王幢'이라고 하여 "왕의 군대, 또는 왕의 부대가 왜구倭寇를 요절탕자 (要截盪刺)하니 무너져 패하여 참살된 자들을 셀 수가 없었다(潰敗斬 煞無數)"라 하고 있다. 「중원고구려비」에도 '당幢'은 나온다.

> 前部太使者多亏桓奴主簿貴
> □□□[境]□募人三百新羅土內幢主下部[拔]位使者補奴
> □疏奴□□[凶]鬼盖盧共[]募人新羅土內衆人跓[動]□□
> [『譯註韓國古代金石文』 I (1992)]

"전부(前部) 대사자 다우환노와 주부 귀도貴道가 국경 근처에서 300명을 모았다. '신라토내당주新羅土內幢主' 하부下部 발위사자拔位 使者 보노補奴와 개로盖盧가 공히 신라 영토 내의 주민을 모아서 … 로 움직였다." 신라 땅 내부의 '당주' 하부 발위사자 보노가 나온다. '신라토내당주新羅土內幢主'란 어느 정도의 규모의 군대를 거느리고 있는 것일까. 이와 관련하여 『일본서기』 권 14, 응략천황 8년 조의 기록이 주목된다.

"미가도(왜국)의 마음을 (신라가) 두려워하여 고려와 친선을 맺었
다. 그래서 고려왕은 정병精兵 100명을 보내어 신라를 지키게 했다."

100명 정도의 병력으로 고구려가 신라를 지켜준다는 것은 가능한
것일까. 그것은 쉽지 않은 일이다. 이 시기의『일본서기』기록은 문제
가 많다. 하지만 그들이 군사 고문단이라면 달라진다. 신라의 군대를
보다 조직화하고 성곽을 치밀하게 배치하는 감독을 할 수 있다. 그것
은 군대 숫자 이상의 의미가 있다. 사실 신라의 군사제도는 고구려의
영향이 짙게 남아 있다. 100명이란 숫자를 그렇게 불신할 문제도 아닌
것 같다. 다음과 같은 기록이 보인다.

군법을 처음 세울 때 1000인을 군으로 하여, 군에 장군 1인을 두고,
100인을 당으로 삼아, 다에 수 1인을 두었다(『魏書』권103, 蠕蠕傳 "始立
軍法 千人爲軍, 軍置將一人, 百人爲幢, 幢置帥一人"),

연연蠕蠕(유연柔然)이 처음 군법을 세울 때 '100인으로 당幢을 만
들었다'고 하고 있다. 「중원고구려비」의 '당주幢主'는 '당수幢帥'와 일
맥상통한다. 둘 다 당幢의 통솔자이다. 유연은 402년경, 사륜社崙이란
영웅이 나타나 홉도Qobdo와 우룽구Urunggu근처에 있던 고차高車를
멸망시키고 세운 유목제국이다. 제국의 영토는 동으로는 고구려로부터
서쪽으로는 이르티쉬Irtish강 상류에 이른다. 5세기에 유연은 고구려와
손잡고 북위를 견제했다.『위서魏書』권100, 백제전百濟傳을 보자.

고구려는 남쪽으로 유씨劉氏(송)와 통하고 북쪽으로 연연蠕蠕(유
연)과 맹약하기도 하여 서로 순치脣齒관계를 이루면서 왕략王略(북
위)을 짓밟으려 하고 있습니다.

472년 백제가 북위에 사신을 파견하여 올린 청병표 내용의 일부이
다. 유연과 고구려의 공동의 적인 북위는 유목민 선비족이 세운 국가
이다. 그들은 강력한 기병을 보유하고 있었다. 이에 대항하기 위해 고
구려와 유연은 밀착했다. 479년 고구려는 유연과 모의하여 동몽골지
역에 있는 유목민 지두우족을 침공하여 분할하기까지 했다. 고구려가
유연의 군사제도를 도입하는 것은 자연스러운 일이었다. 물론 유연뿐
만 아니라 중국대륙의 여러 나라들의 영향도 받았을 것이다. 6세기 중
반에 한강유역 진출을 할 당시의 「단양신라적성비」를 보자.

> ■文村幢主沙喙部導設智及干支勿思伐」
> 城幢主喙部助黑夫智及干支節教事赤城也尔次」
> □□□□中作善庸懷勲力使死人是以後其妻三
> [『譯註 韓國古代金石文』Ⅰ(1992)]

당주는 주州에 설치된 군주보다 하위단위의 군사 책임자로 촌이나
성에 설치되었음은 여기에 나오는 ■(추)문촌당주文村幢主'·'물사벌
성당주勿思伐城幢主'에서 알 수 있다. 이들 추문촌당주와 물사벌성당
주가 당시 적성지방의 공략에 참가한 사람인지, 적성 점령 후 그 지방
에 설치한 당주인지는 확실치 않다. 하지만 6세기 중반의 신라지방군
사제도의 단면을 보여주고 있다. 고구려는 5세기 초부터 신라에 군사
제도를 이식시켰고, 지워지지 않는 깊은 영향을 남겼던 것이 확실하
다. 다 알다시피 신라 핵심군단 육정六停에서 가장 중요한 수도주둔
사단의 명칭은 '대당大幢'이었다. 고구려의 대모달大模達은 5부 병을
위한 군병으로 구성된 수도주둔군 '대당주大幢主'였다.6) 따라서 고구
려의 수도주둔 사단 역시 '대당大幢'이었다.

추문촌당, 물사벌성당이 지역을 중심으로 편성된 당幢이라면 흑의
장창말보당黑衣長槍末步幢은 통일된 무기를 중심으로 편성된 당幢이

었다. 흑의장창말보당黑衣長槍末步幢은 6세기 이후 신라군이 보다 조직화되고 분화된 상태에서 생겨난 것으로도 볼 수 있다. 하지만 창이란 무기는 너무나 보편적으로 사용했던 무기였다. 때문에 추문촌당, 물사벌성당에서도 창이 가장 많은 비중을 차지하는 무기였을 가능성이 높다. 그것은『三國志』동이전 동옥저와 동예에서도 확인된다. 창병들이 대열(陣)을 이루는 것은 고대 한국에서 가장 오래된 것이었다.

2. 모矛와 삼장三丈의 장모長矛

모矛는 긴 목제의 자루 끝에 뾰족하고 폭이 넓은 양날을 붙인 병기였다. 모矛는 최초의 찌르는 무기였다. 춘추전국시대에도 전투 시 주로 모矛를 사용하였다고 한다. 후대에 가서 모矛는 모鉾와 창槍으로 분화되었다. 창의 가장 원시적인 형태는 긴 나무자루의 끝을 뾰족하게 다듬고 불에 구워서 날을 강화시킨 것이다.

우리 한국고대에 관한 최초의 기록을 남기고 있는『삼국지三國志』동이전 동옥저전을 보면 모矛에 대한 기록이 나온다.

우마가 적고 모矛를 가지고 보전을 잘한다(少牛馬 便持矛步戰).

동옥저에는 소나 말이 적어 모矛를 가지고 보전을 하는 것이라 한다. 모를 들고 보병전을 하는 동옥저인들은 어떠한 모습일까. 모矛는 개개인이 싸울 때 쓰는 무기라기보다 대열을 이룰 때 그 위력을 발휘한다. 중국의 병법을 배우지 않았다고 하더라도 진陣을 이루고 싸우는 것이 효율적이라는 것 정도는 동옥저인들도 알고 있었을 것이다.

『삼국지三國志』동이전 동예전을 보면, 동예인들은 장모長矛를 사용하고 있다.[7] 그것은 중국인들이 보기에도 동옥저와 동예인들의 창의 길이가 현저히 차이가 나고 있음을 알 수 있다.

길이가 3장丈이나 되는 모矛를 만들어 혹은 여러 사람들이 그것을
함께 들고 보전을 하는데 능숙하다(作矛長三丈 或數人共持之 能步戰).

3장丈의 길이는 중국 삼국시대三國時代 1척尺(24.2cm)으로 환산하
면 그 10배인 1장丈은 2m 42cm가 되고 3장은 7m 26cm가 된다. 그 길이
는 창이 휘어져 사용하는 것이 불가능하다. 물론 이 기록을 남긴 중국
인들이 직접 동예인들의 창 길이를 자로 측정해 보았다고 할 수 없다.
다만 눈으로 보았을 때 사람의 키 3배를 초과하는 대단히 긴 창이었다
고 할 수 있겠다.

『주례周禮』고공기에는 창의 길이가 최소한 사람의 키보다는 커야
하며, 신장 3배를 넘어서는 안 된다고 하고 있다. 전국시대 일본에서
는 장병창長柄槍이라 하여 최고 640cm에 달하는 창이 도보집단전투의
주역으로 활용된 바 있다고 한다.[8] 한반도보다 키가 작은 일본인들의
3배 이상이 되는 길이다. 동예사람들이 휘어질 만한 길이의 창을 사용
했다. 인간이 감당할 수 있는 한계 지점에 이른 긴 창이었다.

그렇다면 왜 그토록 긴 창을 사용해야 되었다는 말인가. 5m의 창
과 6m의 그것을 가진 두 그룹의 장창보병 밀집대형이 있다고 가정을
해보자. 장창을 든 2개의 밀집대형이 정면 대결을 벌이기 위해 접근
전을 벌였을 때 1m가 짧은 전자는 후자를 찌를 수 있는 위치에 가기
1m 앞 지점에서 후자의 공격을 받게 된다. 장창보병 간의 정면 대결
에서 적보다 창의 길이가 짧다는 것은 치명적이다.

동예인들이 장창을 가지고 보전을 잘 한다는 의미는 그들이 진陣
을 이루고 싸우는 데 능하다는 의미일 것이다. 그렇다고 치더라도 그
것을 여러 명이 함께 들고 사용했다는 의미는 무엇인가? 도대체 그것
이 가능한 것인가. 현재 지식으로서는 필자가 이해할 수 없다. 집단

장창보병의 밀집대형은 [그림 1]과 같다.

(그림 1)

    마케도니아 장창보병의 모습이다. [그림 1]을 보면 종심으로 4열에 해당하는 병사들이 창을 앞으로 견양하고 있다. 그야말로 정면으로 접근할 수 없는 허공에 창 밭을 이루고 있다.

    마케도니아 장창보병의 그것도 휘어질 정도의 길이다. 종심 4개 대열의 창이 앞으로 포개져 있다. 가장 앞 대열의 창이 가장 멀리 나가 있고, 바로 뒤 대열에 있는 창은 두 대열 사이의 거리만큼 뒤로 가서 포개져 있고, 3열 4열의 창도 그러하다. 이 대열을 옆에서 본다면 착시도 생겨날 수 있다. 3~4명 이상이 6~7m 길이의 창을 함께 들고 있는 모습으로 보일 수도 있다.

    하지만 현장기록이었던 『삼국지三國志』 동이전의 기록을 무시할 수 없다. 224년 조위의 장수 관구검은 1만의 병사로 고구려를 공격했다. 이때 대규모 선비족 기병들이 종군했다.[9] 고구려 동천왕은 현토태수의 추격을 받아 북옥저 지역으로까지 도망을 갔다. 그가 북옥저로 피신을 한 것은 이때 관구검의 지시를 받은 낙랑태수와 대방태수가 동예로 쳐들어옴에 따라 남옥저 지방이 위협을 받았기 때문이다.[10] 동예인들의 보병전투를 양兩 태수가 직접 목격했을 가능성이 크고 그

것이 『삼국지三國志』 동이전의 기록에 남았을 것이다.

그러나 창 하나를 두 사람 이상이 사용한다는 것은 거의 불가능에 가깝다. 장창보병의 밀집 대열(진陣)에서 병사들이 각각 창 하나를 여럿이 잡고 있다고 가정해보자. 앞에 있는 창병은 적을 제대로 견양할 수 없을 뿐 아니라 사용이 부자연스러워 적을 제대로 찌를 수도 없다.

장창보병은 위의 그림과 같이 종심상으로 여러 겹을 배치하고 있다. 장창은 그 길이 때문에 잘 부러졌다. 창병 대열 간의 싸움이 벌어져서 맨 앞 대열 병사의 창이 부러지면, 뒤에서 새 창을 전달해야 했다. 선두 1~2열에 선 병사가 가장 노련한 선임이었다. 사상자의 빈자리는 바로 뒤에 있던 병사가 공백을 메우거나, 다른 병사가 앞으로 나아가 주인을 잃은 창을 쥐고 싸워야 했다. 그것이 "혹수인공지지或數人共持之"라고 표현된 것은 아닐까.[11]

어떻든 기록을 그대로 본다면 동예인들의 창은 매우 긴 창이었다. 그렇다면 옥저의 모矛와 동예의 장모長矛의 전투형태에서 어떤 차이가 있었을까. 뒤에 그리스와 마케도니아의 사례에 대해 언급했던 것처럼 길이가 상대적으로 짧은 모矛는 방패에 대한 의존도가 높다. 방패가 적의 진과 충돌했을 때 적을 밀어내는 중요한 무기이며, 창을 휘두르는 방식도 오른손에 모矛를 들고 왼손에 방패를 든 상태에서 오른손으로만 창을 앞으로 내지른다. 여기에 반해 장모長矛는 두 손으로 거의 허리선 가까이 창을 두고 찌르는 방식이었다.

모든 힘이 창에 집중되어 있으니 방패는 왼팔에 걸고 다닐 정도로 작을 수밖에 없다. 하지만 창의 길이와 조직력에 더욱 의존하게 된다. 장창보병은 창보병보다 밀집된 대열을 취하며 개인적인 전투를 극히 자제한다. 최대한 밀집된 형태의 대열을 갖춤으로써 적 병사들과 1대 1 전투를 피할 수 있도록 만 하면 대형 후미에 있는 병사들은 완벽한 보조 장비 없이도 필요시에 임무를 수행할 수 있었다.[12] 이 점 흑의장창말보당黑衣長槍末步幢을 이해하는 데 참고가 된다.

3. '백충百衝'과 당幢

신라의 흑의장창말보당黑衣長槍末步幢의 '말보末步'란 보폭이 적은 상태를 의미하며, 따라서 밀집 대형의 보폭을 말한다.[13] 장창이란 하나의 존재는 의미가 없고, 많은 사람들이 함께 밀집하여 고슴도치 같은 모습을 보일 때 위력을 발휘한다. 아니 그렇게 하지 않으면 싸울 수도 없다. 그것은 일반 모든 창병은 물론이고 전투에서 기본이다. 신라의 흑의장창말보당黑衣長槍末步幢은 '말보末步'라는 의미가 암시하듯이 밀집대형을 이루고 전투에 임했을 것이 확실하다.

『일본서기』 권11, 인덕천황 53년 5월 조에 신라군 대열(진陣)에 관한 기록이 남아있다.

… "(왜국왕이 말하기를) 만약 신라가 대항하거든 군사를 일으켜 공격하라"고 하고, 날랜 병사를 (전도田道에게) 주었다. 신라는 군사를 일으켜 맞섰다. 이때 신라인은 매일 싸움을 걸어왔다. 그러나 전도田道(왜인 장수)는 요새를 굳게 지키고 나가지 않았다. 그때 신라 병졸 한 명이 진영 밖으로 나온 것을 붙잡아다가 물으니, "힘 센 사람이 있어 백충百衝이라 하는데 그는 날래고 용감하여 항상 군의 오른쪽 선봉이 되고 있다. 그러니 기회를 엿보아 왼쪽을 공격하면 물리칠 수 있을 것이다"라고 대답하였다. 신라군이 왼쪽을 비워 오른쪽을 방비하였을 때 전도田道는 날랜 기병을 계속 보내 그 왼쪽을 공격하였다. 그리하여 신라군이 무너지자, 그 틈을 타 병사를 풀어 수백 명의 사람을 죽이고, 4읍邑의 백성을 사로잡아 돌아왔다.[14]

인덕천황 53년의 일이다. 왜왕은 신라가 조공을 거른 것을 문책하

기 위해 사신을 보냈다. 왜의 사신 다카하세竹葉瀨의 동생 다지(전도
田道)에게 군사를 주어 보냈다. 위의 기록은 기년 자체에 문제가 많
다. 내용에도 문제가 없는 것은 아니다. 하지만『삼국사기』신라본기
는 36회 왜인과의 전쟁기록을 남기고 있어, 위의『일본서기』의 기록이
전혀 의미가 없다고는 할 수 없다. 위의 기사와 같이 신라군이 패하여
왜에 잡혀간 적이 있었던 것이다.

초기 신라 역사에는 '왜倭'의 그림자가 짙게 투영되어 있다.『삼국
사기』신라본기에 1대 신라왕인 혁거세 8년(기원전 50)부터 소지왕 22
년(500)까지 총 59회의 왜 관련 기록이 보인다. 그 가운데 신라에 대한
왜의 침략기록이 압도적으로 많다. 교빙 · 구혼 · 인질 · 절교 등의 외교
기록을 제외하면 36회가 그에 해당된다. 여기에는 왜가 내습한다는 거
짓말 1회(지마 11년, 122), 왜의 내습에 대한 신라의 전쟁준비 2회(유례
4년, 287 · 소지 15년, 493), 신라의 선제공격 계획기도 2회(유례 21년,
295 · 실성 7년, 408)를 포함한 것이다.

왜가 내습한 지점, 신라가 내습한 왜와 싸운 장소, 왜의 침구에 대
비하여 성을 쌓은 곳으로 목출도木出島(1회) · 금성金城(4회) · 사도沙
道(1회) · 사도성沙道城(1회) · 일례부一禮部(1회) · 장봉성長峯城(1
회) · 장봉진長峯鎭(1회) · 풍도風島(2회) · 토함산吐含山(1회) · 독산獨
山(3회) · 부현斧峴(1회) · 명활성明活城(2회) · 월성月城(1회) · 활개성
活開城(1회) · 삽량성歃良城(1회) · 오도五道(1회) · 임해진臨海鎭 · 장령
진長嶺鎭(1회) 등이 보인다.15) 바다를 건너온 왜인들은 주로 신라의
수도 주변 지역을 위협했다. 그야말로 신라사는 왜와의 전쟁으로 점
철되어 있다.

하지만『삼국사기』신라본기는 전투 내용 그 자체를 전하는 것은
거의 없다. 문제가 있다고 하더라도『일본서기』권 11, 인덕천황 53년
5월 조의 기록은 소중한 것이다. 수없이 많이 치러진 신라와 왜인 사

이의 전투 기록 가운데 하나이거나, 승리한 왜인들의 전승으로 내려오는 무용담이었을 것으로 보이며, 어느 정도의 진실이 담겨 있는 것으로 생각된다.

포로가 된 신라군 한 명이 왜인들에게 정보를 주었다. "신라군 가운데 백충百衝이라 하는 날래고 용감한 군인의 존재를 언급하고 있다. 용감한 그는 신라의 오른쪽 대열(진陣)의 선봉장이었다. 따라서 상대적으로 왼쪽 대열은 약하다. 그러니 기회를 보아 왼쪽을 집중공격하면 신라군 대열은 무너질 것이다."

여기서 무엇보다 중요한 것은 신라군의 진陣에 관하여 다루고 있다는 점이다. 좌우대열에 대한 기록이 보인다. 중앙이 있어야 그것을 기점으로 좌우가 있다. 좌우는 중앙 대열의 존재를 암시한다. 신라군은 왼쪽·중앙·오른쪽 3개의 대열이 있었을 가능성이 있다.

신라가 왼쪽 대열을 비우고 오른쪽 대열을 강화하자 왜인이 정예 기병을 연이어 출격시켜 왼쪽을 공격하였다. 그러자 신라군의 대열이 무너졌고, 그 틈으로 왜병이 몰려 들어왔고, 흩어진 신라군은 수많은 전사자를 냈다.

한 사람의 용감한 자가 지휘관이라면 그가 속한 대열이 강해지는 것은 충분히 있을 수 있는 일이다. 기록을 자세히 보면 백충百衝이란 자는 지휘관이요, 현장에서 전투를 하는 전사이며, 영웅이다.

하지만 진陣에서 군인이 얼마나 용기와 힘을 지닌 존재인가는 중요하지 않다. 조직의 전체적 맥락 속에서 부과된 역할을 얼마나 충실히 수행하고 있는지가 중요하다. 그것은 개인적 기예와 상관이 없는 것이다. 규율은 단체적 훈련을 통해 숙달되는 기계적 단결이다.16)

그야말로 진법陣法은 신체의 운동을 눈금처럼 분할하고 통제하는 규율Discipline을 병사들에게 체화體化시키는 작업이다.17) 여기서 규율이란 신체의 활동에 대한 면밀한 통제를 가능케 하고, 신체에 대한 지속적인 복종을 확보하는 것이며, 활동의 결과보다는 활동의 과정에 주목하여 신체운동을 바둑판의 눈금처럼 분할하는 것이다.

규율Discipline은 유용성이라는 경제적 관계에서 신체의 힘을 증가시키고 복종이라는 관계에서 보았을 때 그 힘을 감소시킨다. 그것은 신체를 소질 · 능력으로 만들고 그 힘을 증대시키려는 반면, 신체에서 발생하는 위력을 통제할 수 있는 에너지로 역전시켜 엄한 복종관계로 만들어낸다.[18] 이때 병사들은 복종시킬 수 있고 쓰임새가 있으며, 변화시킬 수 있는 완전히 만들어진 신체가 된다. 실로 여기서 다수 인간의 복종에 나타나는 합리적 통일성이 나올 수 있는 것이다.

진법陣法이란 개개인의 무용이나 현재와 같은 전술적 움직임이 아니라 병사들의 유기적인 연결에 집중하게 된다.[19] 여기서 신라군 지휘관 이름 '백충百衝'은 주목된다. 신라의 1개 '당幢'인원이 100명이라는 것과 무관한 것일까. 당주幢主는 100명을 이끄는 '백부장'이다. 100명으로 구성된 그의 부대는 적을 향해 부딪치는(충衝) '백충百衝'일 수도 있다.

4. 우측右側으로 기울어진 진陣의 사선

흑의장창말보당黑衣長槍末步幢의 흑의黑衣는 부대의 제복 색깔이 흑색이라는 뜻이며, 장창말보당長槍末步幢이란 장창을 든 병사들이 간격과 보폭을 좁혀서 '말보상태末步狀態=밀집상태密集狀態'에서 전투를 하는 최소 단위라는 뜻이다.[20] 물론 여기서 '말보末步'란 '속보速步'의 반대말이 된다.[21] 밀집된 상태에서 속보로 가면 대열이 흩어질 가능성이 높아 보폭을 좁혀서 말보末步 상태를 유지해야 한다.

마케도니아의 필립 2세는 자신이 새로 편성한 장창보병부대에게 "발 동지(동지同志, pezetairoi)"란 특권적 칭호를 부여했다고 한다. 마케

도니아 Phalanx (진陣)는 그리스의 그것과 달랐다. 마케도니아 Phalanx
는 그리스의 그것보다 훨씬 밀집된 대형을 취했고, 그리스의 창보다
더 긴 사리싸(장창長槍)를 휴대했는데 이 때문에 그들은 선두 여러 횡
렬에서 창을 동시에 효과적으로 사용할 수 있었다. 밀집장창보병은

(그림 2) 보폭을 크게 하면 그림과 같이 대열이 엉성해진다.

형성된 대형(진陣) 전체의 운동에너지와 함께 이용될 때 더 큰 위력을
발휘했다. 이런 대형이 정지하여 방어태세를 취한다면 많은 창끝이
가시같이 돋쳐 있는 사이로 적이 침투한다는 것은 불가능한 일이었
다.[22]

당나라 장군 이정李靖이 만든 육화진六花陣의 보법步法의 중요성
에 대하여 언급하고 있는『이위공문대李衛公問對』중권中卷을 보자.

대오隊伍를 세울 때에는 각대의 사이의 간격을 10보步로 하고, 주
대駐隊(즉 병거대兵車隊와 보병대步兵隊의 혼성 대대)와 사대師隊(즉
기병대騎兵隊) 사이는 20보로 합니다. 대마다 하나의 전투대를 두고
전진할 때는 50보를 기준으로 합니다. 제1의 호각으로 각대가 분산하
되 10보 이내에서 정지합니다. 이와 같이 제2, 제3, 제4의 호각 소리에
이르기까지 각각 창을 겨누고 대기하고 앉았다가, 북을 치면 병사들

이 일제히 일어서서 세 번 크게 외치고 세 번 창으로 적을 공격합니다. 그 후 적진에서 30보 내지 50보까지 나아가 적 동정의 변화를 제압합니다. 이때 후방의 기병(원문-마병馬兵)은 배후에서 전진하지만, 역시 적진에서 50보를 한계로 하여 일단 절제를 합니다. 정병正兵을 앞에 세우고 기병奇兵을 뒤에 따르게 하고 적의 동정을 살핍니다. 다시 북을 치면 기병奇兵을 앞에 세우고 정병正兵을 뒤로 돌립니다. 거기서 또 적이 진격해 오는 것을 맞아 그 기회를 엿보아 그 허점을 치는 것입니다. 이것이 육화의 진법이며, 대체로 다 이런 방법으로 싸우는 것입니다.

물론 당나라 육화진법六花陣法에서도 창병들이 주력이었다. 여기서 부대 사이의 정해진 간격과 병종의 구분, 전진할 때 정확한 보법步法의 규정, 그리고 시간 순서에 맞추어진 호각이나 북소리에서 시간과 공간을 눈금처럼 분할한 모습을 볼 수 있다.

보법에 대해서는 이정의 병법에 대하여 단편적인 언급을 하고 있는『통전』권 149, 병2 에서 확인된다.[23] 집단적 배치를 분해하여 밀집된 다수를 파악하기 좋도록 했다.[24] 이는 각 대열을 질서와 규율 상태에서 유지시키고, 담당 군관이 그러한 상태의 유지에 책임을 질 수 있게 한다. 나아가 병사들을 각각의 위치를 파악할 수 있는 공간 속에 배치하여 그 가치를 명시하고, 개개인의 복종뿐만 아니라 시간과 동작에 대한 최상의 관리를 확보한다. 그것의 가장 중요한 기초가 보법이다. '10보' '20보' '30보'로 규정된 보법은 '속보速步'가 아닌 느리고 보폭을 좁힌 '말보末步' 상태였을 가능성이 크다. 그래야 대열의 움직임을 예측할 수 있고, 통제가 가능해진다.

병사들은 지휘관의 신호에 따라 기계적으로 움직였다. 각 병사의 신체와 그것에 의해 조작되는 무기가 맞닿은 모든 면에 지휘자의 권력이 스며들어 무기와 신체 양자를 묶어 두었다. 각 병사들이 메커니

즘 속에서 신체를 복종하도록 만드는, 복종하면 복종할수록 더욱 유용하게 하는 신체능력에 구속을 확장했던 것이다. 그야말로 육화진법이라는 엄격한 규율을 확산시켜 아무리 사소한 세부까지 놓치지 않으면서 동시에 거대한 육화의 구조를 한눈에 포착하는 바로 그것이다.[25]

한편 신라의 오른쪽 대열이 강했다고 하는 것은 백충이란 용감한 영웅이 있어서 그렇게 되었다고만 볼 수 없다. 창병의 대열에는 항상 힘이 오른쪽으로 쏠리는 현상이 있다. 왼손에 방패를 오른손에 창을 든다. 앞으로 나아가 1열의 창은 허공으로 나가지만 2, 3, 4열의 경우 각 열의 병사들의 간격만큼 뒤로 포개진다. 동시에 각각 바로 앞 대열의 병사 오른손 팔뚝 두께만큼 더 우측으로 창을 내밀게 된다. 대열은 자연스럽게 우측으로 기울어지는 사선이 형성된다.[26]

고대 그리스 테베의 에파미논다스가 이룩한 군사적 변혁은 기존의 팔랑스Phalanx-진陣) 왼쪽 우익에 힘이 쏠리는 특이한 현상을 우연히 발견하고 주목한 데 있다. 이 현상은 깊은 의미가 있었던 것이 아니고 단지 병사들이 오른팔로 창을 들고 왼팔로 방패를 드는 사실 때문에 생긴 결과였다. 이로 인해서 보통은 우익이 승리하는 결과를 초래하였다. 때로는 양측 우익 모두가 승리할 때도 있었다.

에파미논다스는 테베군의 본래 강한 우익을 억제시키고 종심을 강화한 좌익을 먼저 밀고 나가게 했다. 그는 좌익만 공세적 충격을 가하게 했고, 우익은 전진을 자제하며 최대한 전투를 회피하고 위치를 고수하면서 상대방을 붙들고 늘어져 고착시키려 했을 뿐이다. 이러한 우익의 견제 임무 수행은 적은 병력으로 가능했기 때문에 추가병력이 없이도 공세를 취하는 좌익을 보강해서 그곳에서 절묘한 병력 우위를 이룰 수 있었다. 아군의 좌익이 우세한 병력으로 상대방의 우익을 제압하고 나면 어떤 경우든 약하다고 생각하고 있는 상대방의 좌익은 저절로 무너져버렸다.

에파미논다스는 왼쪽의 종심을 깊게 할 경우 정면축소에 따라 노출되는 측면을 기병이 엄호하게 했다. 그는 기병과 보병의 효과적인 혼성조직을 만들었다. 이제 좌익은 정면이 축소되기는 했지만 적에게 포위되지 않았고, 종심강화에 따른 충격력을 이용해서 적의 우익의 공격에 견딜 수 있을 뿐만 아니라 적극적으로 공격할 수도 있었다. 스파르타의 강철 팔랑스(진陣)는 이렇게 테베에 의해 돌파되었다.[27]

당시 알렉산더 대왕의 아버지 필립은 테베에 있었다. 그는 스파르타를 격파한 테베의 진법陣法을 목격했다. 그는 테베군의 그것에 대해 깊이 연구했고, 조국 마케도니아로 돌아가 자신의 군대에 보다 발전적으로 적용했다. 주지하다시피 그것은 그리스식 Hoplite와 차이가 나는 마케도니아식 Phalangist였다.[28]

Hoplite, 그리스 중장보병의 무장은 시야와 호흡을 확보한 T자 모양의 공간이 있는 투구를 쓰고, 둥글고 큰 방패Hoplon를 들고, 단검을 허리에 차고 2m 남짓한 창을 들었다. 밀집 장창보병대 Phalanx 전투방식은 창도 사용하지만 방패로 부딪혀 서로 미는 것도 중요했다. 방패가 중요한 무기였다. Hoplite들은 그리스 도시의 시민권자들로 이루어졌다. 자신들이 직접 구입하고 준비한 갑옷·방패·검·투구·망토·다리가리개·창으로 무장했다. 하중이 내리깔리는 무장만큼이나 엄청난 체력이 개인에게 요구되었다. 비싼 무장을 한 그들은 다수를 확보하기 힘든 존재였다. Phalangist들도 그리스식 Phalanx 진형을 취했다. 하지만 무장은 달랐다. 전제적인 성격을 어느 정도 가진 마케도니아의 왕 필립의 지도하에 모집되고 훈련된 그들은 갑옷을 살 돈이 없는 농민들이나 목동들이었다. 값싼 가죽을 입었고, 주력무기는 휘어질 만큼 긴 장창Sarissa이었다.

소크라테스도 용감한 전사였듯이 일반적으로 시민인 Hoplite들은 전투 후 생업에 복귀했다. 반면 모집된 Phalangist들은 고난도의 훈련을 받고 그대로 전문 직업군인으로 남았다. 규율, 경험, 조직력 등에 있어 Phalangist들이 Hoplite들을 압도할 수 있었다. 그들은 스파르타 Hoplite에 버금가는 전문 전사 집단이었다.

마케도니아의 병법은 왕정체제의 산물이었다. 무장이 가볍고 규율 있는 Phalangist들로 구성된 Phalanx는 Hoplite들의 그것보다 기동력과 유연성을 가지고 있었다. 쉽게 모집할 수 있어 가격대비 성능도 좋았다. 창을 휘두르는 방식도 그리스 Hoplite들은 어깨 너머로 창을 들고 휘두르는데 반해 마케도니아 Phalangist들은 두 손으로 거의 허리선 가까이 창을 두고 찌르는 방식이었다. Hoplite의 방패는 크고 둥글었지만 Phalangist의 방패는 작고 보잘 것 없었다. 그냥 왼팔에 걸고 다닐 정도였다. 때문에 Phalangist들은 창의 길이와 조직력에 더욱 의존했다. 북부 변방의 마케도니아는 Phalangist를 주력 삼고 필립왕의 지도 하에 다른 그리스 도시들을 점령해 나갔다.

마케도니아에는 테베보다 더 잘 훈련된 기병이 많았다. 그것은 마케도니아의 진법을 보다 발전적인 방향으로 나아가게 하는 중요한 요소였다. 종래 그리 길이가 길지 않았던 창의 길이를 몇 배로 늘여 기병돌격에서도 버틸 수 있도록 하는 한편 과거 양쪽 날개의 보호에만 주력하던 기병대를 증강하여 보병 밀집대열이 전열을 유지하는 동안 기병을 이용한 우회공격을 하는 전술로 동방원정에서 승승장구하게 된다. 기병과 보병이 더욱 긴밀하게 결합한 진법은 혁명적이었다.[29]

왜인과 싸웠던 신라군의 모습을 복원해 보자. 신라군도 왜군도 승리를 위해 온갖 고민을 했고, 머리를 썼다. 순간순간 자신에 유리하게 진의 형태를 바꾸려고 했을 것이다. 양군은 모든 신경을 집중시켜 서로의 눈치를 보았을 것이며 기회가 오면 결단을 내려야 했을 것이다. 전쟁이란 속이는 것이다.

『일본서기』의 기록에서 진을 이루고 싸우는 신라인들이 "왼쪽을 비워놓고 오른쪽을 방비하였다"라고 하는 것은 힘을 쓸 수 없는 왼쪽 대열의 종심을 약하게 하고 힘을 쓸 수 있는 오른쪽 대열의 종심을 강화시킨 것이다. 이는 위의 기록 "전도田道는 날랜 기병을 계속하여 보내 그 왼쪽을 공격하였다"라고 하는 데에서 알 수 있듯이 왼쪽을 약화시켰지 완전히 비운 것은 아니었다.

그렇다면 신라군이 왜 오른쪽 대열의 종심을 강화시키고 왼쪽의 그것을 약화시켰을까. 신라군은 그 때문에 왜인 기병의 공격을 받고 무너졌고, 거의 전멸하다시피 했다. 신라군이 진법을 잘 운영하지 못해서 그렇게 되었다고 보기에는 석연치 않은 점이 있다. 여기에는 충분한 이유가 있을 수 있다. 신라군이 대열은 왜인들의 대열에 따라 상대적으로 움직인다. 신라군은 그렇게 해야 효율을 발휘할 수 있다고 판단했을 것이다.

왜인들이 신라군의 왼쪽 대열을 상대하는 오른쪽 대열을 약화시키고, 신라군의 오른쪽 대열을 상대하는 왼쪽 대열을 강화시켰다면 신라군의 입장에서 보았을 때 그것은 절호의 찬스였다. 왼쪽을 거의 비우다시피하고 오른쪽을 강화시켜 단숨에 종심이 깊어진, 한층 강화된 왜인의 왼쪽 대열을 격파할 수 있다고 확신했다. 하지만 그것은 속임수였다. 약한 왼쪽 대열 쪽으로 예상치 못한 왜군의 기병들이 밀려와 그것이 무너지고 주력인 오른쪽 대열의 측면을 난타 당했다. 그때 신라군의 주력인 오른쪽 대열은 아무것도 할 수가 없었다. 그것은 왜군의 왼쪽 대열의 강력한 견제를 받고 있었기 때문일 것이다.

우리는 여기서 왜인의 무기와 전투 형태에 대해서 잠시 살펴볼 필요가 있다. 3세기 중반 경 왜인들은 모와 방패, 활 등 아주 기본적인 무기만으로 무장하였다. 『삼국지三國志』위지魏志 왜전倭傳을 보면 "병장기로는 모矛-창, 순楯-방패, 목궁木弓을 사용했다. 목궁은 아래가 짧고 위가 길다. 죽전竹箭-대나무 화살은 철촉鐵鏃-쇠 화살촉이나 골

촉骨鏃-뼈 화살촉을 쓴다."고 한다.[30]

왜인들은 활을 대나무로 만들었다. 지금도 일본에는 대나무 활을 만드는 장인이 있는데 재료인 대나무를 20년 이상 저장하여 묵힌 후 활로 만들고 있다고 한다. 현재에도 일본의 활은『삼국지三國志』위지 魏志 왜전倭傳의 기록에서 보이는 것처럼 아래가 짧고 위가 긴 비대 칭 죽궁竹弓이다.

일본에서는 '히고유미'라고 부른다. 활은 한 손으로 시위를 당기고 다른 한 손으로 활대를 잡는다. 그 활대의 손잡이 부분이 전 활대의 아래 1/3부분에 있다. 손잡이가 훨씬 아래쪽에 치우쳐 있는 것이다. 현재 히고유미는 190~220㎝의 장궁이다. 위지 왜전 시대에 일본인들은 지금보다 작아 그 길이는 지금보다 크지 않았을 수도 있다.

히고유미는 미관상으로 보기에도 당기면 위쪽이 더 많이 휘어진다. 이렇게 되면 위쪽과 아래쪽, 시위와 활이 이루는 각도가 서로 다른 '비

(그림 3) 일본 고유의 활 히고유미

대칭'이 되는데 이러한 비대칭 현상은 장점이 있다. 화살을 시위에 거는 포인트가 시야보 다 살짝 아래에 위치하기 때 문에 화살을 발사했을 때 상 탄이 나게 되어 있다. 중력의 영향을 받은 화살, 비행체는 이 중력을 이길 만한 강력한 힘이 계속적으로 작용하지 않은 한 아래로 떨어지게 되 어있다. 화살의 경우 총알보 다 자체적인 에너지양이 매 우 작기 때문에 이러한 현상

이 두드러질 수밖에 없다. 이 때문에 먼 거리를 쏘기 위해서는 목표보다 위쪽으로 조준해서 쏴야 한다. 애초부터 상탄이 나게 되어 있는 비대칭 활의 장점이 이것이다. 화살을 쏘면 상탄이 나면서 위쪽으로 날아가 어느 정도 거리에서 다시 아래로 떨어지는데, 그때 자신이 조준한 목표에 맞게 된다. 장거리에서 집단 간의 전투에 매우 효율적인 구조이다. 물론 활을 높이 쳐들고 쏘면 비대칭 구조가 아니더라도 포물선을 그리면서 멀리 날아가지만, 자신의 시야에서 한창 벗어나게 들고 오조준하는 것과 최소한 자신의 시야 내에서 어느 정도 조준을 하는 것은 많이 다르다. 비대칭은 자신의 시야 내에서 먼 거리의 목표를 조준하고 발사하기 위해 고안된 것이다.

왜인들은 "철촉鐵鏃·쇠 화살촉이나 골촉骨鏃·뼈 화살촉을 쓴다."고 한다. 당시 일본에서 생산되지도 않은 철을 수입하여 화살촉으로 사용한 이유는 무엇일까. 그것은 화살촉의 무게 때문이다. 어느 정도 중량이 있어야 시위를 떠난 화살이 멀리 날아갈 수 있고, 위력도 좋아진다. 골촉은 일본열도로 철이 들어오기 전부터 사용했던 것 같다. 그러다 철촉을 사용했지만 그 자리를 모두 물려주지 않았다. 비싼 비용 때문이었던 것으로 보인다. 철기시대에도 여전히 석기가 많이 사용되었듯이 오히려 골촉을 왜인들은 더 많이 사용한 것으로 생각된다.

고대 일본에서 석족石鏃은 물론이고 동족銅鏃도 사용되었다. 나양奈良現 남부의 吉野ヶ里遺蹟에서 대형의 분구묘墳丘墓에 포함된 옹관甕棺에는 다수의 석족石鏃이 박힌 것으로 보이는 인골이 확인되고 있으며, 석족은 일본에서 일반적으로 널리 보인다. 대화大和의 매쓰리고분山古墳(4세기 중엽)에서 무려 230개의 동족銅鏃과 200개의 철족鐵鏃, 주변지역인 산성山城의 묘견산고분妙見山古墳과 근강近江의 설야산고분雪野山古墳 100개의 동족銅鏃이 출토되고 있다.[31]

한편 모矛를 들고 보병전을 하는 왜인들은 어떠한 모습일까. 모矛

는 개개인이 싸울 때 쓰는 무기라기보다 대열을 이룰 때 그 위력을 발휘한다. 중국의 병법을 배우지 않았다고 하더라도 진陣을 이루고 싸우는 것이 효율적이라는 것 정도는 그들도 알고 있었을 것이다. 에너지를 모으기 위해 진陣이라는 형태를 만들어야 한다.[32]

나량奈良현 남부의 요시노가리유적吉野ヶ里遺蹟에서 대형의 분구묘墳丘墓를 정점으로 두 줄로 장대하게 늘어선 옹관묘甕棺墓와 토광묘土壙墓의 열은 유력한 수장과 일반적 구성원의 관계를 상정하기에 충분하다. 분구묘墳丘墓에 포함된 옹관甕棺에서는 세형동검과 관옥管玉 등이 출토되는 반면에 대열 속의 옹관에는 다수의 석족石鏃이 박힌 것으로 보이는 인골이 확인되고 있다. 분구묘墳丘墓가 전쟁지도자로서 수장 일족의 존재를 보여준다면 옹관묘와 토광묘의 열은 전투에 참가했던 일반 구성원의 존재를 보여준다. 분구묘墳丘墓의 수장은 전쟁을 통해 정치적 지배를 강화하였고, 강화된 지배력은 일반구성원을 고분을 축조하는 노동력으로 동원할 수 있었으며, 다시 전투조직의 구성으로 전개되었다. A. Ferril은 전쟁이 인간들이 집단적으로 대오formation를 맞춰 싸우는 행위라고 정의하지만, 요시노가리유적吉野ヶ里遺蹟의 매장 양상은 사후에도 대오를 잃지 않으려는 전투 조직의 일면을 보여주고 있는 듯하다.[33]

물론 왜인들은 창만 들었던 것이 아니다. 오른손에는 창, 왼손에는 방패를 들고 진을 만들어 전투했을 것으로 보인다. 『삼국지三國志』 위지魏志 왜전倭傳에서는 방패를 '순盾'이라 표현하지 않고 앞에 나무木 변을 붙여서 '순楯'이라 표현하고 있다. 그것은 아마도 왜인들의 방패가 나무방패여서 그렇게 기록한 것으로 생각된다. 철이 많다면 나무방패에 얇은 철판을 입혀서 보강했을 것이다. 하지만 당시 왜는 철을 자체 생산할 수 없었고, 가야 지역에서 수입해야 하는 처지였다. 철은 아주 귀한 물질이었다. 당시 기록인 위지 왜전에 무기 종류 가운데 도刀에 대한 기록이 없는 것도 이 때문일 것이다.

『일본서기』권 11, 인덕천황 12년 가을 7월 조를 보면 "고(구)려에서 철로 만든 방패와 과녁을 바쳤다."고 하는 기록이 있다.[34] 그해 8월 경자更子 초하루 기유己酉에 인덕천황은 고구려에서 온 사신들에게 잔치를 베풀었다. 고구려에서 온 철 방패가 얼마나 견고한지 실험하기 위해서였던 것 같다. 천황은 고구려산 철 방패와 철 과녁에 활을 쏘아 보게 했다. 아무도 그것을 뚫지 못하였으나, 모인숙녜盾人宿禰만이 철 과녁을 뚫었다. 그러자 고구려에서 온 사신들이 그를 두려워하였다고 한다.[35]

고구려는 철이 귀한 왜국에 철판을 입힌 방패와 과녁을 보내 자국의 풍부한 철을 자랑하려고 했던 것 같다. 왜인들은 고구려의 철 방패를 보고 놀랐을 수도 있다. 방패에 철을 입힐 수 있단 말인가. 그래서 그 성능을 실험했던 것이다. 이러한 사실은 당시 철이 귀한 왜국에서 일반적으로 나무방패를 사용했다는 것을 반증한다. 앞서 언급한 바와 같이 일반적으로 왜국은 6세기에 가서야 철을 자체 생산할 수 있는 능력을 가지게 되었다고 일본학자들은 보고 있다.[36]

왜인들과 전쟁을 할 당시 신라인들이 얼마나 긴 창을 사용했는지 알 수 없다. 다만 수세기 동안 걸친 경험을 통해 신라인들이 그들의 주무기 창을 가장 유용한 재원으로 만들어야 한다는 것을 배웠을 것이다. 즉 전투 시 가장 효율적일 수 있도록 그 길이와 굵기 그리고 무게 등을 신중하게 계산하였을 것이다.

확실한 것은 가난한 병사들이 허리에 검을 차지 않았을 가능성이 크다는 점이다. 신라보다 부유했던 고구려의 창병들도 허리에 검을 차고 있지 않았다. 이는 4세기 중엽 고구려 고분벽화(안악 3호분)에서 확인된다. 물론 신라인들은 육중하고 비싼 금속방패도 가지지 않았을 것이며, 방패보다 창에 의존했을 확률이 높다. 따라서 그들은 긴 장창을 사용했고, 진陣의 조직력에 의존했을 가능성이 더 크다. 유서 깊은 신라의 주력 군조직 '흑의장창말보당黑衣長槍末步幢'의 존재가 이를 반증하는 것은 아닐까.

5. 소결−흑의장창말보당黑衣長槍末步幢과 장창당長槍幢

지금까지 신라의 흑의장창말보당의 성격에 대하여 생각해 보았다. 본문을 요약하고, 육정구서당 각 사단 예하의 흑의장창말보당黑衣長槍末步幢과 구서당의 일개 사단인 장창당長槍幢을 비교하는 것으로 결론을 대신하고자 한다.

신라는 400년 광개토왕의 남정 이후 고구려의 지배를 받았다. 고구려는 왜의 공격으로 위기에 처한 신라를 구원해주었을 뿐만 아니라 자국의 군사시스템을 전해주었다. 신라군대의 군 편제 단위는 '당幢'이었다. 그것은 고구려의 영향이었다.

「광개토왕비문」을 보면 왕 14년(404)에 '왕당王幢'이 출동하여 왜구를 궤멸했고, 「중원고구려비」에도 '신라토내당주新羅土內幢主'가 보인다. 우연히도 『일본서기』 권14, 웅략천황 8년 조의 기록을 보면 "고려왕은 정병精兵 100명을 보내어 신라를 지키게 했다."고 한다. 1개 당幢의 병사가 100명이라는 사실은 『위서魏書』 권103, 연연전蠕蠕傳에서도 확인되며, 신라의 노당弩幢의 경우도 그러하다.

6세기 중반에 만들어진 「단양신라적성비」를 보면 초문촌당주䶕文村幢主'·'물사벌성당주勿思伐城幢主'가 있다. 고구려는 초기 신라에 군사제도를 이식시켰고, 지워지지 않는 깊은 영향을 남겼다. 추문촌당, 물사벌성당이 지역을 중심으로 편성된 당幢이라면 흑의장창말보당黑衣長槍末步幢은 무기를 중심으로 편성된 당幢이었다. 하지만 창이란 무기는 너무나 보편적으로 사용했던 무기였다. 때문에 추문촌당, 물사벌성당에도 창이 가장 많은 비중을 차지하는 무기였을 가능성이 높다.

한국고대 사회를 비교적 사실적으로 전하는『삼국지三國志』동이전 동옥저전과 동예전에서도 창이 가장 보편적인 무기였던 것이 확인된다.『삼국지三國志』동이전 동옥저전을 보면 모矛에 대한 기록이 나온다. 동옥저에는 소나 말이 적어 모矛를 가지고 보전을 잘한다고 한다. 모矛는 개개인이 싸울 때 쓰는 무기라기보다 대열을 이룰 때 그 위력을 발휘한다. 같은 책 동예전을 보면 동예인들은 3장丈 길이의 창을 소유하고 있었다. 휘어질 만한 길이의 창이었다.

그토록 긴 창을 사용했던 것은 이유가 있다. 5m의 창과 6m의 그것을 가진 두 그룹의 밀집대형이 있다고 가정을 해보자. 2개의 밀집대형이 접근전을 벌였을 때 1m가 짧은 전자는 후자를 찌를 수 있는 위치에 가기 1m 앞 지점에서 후자의 공격을 받게 된다. 창의 길이가 짧다는 것은 치명적이다.

『일본서기』권11, 인덕천황 53년 5월 조에 신라군 대열(진陣)에 관한 기록이 남아있다.『삼국사기』신라본기는 36회 왜인과의 전쟁 기록을 남기고 있다. 하지만 전투 내용 그 자체를 전하는 것은 거의 없다. 전투 상황을 전하고 있는『일본서기』의 기록은 소중하다.

포로가 된 신라군 한 명이 왜인들에게 정보를 주었다. "신라군 가운데 백충百衝이라 하는 날래고 용감한 군인의 존재를 언급하고 있다. 용감한 그는 신라의 오른쪽 대열(진陣)의 선봉장이었다. 따라서 상대적으로 왼쪽 대열은 약하다. 그러니 기회를 보아 왼쪽을 집중 공격하면 신라군 대열은 무너질 것이다." 신라가 왼쪽 대열을 비우고 오른쪽 대열을 강화하자 왜인이 정예기병을 연이어 출격시켜 왼쪽을 공격하였다. 그러자 신라군의 대열이 무너졌고, 그 틈으로 왜병들이 몰려 들어갔고, 흩어진 신라군은 수많은 전사자를 냈다.

기록을 자세히 보면 백충百衝이란 자는 지휘관이요 현장에서 전투를 하는 전사이며, 영웅이다. 하지만 진陣에서 군인이 얼마나 용기와 힘을 지닌 존재인가는 중요하지 않다. 조직의 전체적 맥락 속에서 부과된 역할을 얼마나 충실히 수행하고 있는지가 중요하다. 진법陣法이란 개개인의 무용이나 현재와 같은 전술적 움직임이 아니라 병사들의 유기적인 연결에 집중하게 된다.

여기서 신라군 지휘관 이름 '백충百衝'은 그 이름이 갖는 의미에서 주목된다. 백충이 의미하는 바가 신라의 1개 '당幢' 인원이 100명이라는 것과 무관한 것일까. 당주幢主는 100명을 이끄는 '백부장'이다. 100명으로 구성된 그의 부대는 적을 향해 부딪치는(충衝) '백충百衝'일 수도 있다.

흑의장창말보당黑衣長槍末步幢의 흑의黑衣는 부대의 제복 색깔이 흑색이라는 뜻이며, 장창말보당長槍末步幢이란 장창을 든 병사들이 간격과 보폭을 좁혀서 '말보상태末步狀態=밀집상태密集狀態'에서 전투를 하는 최소 단위라는 뜻이다. 물론 여기서 '말보末步'란 '속보速步'의 반대말이 된다. 밀집된 상태에서 속보로 가면 대열이 흩어질 가능성이 높아 보폭을 좁혀서 말보末步 상태를 유지해야 한다. 그래야 대열의 움직임을 예측할 수 있고 통제가 가능해진다. 신라의 장창보병은 밀집대형을 이루고 전투에 임했다. 많은 사람들이 함께 밀집하여 고슴도치 같은 모습을 보일 때 위력을 발휘한다.

신라의 오른쪽 대열이 강했다고 하는 것이 백충이란 용감한 영웅 때문이라 볼 수 없다. 창병의 대열에는 항상 힘이 오른쪽으로 쏠리는 현상이 있다. 왼손에 방패를 오른손에 창을 든다. 앞으로 나아가 1열의 창은 허공으로 나가지만 2, 3, 4열의 경우 각 열의 병사들의 간격만큼 뒤로 포개진다. 동시에 각각 바로 앞 대열의 병사 오른손 팔뚝 두께만큼 더 우측으로 창을 내밀게 된다. 대열은 자연스럽게 우측으로 기울어지는 사선이 형성된다.

고대 그리스 테베의 에파미논다스는 팔랑스Phalance-진陣가 우익에 힘이 쏠리는 현상을 주목했다. 그것은 단지 병사들이 오른팔로 창을 들고 왼팔로 방패를 드는 사실 때문에 생긴 결과였다. 보통은 우익이 때로는 양측 우익 모두가 승리할 때도 있었다. 에파미논다스는 왼쪽의 종심을 깊게 할 경우 정면축소에 따라 노출되는 측면을 기병이 엄호하게 했다. 좌익은 정면이 축소되기는 했지만 적에게 포위되지 않았고, 종심강화에 따른 충격력을 이용해서 적의 우익의 공격에 견딜 수 있을 뿐만 아니라 적극적으로 공격할 수도 있었다. 새로운 진법을 발견하고 자국의 군대에 적용시킨 테베는 인류 초유의 전사국가 스파르타를 패배시키고 그리스의 패권을 장악했다.

왜군과 싸웠던 신라군의 모습을 다시 보자. "왼쪽을 비워놓고 오른쪽을 방비하였다."라고 하는 것은 힘을 쓸 수 없는 왼쪽 대열의 종심을 약하게 하고 힘을 쓸 수 있는 오른쪽 대열의 종심을 강화시킨 것이다. 그것은 왜인들이 신라군의 왼쪽 대열을 상대하는 오른쪽 대열을 약화시키고, 신라군의 오른쪽 대열을 상대하는 왼쪽 대열을 강화시켰기 때문일 것이다. 그렇다고 해서 신라군이 왼쪽을 약화시켰지 완전히 비운 것은 아니었다.

하지만 그것은 왜인의 속임수였다. 약한 왼쪽 대열 쪽으로 예상치 못한 왜군의 기병들이 밀려와 무너지고 주력인 오른쪽 대열의 측면을 난타했다. 신라군의 주력인 오른쪽 대열은 왜군의 왼쪽 대열의 강력한 견제를 받고 있었기 때문에 아무것도 할 수 없었을 것이다.

『삼국사기』 초기 기록이 말해주듯 왜인들은 신라를 지속적으로 침략했다. 처참한 전쟁이 수백 년 동안 반복되었다. 신라의 변경을 약탈했고, 왕성을 포위했으며, 수많은 사람을 잡아갔다. 창으로 무장한 신라인들은 침략자 왜인들을 상대로 대열(진陣)을 이루고 싸웠다. 양측에 기병이 있다고 해도 극소수였으며, 왜인의 대열과 신라인의 대열이 부딪치는 보병대 보병의 전투가 주를 이루었다. 이보다 후대에 제도화된 것으로 보이는 흑의장창말보당黑衣長槍末步幢은 초기 신라 장창보병의 모습을 전해주는 하나의 단서가 아닐까.

하지만 흑의장창말보당黑衣長槍末步幢의 중요한 기능이나 성격도 전쟁 상황의 변화에 따라 변화되거나 다양화되어야 했다. 나당전쟁기는 대기병전의 역할이 중요해진 시점이었다. 당에 이끌려온 수만의 말갈과 거란 기병이 황해도와 경기도 북부 들판을 뒤덮었다.37)

사실 장창보병인 흑의장창말보당黑衣長槍末步幢은 태생적으로 대對기병 작전 수행능력을 어느 정도 소유하고 있다. 하지만 문제는 적賊기병이 장창보병 대열을 향해 접근해 올 때 활이나 석궁으로 그 숫자를 줄여줄 필요가 있다는 데 있다. 장창보병 내에서도 궁수와 석궁수가 필요하다. 여기서 화살을 적 기병에게 얼마나 많이 발사할 수 있는지가 중요하며, 하드웨어가 아니라 소프트웨어적인 기술이 요구된다.

660년 소정방蘇定方이 이끄는 13만 당나라 군대가 백제에 상륙했고, 신라군은 그들과 함께 군사작전을 감행하여 백제를 멸망시켰다. 당나라의 군대는 661년 신라에 창궐한 천연두란 전염병도 가지고 왔지만38) 군사기술도 가지고 왔다. 소정방은 657년 중국인 장창보병과 유목민 회흘기병을 결합하여 서돌궐의 군대를 격파한 영웅이었다. 그에게는 대기병對騎兵 장창보병의 운용 능력이 있었다.39)

나당군사동맹과 공조 작전은 당의 군사기술이 신라군에 자연스럽게 이전되는 결과를 낳았다. 당나라군이 신라군을 효과적으로 부리기 위해서라도 그러해야 했다. 유목민 기병들을 제압한 노련한 당나라의 군사기술은 신라군에게 흘러들어왔고, 이로부터 12년 후 신라가 당에 대항하는 중요한 무기가 되었다.

672년 신라 중앙군단 구서당九誓幢의 하나인 장창당長槍幢이 창설되었다. 장창당은 당에 이끌려 황해도 평야지역에 쇄도한 수만 규모의 말갈기병을 막아내기 위해 만들어진 전문적인 대기병對騎兵 장창보병長槍步兵 사단이었다.[40] 장창당은 새로운 상황에 대응하여 만들어진 장창보병이었던 것이다.

대보병작전을 주로 했던 신라의 장창보병이 동시에 대기병작전을 수행하는 단계로 발전했다. 나당전쟁기에 창설된 장창당은 앞서 흑의장창말보당의 경험 없이 바로 나온 것은 아니다. 그것은 앞선 시대 장창보병 운영의 경험과 당의 전술 유입이라는 역사 위에서 만들어진 것으로 여겨졌다. 통일전쟁은 신라병제는 물론이고 신라군의 주력인 장창보병의 전술에도 심대한 변화를 주었다.

물론 당의 기병이 쇄도하던 나당전쟁기에 흑의장창말보당도 대기병작전을 수행해야 했을 것이다. 〈표 1〉에서 알 수 있듯이 구서당 9개 사단 가운데 7개 사단 예하에 흑의장창말보당이 20~23개씩 존재한다. 장창당 예하에 흑의장창말보당이 없다. 그것은 같은 성격의 장창보병을 중복적으로 배치하는 것을 피하려고 했기 때문이다.[41]

<표 1> 　구서당군관조직표

부대명 군관직명	녹금서당 진평 5 (583) 신라인	자금서당 진평 47 (625) 신라인	백금서당 문무 12 (672) 백제인	비금서당 -장창당 -문무 12 (672) 신라인	황금서당 신문 3 (683) 고구려인	흑금서당 신문 3 (683) 말갈인	벽금서당 신문 6 (686) 보덕성민	적금서당 신문 6 (686) 보덕성민	청금서당 신문 8 (688) 백제잔민	관 등 규 정
장　　군	2	2	2	2	2	2	2	2	2	진골각간- 급찬
대관대감	4	4	4	4	4	4	4	4	4	진골6-13 차품6-11
대대감 (영마병)	3	3	3	-	3	3	3	3	3	6-13
대대감 (영보병)	2	2	2	4	2	2	2	2	2	6-13
제　　감	4	4	4	4	4	4	4	4	4	10-13

감 사 지		1	1	1	1	1	1	1	1	1	12-13
소 감	(속대관)	13	13	13	13	13	13	13	13	13	12-17
	(영기병)	6	6	6	3	6	6	6	6	6	12-17
	(영보병)	4	4	4	8	4	4	4	4	4	12-17
화 척	(속대관)	10	10	13	10	13	13	13	13	13	12-17
	(영기병)	6	6	6	-	6	6	6	6	6	12-17
	(영보병)	4	4	4	8	4	4	4	4	4	12-17
군 사 당 주		1	1	1	1	1	1	1	1	1	7-11
대장척당주		1	1	1	1	1	1	1	1	1	7-11
보 기 당 주		4	4	4	-	4	4	4	4	4	8-13
저금기당주		18	18	18	-	18	18	18	18	18	8-13
흑의장창말보당주		24	20	-	-	20	20	20	20	20	6-13
군 사 감		2	2	2	2	2	2	2	2	2	11-13
대 장 척 감		1	1	1	1	1	1	1	1	1	10-13
보 기 감		4	4	4	-	4	4	4	4	4	11-13
저 금 감		18	18	18	-	18	18	18	18	18	11-17

(미주)

1) 『삼국사기』권40, 무관조, "黑衣長槍末步幢主, 大幢三十人, 貴幢二十二人, 漢山二十八人, 牛首二十人, 完山二十人, 紫衿二十人, 黃衿二十人, 黑衿二十人, 碧衿二十人, 赤衿二十人, 靑衿二十人, 綠衿二十四人, 共二百六十四人, 位自舍知至級湌爲之."

2) 김산·집주화·김창우·송일훈, 「韓·中·日 長兵武藝 長槍 硏究」, 『한국체육학회지』47권 6호, 2008, 39-49쪽.

3) 윤일영, 「신라가 대백전시(서기 660) 투입하였던 부대 수, 병력 수, 부대편제, 전투대형」, 『군사학연구』5, 대전대학교 군사연구원, 2007, 393-599쪽, 특히 528-551쪽. 『삼국사기』무관조에 보이는 여러 '幢 가운데 弩幢의 군관 수가 완벽하게 나와 있다고 한다. 윤일영 선생은 그것을 기준으로 당의 인원수와 조직 구성을 복원했다.

4) 徐榮敎, 「新羅 長槍幢에 대한 新考察」, 『慶州史學』17, 1998.
徐榮敎, 「新羅 河西停 軍官組織에 대하여」, 『新羅文化』17·18, 2000. 12, 109-127쪽.
徐榮敎, 「蘇定方의 長槍步兵과 對西突厥 戰鬪」, 『中國古中世史硏究』15, 2006, 273-300쪽.
徐榮敎, 『羅唐戰爭史硏究』, 아세아문화사, 2006.

5) 黑衣長槍末步幢의 창설시기에 대해서는 기록이 없어 알 수 없다. 하지만 고고학적인 발굴성과에서 알 수 있듯이 신라에서 창병은 보편적으로 존재했으며, 그것이 어느 시기에 제도화된 것으로 생각된다. 아마도 그 시기는 신라의 병제가 대폭적으로 정비되는 진흥왕대가 아닌가 한다. 신라가 장창을 사용한 원인은 낮은 생산력에서 비롯되었다고 생각된다. 가난한 신라인들은 허리에 비싼 劍을 차고 있지 않았을 것이며, 따라서 판금을 한 방패를 사용하지 않았을 것이다. 때문에 개인적인 단병접전은 생각할 수도 없었고, 장창을 두 손으로 잡고 陣을 이루는, 조직력에 더욱 의존하는 전투를 해야 했다. 현재의 경우를 유추해 보면 신라의 산간지방에는 장창을 만들 수 있는 특정 나무가 많았다. 노간주나무가 그것이다. 그것은 경상도의 산지에서 흔하게 볼 수 있다. 물론 원산지는 한국이다. 내한성이 강하고 건조한 땅에서도 잘 자란다. 수고 8m, 지름 20cm 정도 자라며 가지가 위로 솟아 빗자루처럼 된다. 수피는 회갈색 또는 적갈색으로 세로로 갈라지고 벗겨진다. 잎은 바늘잎으로 마디마디에서 3~4개씩 돌려나며 3개의 능선이 있고, 표면에 좁은 백색의 홈이 있다. 전국 산야의 양지 바른 산비탈에 자생하는 상록침엽교목이다. 섬유조직의 밀도가 아주 조밀하여 말렸을 때 단단하고 탄력성이 있으며, 잘 부러지지 않아 劍으로도 쉽게 자를 수 없다. 벌레들이 구멍을 못 뚫을 정도이다. 습도에도 예민하지 않다. 물에 들어가도 잘 젖지 않는다. 조선시대에도 창의 자루로 사용되었다. 유연성이 탁월하여 지금도 그것의 작은 줄기는 소의 코뚜레와 도끼 자루로 사용되고 있다(중원대학교 하종필 선생의 구술).

6) 『고려기』, "그 무관으로 大模達이 있는데 衛將軍에 비할 수 있으며, 일명 莫何羅繡支 또는 大幢主라 한다. 皁衣頭大兄 이상이 취임한다."

7) 김철준은 이 기록을 최초로 연구한 학자이다. 金哲埈, 「能步戰과 便鞍馬」, 『한우근 정년기념논총』, 1981; 『韓國古代社會研究』, 서울대출판부, 1990, 63-71쪽.

8) 戶田藤成, 『武器와 방어구-일본편』(유준칠 역), 2004.

9) 『북사』 권93, 모용외전, "모용외의 할아버지 木廷이 관구검을 따라서 고구려 정벌에 공을 세워 이때부터 좌현왕이라고 했다."

10) 이기백·이기동, 『韓國史講座』(古代篇), 일조각, 1982, 124쪽.

11) 윤일영, 「신라가 대백전시(서기 660) 투입하였던 부대 수, 병력 수, 부대편제, 전투대형」, 『군사학연구』 5, 대전대학교 군사연구원, 2007, 528-551쪽. 앞 논문의 저자에게 "或數人共持之"란 자료를 보여주고, 장창보병의 전투장면에 대한 설명을 직접 들은 것이다.

12) 델브뤼크 著, 민경길 譯, 『兵法史』 1권, 한국학술정보, 2009, 203쪽.

13) 여기서 '末'은 적다는 의미이다. 그러니까 '末步'란 보폭이 적은, 따라서 속보가 아니라는 말이다. 용례를 몇 개 보자. '末利'는 눈앞에 보이는 '작은 이익'을 의미한다. '末技'는 변변치 못한 작은 재주를 말하며 마찬가지로 '末藝도 적고 보잘것없는 재주라는 뜻이다. '末藥' '末茶' 는 입자를 가루 낸 가루약이나 가루차를 의미한다.

14) 『日本書紀』 卷11, 仁德天皇 53年(365) 夏 5月, "遣上毛野君祖竹葉瀨. 令問其闕貢. 是道路之間獲白鹿. 乃還之獻于天皇. 更改日而行. 俄且重遣竹葉瀨之弟田道. 則詔之日. 若新羅距者擧兵擊之. 仍授精兵. 新羅起兵而距之. 爰新羅人日日挑戰. 田道固塞而不出. 時新羅軍卒一人有放于營外. 則掠俘之. 因問消息. 對日. 有强力者. 日百衝. 輕捷猛幹. 每爲軍右前鋒. 故伺之擊左則敗也. 時新羅空左備右. 於是. 田道連精騎擊其左. 新羅軍潰之. 因縱兵乘之. 殺數百人. 卽虜四邑之人民以歸焉."

15) 旗田巍, 「『三國史記』新羅本紀にあらわれた'倭」, 『日本文化と朝鮮』 2, 朝鮮文化史編, 1975; 「삼국사기 신라본기에 보이는 倭」, 『고대한일관계사의 이해-倭』(김기섭 편역, 이론과 실천, 1994), 108쪽.

16) Weber는 그의 저서 『경제와 사회』 3권의 13장에서 전쟁 규율에 대한 언급을 하고 있다. 그는 여기서 Discipline은 功에 눈이 어두운, 개인적 명예를 쟁취하려고 하는 냉철하지 못한 戰士와는 거리가 멀다고 단언하고 있다(Max Werber, *Economy and Society Vol.3*(Edited by Guenther Roth and Claus Wittich, Bedminster Press, New York, 1968, pp. 1148-1155).

17) Peter Alexis Boodberg, *The Art of War in Ancient China-A Study Based Upon The Dialogues of Li, Duke Wei*, pp. 36-37. Brian Campbell, *The Roman Army, BC.31-AD.337*, Routledge, London and New York, 1994, pp. 15-20.

18) J. S. Captain, *Military Discipline or The Art War*, Published and sold by Robert Morden, London, 1689, pp. 10-15. George W. Currie, *The Military Discipline of the Romans from the Founding of the City to the Close of the Republic*, Published under the auspices of the Graduate Council of Indiana University, 1928, pp. 30-50.

19) 徐榮敎, 『羅唐戰爭史研究』, 아세아문화사, 2006.

20) 윤일영, 「신라가 대백전시(서기 660) 투입하였던 부대 수, 병력 수, 부대편제, 전투대형」, 『군사학연구』 5, 대전대학교 군사연구원, 2007, 531쪽.

21) 여기에 대해서는 성균관대학교 국문과 권인한 교수로부터 들었다.

22) 델브뤼크 著, 민경길 譯, 『兵法史』 1권, 한국학술정보, 2009, 201-202쪽.

23) 『通典』 卷149, 兵2, "大唐衛公李靖兵法曰 … 諸教戰陣, 每五十人爲隊, 從營纏槍幡. 至教場左右廂, 各依隊次解幡立隊, 隊別相去各十步, 其隊方十步, 分布使均. 其駐隊塞空, 去前隊二十步. 列布訖, 諸營十將一時即向大將處受處分. 每隔一隊, 定一戰隊, 即出向前, 各進五十步. 聽角聲第一聲絶, 諸隊即一時散立; 第二聲絶, 諸隊一時捺槍卷幡, 張弓拔刀; 第三聲絶, 諸隊一時擧槍; 第四聲絶, 諸隊一時籠槍跪膝坐, 目看大總管處大黃旗, 耳聽鼓聲. 黃旗向前亞, 鼓聲動, 齊唱「嗚呼!嗚呼!」並去聲. 齊向前, 至中界, 一時齊鬥, 唱「殺」齊入. 敵退敗訖, 可趁行三十步, 審知賊徒喪敗, 馬軍從背逐北. 聞金鉦動, 即須息鬥卻行, 膊上架槍, 側行迴身, 向本處散立. 第一聲絶, 一時捺槍, 便解幡旗; 第二聲絶, 一時擧槍; 第三聲絶, 一時簇隊. 一看大總管處兩旗交, 即五隊合一隊, 即二百五十人爲一隊, 其隊法及卷幡, 擧槍, 簇隊, 鬥戰一依前法. 一看大總管處五旗交, 即十隊合爲一隊, 即是五百人爲一隊, 其隊法及擧幡, 擧槍, 簇隊, 鬥戰法並依前. 聽第一聲角絶, 即散, 二百五十人爲一隊; 第二聲角絶, 即散, 五十人爲一隊. 如此凡三度, 即敎畢. 諸十將一時取大將賞罰進止. 第三角聲絶, 即從頭卷引還軍. 一云: 初出營, 豎矛戟, 舒旗幡, 鳴鼓角. 行三里, 辟矛戟, 結旗幡, 止鼓角. 未至營三里, 復豎矛戟, 舒旗幡, 鳴鼓角. 至營, 復結旗幡, 止鼓角. 臨陣皆無誼譁, 明聽鼓音, 謹視旗幡, 麾前則前, 麾後則後, 麾左則左, 麾右則右, 視麾所指. 聞三金音止, 三金音還."

24) 신라는 주력군단 六停과 九誓幢의 15개의 부대는 물론 十停, 五州誓, 三武幢 등을 비롯한 여러 부대에 각각 고유의 衿色 마크를 부여했다. 금색은 각 군부대의 실제적인 존재를 구체화하고 서로를 구분하는 상징이다. 군대에서는 분명치 않는 구분을 피하고 통제되지 않고 흩어진다거나 산만성과 무익하고 위험한 집결의 가능성을 없애야 한다.

25) 徐榮敎, 『羅唐戰爭史硏究』, 아세아문화사, 2006.

26) 윤일영, 「신라가 대백전시(서기 660) 투입하였던 부대 수, 병력 수, 부대편제, 전투대형」, 『군사학연구』 5, 대전대학교 군사연구원, 2007, 528-551쪽. 앞 논문의 저자에게 설명을 직접 들은 것이다.

27) 델브뤼크 著, 민경길 譯, 『兵法史』 1권, 한국학술정보, 2009, 183-185쪽.

28) 이하 Hoplite와 Phalangist에 대해서는 다음의 글을 참조했다. Connoly, Peter, *Greece and Rome At War*, Greenhill, London, 1998. 필자는 디펜스 코리아의 회원이신 오영선 선생에게 이 책을 소개받았다.

29) 델브뤼크 著, 민경길 譯, 『兵法史』 1권, 한국학술정보, 2009, 204-205쪽.

30) 『三國志』, 魏志 倭傳, "兵用矛, 楯, 木弓. 木弓短下長上, 竹箭或鐵鏃或骨鏃."

31) 李永植, 「古代의 戰爭과 國家形成」, 『한국고대사연구』 16, 1999, 28-29쪽.

32) 이병선(화석월드)의 구술

33) 李永植, 「古代의 戰爭과 國家形成」, 『한국고대사연구』 16, 1999, 26-27쪽.

34) 인덕천황 12년은 일본의 기년으로 324년이 된다. 하지만 이 시기의 『일본서기』 기록은 기년상의 문제가 많다. 보통 일본학계에서 120년을 내려서 본다. 그렇다면 444년이 된다.

35) 『일본서기』 권11, 인덕천황 12년 가을 8월 조.

36) 鈴木靖民,「文獻からみた加耶と倭の鐵」,『古代東アヅアにおける倭と加耶の交流』,
   國立歷史民俗博物館硏究報告書 第110集, 2004, 158쪽.
37) 徐榮敎,『羅唐戰爭史硏究』, 아세아문화사, 2006.
38) 이현숙,「7세기 통일전쟁과 전염병」,『역사와 현실』47, 2003.
39) 徐榮敎,「蘇定方의 長槍步兵과 對西突厥 戰鬪」,『中國古中世史硏究』15, 2006,
   273-300쪽.
40) 徐榮敎,『羅唐戰爭史硏究』, 아세아문화사, 2006.
41) 백제인으로 구성된 白衿誓幢에도 흑의장창말보당이 없다. 그것은 신라와 수백
   년간 싸웠던 백제인들의 이탈을 우려하여 대기병 방어조직을 신라인 부대에 의
   존하게 했기 때문이다(徐榮敎,『羅唐戰爭史硏究』, 아세아문화사, 2006, 162-179쪽).

Ⅲ. 신라 대기병 장창전술기원으로서 소정방 장창보병

B.C. 169년(한문제漢文帝 16년) 어느 날 한漢 궁정에서 북방 문제를 놓고 어전 회의가 열렸다. 한문제는 흉노가 침략을 거듭 해오자 그 정벌을 단행코자 했다. 이때 지낭智囊이라 일컬어지던 중신重臣 조착鼂錯은 한漢이 흉노기병에게 효과적으로 대항할 수 있는 유용한 전술을 제안했다.

그는 "산비탈을 오르내리거나 계곡을 드나들거나 하는 것에 중국의 말은 미치지 못합니다. 경사가 급한 험한 길에서 말을 달리면서 화살을 쏘는 데 있어서 중국기병은 흉노에 미치지 못합니다. 풍우風雨를 맞아서 피로하고 기갈을 견디는 데 있어서도 중국의 백성은 흉노에 미치지 못합니다."라고 하여 유목민인 흉노기병을 기병으로 막는 것은 불리하다는 결론을 내리고 있다.

그리고 그는 다음과 같이 대안을 제시했다. "기사騎射에 뛰어난 강건한 흉노의 군사에 대하여, 한군漢軍은 평지에서 경거輕車나 돌격 기병으로 교란하면서 강노強弩나 장극長戟 등 사정射程이 긴 무기로써 사용하며, 말에서 내려 지상에서 백병전으로 몰아가는 것이 유리합니다."[1]

조조는 흉노와 중국 전술의 장단점을 언급했다. 그는 보병이 대열을 지어 강노強弩나 사정이 긴 장극長戟을 사용하는 전법이 흉노를 제압하는 데 효과적이라고 알고 있었다. 이 건의안은 당시 대단한 칭찬을 받았다.[2] 농경민은 유목민에 비하여, 기병이 항상 수적으로 열세이고, 기사騎射 기술도 미약하다. 농경민이 유목기병을 기병으로 대적하는 데는 분명히 한계가 있다.

조조의 건의안이 가지고 있는 전술적 의미에 대하여 최초로 주목한 현대 학자는 Wittfogel이다. 그의 저서 *History of Chinese Society Liao*를 보면 한대漢代에 가서 이미 기병을 제압하는 구체적인 전술이 개발 되었으며, 그것은 기병과 전차의 지원을 받는 장창長槍과 노弩를 주 무기로 하는 보병부대였다고 한다. 기병과 전차, 장창보병이 유기적으로 어우러진 이 전술로 한은 흉노의 궁수 기병대를 충분히 제압할 수 있었다는 것이다.[3] 그는 장창보병[4]이 작동되는 기능적인 측면에 주목했으며, 유목민의 공격에 중국인들이 응전應戰하는 모습을 부각시켜 주었다.[5] 그 사례로 중국의 장창보병에 대한 가장 구체적 기록인 이릉李陵의 대對흉노전투를 들었다.

그 후 필자의 관심은 돌궐과 전투를 한 경험이 있는 당의 장군들에게 옮겨졌다. 한대漢代에 이미 개발된 장창보병 전술은 당대唐代에 다시 사용되었을 가능성이 높다고 생각했기 때문이다. 사서에 보이는 당장唐將들의 열전을 검색하게 되었고, 하나의 단서를 발견했다.『구당서』소정방전에서였다. 소정방은 630년과 657년 돌궐토벌의 주역이었다.

당조는 초기에 유목민에 대한 우월한 위치에 있었다. 당조가 유목민에 대한 이해가 깊었다는 점도 그 한몫을 했다. 유목민들의 내분을 당에 유리하게 이용할 수 있는 바탕은 그것이었다. 동시에 630년 이후 유목민의 당에 대한 도전이 이어졌다. 645년에 설연타가, 657년에 서돌궐이, 662년에는 철륵이 그러했다. 유목민의 이러한 도전은 당조에 의해 철저히 제압되었다. 그것을 가능하게 하는 것은 '당의 우월한 군사적 역량'이었다. 무력이 없다면 유목민을 제압하고, 나아가 그들을 자신의 군사역량으로 조직하고 관리하는 것이 불가능하다. 본고에서 다루고 있는 장창보병전술도 당의 군사적 역량의 단면이다.

당의 군사적 역량은 이미 사료에 나와 있고 기존에 지적된 바도 없지는 않다.[6] 하지만 중요한 것은 '어떻게'이다. 당이 유목민과의 전쟁에서 어떠한 전술을 사용했고 그것이 구체적으로 기병과 어떻게 결합되어 있는지 살펴보는 것도 필요하다.

본고에서 필자는 먼저 675년 소정방의 대對서돌궐 전투을 전하는 여러 기록에 대하여 검토하고, 다음으로 당시 소정방이 사용한 장창보병진법을 한대漢代 이릉李陵이 사용한 그것을 통해서 복원해 보았다. 마지막으로 소정방의 장창보병과 기병의 공조共助전술에 대하여 살펴보았다. 물론 여기서도 이릉의 경우가 크게 참고 되었다. 이러한 과정을 통하여 소정방의 장창보병에 대한 보다 구체적인 모습이 밝혀질 것이고, 당이 유목민을 어떻게 제압했는지 일부나마 알 수 있을 것이다.

1. 대對서돌궐 전투기록에 대한 검토

서돌궐은 투르크어로 '온 오크'라 불리었다. 10개의 화살이란 뜻이다. 그 이름 그대로 세력의 분립경향은 현저하였다.[7] 서돌궐은 비잔틴제국과 동맹하고 사산조 페르시아를 공격할 정도로 한 때 강성하였으나, 내분이 일어났다.

657년 당 고종은 서돌궐을 향해 군대를 투입하였다. 소정방을 필두로 연연도호 임아상, 부도호 소사업, 회흘의 파윤, 아사나미사 · 아사나보진 등으로 구성된 당군이 군사를 이끌고 예질(예질하서曳咥河西)에 도착했다. 서돌궐의 가한可汗 하로賀魯의 기병이 이를 기다리고 있었다. 소정방이 서돌궐을 대패시키고, 대수령 도탐다달등 2백 여명을 참斬하는 전과를 올렸다. 하로는 궐철과 경기輕騎로 도주하다가 이려 하河에서 많은 병마들이 익사하는 피해를 보았다.[8]

『구당서舊唐書』 소정방전과 『신당서新唐書』 돌궐전 · 소정방전은 소정방과 하로 가한과의 전투를 이보다 상세하게 전해주고 있다.

-A-

1. 明年 擢定方爲行軍大總官, 又征賀魯. 以任雅相·迴紇婆潤爲副.
   自金山之北, 指處木昆部落, 大破之.

2. 賀魯率胡祿屋闕啜·尼施處半啜·處木昆屈律啜·五弩失畢兵馬,
   衆且十萬, 來拒官軍, 定方率迴紇及漢兵萬餘人擊之.

3. 賊輕定方兵小, 四面圍之 定方領步卒據原.

4. 攢矟外向, 親領漢騎陣於北原. 賊先擊步軍, 三衝不入, 定方乘勢擊
   之, 賊遂大潰, 追奔三十里, 殺人馬數萬
   (『구당서』 권83, 소정방전 2778쪽).

-B-

1. 定方以精騎至曳咥河西, 擊處木昆, 破之.

2. 賀魯擧十姓兵十萬騎來拒, 定方以萬人當之.

3. 虜見兵少, 以騎繞唐軍. 定方令步卒據原.

4. 攢矟外注, 自以騎陣於北, 賀魯先擊原上軍, 三犯, 軍不動. 定方縱
   騎乘之, 虜大潰, 追奔數十里, 俘斬三萬人, 殺其大酋都搭達干等
   二百人
   (『신당서』 권215, 돌궐 하 阿史那賀魯).

-C-

1. 擢定方伊麗道行軍大總官, 復征賀魯. 以任雅相·迴紇婆潤爲副.
   出金山北, 先擊處木昆部, 破之. 其俟斤嬾獨祿擁衆萬餘帳降, 定方
   撫之,

2. 發其千騎并迴紇萬人, 進至曳咥河. 賀魯率十性兵十萬拒戰.

3. 輕定方兵小, 舒左右翼包之 定方領步卒據高.

4. 攢矟外向, 親引勁騎陣北原. 賊三突步陣 不能入, 定方因其亂擊之,

鏖戰三十里, 斬首數萬級, 賊大奔
(『신당서』 권111, 소정방전).

위의 내용을 다시 정리하면 대략 다음과 같다. 소정방이 회흘기병과 한인보병 1만여 명을 이끌고 예질 하河로 진격했는데, 하로 가한이 십성十姓병 10만을 동원하여 이를 막았다. 하로는 정방의 병력이 적은 것을 보고 이를 포위했다. 정방은 보병들에게 명령을 내려 원原에서 찬삭외향攢矟外向의 진陣을 치게 했다. 동시에 그 자신은 기병을 이끌고 그 북쪽으로 가 기진騎陣을 쳤다. 하로가 포위 공격한 것은 찬삭외향한 당 보병이었는데, 하로의 3번에 걸친 공격에도 그 대열이 무너지지 않았다. 북쪽 들판에 대기하고 있던 소정방이 이러한 승세를 타고 기병을 출격시켜 공격하니 하로의 병력이 크게 무너져 달아나기 시작했다.

위의 3가지 기록은 동일한 사실을 전하는 기록이다. 하지만 각각의 내용에 미묘한 차이가 있다. 그 차이점은 상호 배치되기보다는 상호 보완적인 측면이 강하며, 내용을 풍부하게 한다. 따라서 그 어느 것도 버릴 수 없으며, 오히려 미묘한 차이점이 가진 의미를 재음미할 필요가 있다.

먼저 당시 상황설정에 대한 기록(A-1·B-1·C-1)을 보자. 그 내용은 거의 비슷하다. 소정방이 금산金山 북쪽에서 서돌궐 목곤부木昆部를 격파했다는 내용이 그것이다. 다만 B-1의 기록은 예질 하河 서쪽에서 바로 목곤부를 격파했다고 기록하고 있다. 하지만 금산金山·예질 하河 두 곳에 대한 것을 모두 전하고 있는 C-2의 기록을 보면 이는 자연히 해결된다. 소정방이 금산金山 북쪽에서 목곤부를 격파하고 하로 가한과 대결을 위해 예질 하河로 나아간 것을 알 수 있는 것이다. 필자는 본고에서 이 싸움을 예질 하河전투로 부르겠다.

다음으로 양군의 산술적인 병력비율을 보자. A-2·B-2·C-2의 기록을 보면 서돌궐에 비해 소정방의 병력이 절대 열세임을 알 수 있다.

아마도 소정방의 병력은 A-2의 기록대로 회홀迴紇과 한병漢兵을 합친 1만을 상회하는 병력이었을 것이다. 그렇다면 소정방은 1만여 명의 병력으로 서돌궐의 10만 기병을 대적한 것이 된다. 산술적으로 10대 1이다. 이는 A-3·B-3·C-3에서 각각 "적경정방병소賊輕定方兵小·로견병소虜見兵少·경정방병소輕定方兵小"라고 한 것에서도 확인된다.

그 다음으로 소정방 휘하 병력의 출신 성분에 대하여 살펴보자. A-4(친령한기진어북원親領漢騎陣於北原)에 "정방이 북원北原에서 친히 한기漢騎를 영솔했다."라고 하여 그 휘하의 기병은 한인漢人으로 볼 수도 있다. B-4의 기록(자이기진어북自以騎陣於北)과 C-4의 기록(친인경기진북원親引勁騎陣北原)을 보면 "정방이 스스로 친히 북에서 기병을 인솔했다."라고 하여 그 휘하 기병의 출신 성분에 대한 구체적인 언급이 없다.[9] 그렇다면 소정방의 기병이 漢人으로 구성되었다고 볼 수 있을까.

필자는 아니라고 하고 싶다. 우선 A-2의 기록(정방솔회홀급한병만여인격지定方率迴紇及漢兵萬餘人擊之.)에 "정방이 회홀回紇 및 한병漢兵 만여 인을 통솔했다."라고 하여 소정방의 병력이 회홀과 한인으로 구성된 것을 알 수 있다. 이는 『자치통감』 권200, 고종 현경 2년 조(정방장당병급회홀만여인격지定方將唐兵及回紇萬餘人擊之)에서도 확인된다. 노弩를 잘 쏘고 진법陣法에 능한 장창보병은 한인漢人이고 기사騎射에 능한 기병은 회홀인回紇人이었다.

소정방은 657년 한인漢人으로 구성된 장창보병과 파윤이 이끄는 회홀回紇 기병의 각각의 장점을 이용하여 서돌궐 기병을 격파했던 것이다. 이는 번한병蕃漢兵이 결합한 전형적인 형태이며, 당초唐初에 이미 일반화된 것이었다.[10]

마지막으로 서돌궐 기병의 3번에 걸친 공격을 막아낸 당唐 보병의 진지陣地에 대하여 살펴보자. 서돌궐이 당 보병의 사면을 포위했고

(A-3 사면위지四面圍之, B-3도 같은 내용이다). 그것도 서돌궐군이 좌우 양익을 펼쳐 당 보병에게 다가오다가 포위했다(C-3 서좌우익포지舒左右翼包之). 그러자 정방이 보졸步卒에게 명령을 내려 원原에 거據하여 대항하게 했다(A-3 정방령보졸거원定方領步卒據原 · B-3 정방령보졸거원定方令步卒據原).

그런데, C-3에서는 정방이 명령을 내려 높은(고高) 지형에 의지하여 대항하게 했다고 한다(정방령보졸거고定方領步卒據高). A-3 · B-3의 내용과 다르며, 원原에 거한 것과 고高에 거한 것은 상호 배치된다. 내용을 무시하고 산술적으로 보면 2대 1로 원原에 거한 것이 옳다고 할 수 있다. 더구나 같은 내용을 전하는『자치통감』권200, 고종 현경 2년 12월 조에도 "남원南原에 거據했다."라 하고 있다(정방령보병거남원定方令步兵據南原).

그러나 높은(고高) 지형에 거據하게 했다고 하는 C-3(정방령보졸거고定方領步卒據高)의 기록을 절대 무시할 수 없다. 전술상 약간 높은 지대에 보병이 진을 치고 기병에 대항했다고 하는 것도 결코 터무니없는 것이 아니다. 오히려 사면이 포위된 상태에서 약간 높은 지대가 전술상 적을 방어하기 좋다. 고지로 올라가는 기병은 가속도를 붙이기가 쉽지 않기 때문이다. 기병은 속도가 생명이다. 기병이 속도가 떨어진다는 것은 상대편 보병이 활이나 노弩를 한발이라도 더 발사할 수 있는 시간을 준다는 것을 의미한다.

찬삭외향攢矟外向과 찬삭외주攢矟外注의 차이도 마찬가지다. 위의 A-4 · C-4에는 찬삭외향攢矟外向으로 나와 있고,『자치통감』권200, 고종 현경 2년 12월 을묘 조에도 찬삭외향으로 기록되어 있다. 그러나 B-4에 만 찬삭외주攢矟外注로 기록되어 있다. 외향外向과 외주外注는 엄밀히 말해 같은 의미이다. 창을 모아서 밖으로 향한다는 표현이다. 외주外注라는 뜻은 전후 문맥상황으로 보아 외부에서 물을 끌어들인다는 표현으로 결코 볼 수 없다. 그럼에도 불구하고 필자는 이점에 집착이 간다.

앞서 지적한 바와 같이 소정방은 금산金山 북쪽에서 목곤부木昆部를 격파하고 하로 가한과 대결을 위해 예질 하河로 갔다. 『자치통감』권200, 당 고종 현경2년 12월 을묘 조를 보면 이려 하河의 동쪽에 위치한 예질하안河岸 부근에서 서돌궐군과 대치한 것을 알 수 있으며,[11] 또한 동서同書를 보면 정방은 남북으로 뻗어있는 예질 하河 서안西岸의 남쪽에 보병을 배치하고 자신은 그 북쪽에 기진騎陣을 치고 대기하고 있었다.[12] 소정방은 그의 장창보병에게 예질 하河의 물을 끌어들여 진陣의 주변을 질퍽질퍽한 습지로 만들게 했을 가능성도 배제할 수 없다. 기병이 진창 위를 지나갈 때는 속도가 급격히 줄기 때문이다.

B-4의 표현대로 서돌궐 기병이 삼범三犯했으나 대열이 흩어짐 없이 버틴(군부동軍不動) 소정방의 장창보병은 치밀한 계획에 따라 전투 준비를 했을 가능성이 크다. 10배 이상이 되는 적 기병을 맞이하여 버티어내기 위해서는 그렇다. 이 점에 대한 사실의 여부를 떠나 상식적으로 생각할 때 소정방은 그의 보병에게 방어가 유리한 지점에 진을 치게 했으며, 하로의 기병을 막아낼 수 있는 온갖 방법을 강구했을 것이다. 이 점 충분히 상정할 수 있다.

소정방 보병의 진지에 대한 필자의 소견을 종합하면 다음과 같다. 서돌궐 기병이 처음에 당군의 병력이 적은 것을 알고 진을 좌우 양익을 펼쳐 다가오다가, 당 보병을 사면으로 포위했다. 이때 당 보병은 원原에서 비교적 높은 지형에 진을 치고 대항했는데, 진陣 앞의 땅은 예질하의 물이 들어와 흠뻑 젖어있었다.

2. 소정방蘇定方의 원진圓陣과 이릉李陵의 원진圓陣
-찬삭외향攢稍外向의 의미意味

이제 찬삭외향攢稍外向의 의미에 대하여 살펴보자. 삭稍은 주척周
尺으로 1장丈 8척尺이나 되는 장모長矛를 말한다.[13] 그러니까 찬삭에
서 자루가 긴 장모長矛(이하-장창)를 든 병사들이 빽빽한 밀집 대형을
이루고 있는 모습을 연상할 수 있으며, 외향은 밀집 대형을 이룬 병사
들이 모두 창을 외부로 향해 있다는 것을 말해준다.[14] 앞서 살펴본 바
와 같이 당 보졸步卒들은 서돌궐 기병에 의해 포위된 상태에서 공격
을 받았다. 그렇다면 그들은 어떠한 진을 쳤을까. 원진圓陣이었을 가
능성이 높다.

B.C. 121년 이광李廣은 4천 기병을 이끌고 우북평을 출발했다. 수
백 리를 진군했을 때 흉노의 좌현왕左賢王의 4만 기병에 의해 그들은
포위당했다. 10배나 많은 적에게 포위된 상황에서 이광은 "광위원진외
향廣爲圓陣外嚮"이라고 하여 원진을 펼쳐 (활을)외부로 향하게 했다고
한다.[15]

원진圓陣[16]대열의 가장 큰 장점이란 적 기병의 측면공격이나 후방
공격의 위험을 애초에 제거한 점이다.[17] 보병은 항상 적기병의 측면·
배후 공격에 대비하여 강이 합쳐지는 언저리의 유리한 지형을 이용하
려고 했으며, 이것이 여의치 않으면 원진圓陣을 만들었다. 이는 찬삭
외향外向의 의미와 결코 배치되지 않으며, 오히려 부합된다.

소정방의 보병이 원진圓陣을 친 상태에서 창끝을 밖으로 향했다고
해서 하로의 기병을 무력화시킬 수 있었을까. 필자는 창 하나로만 이러
한 효과를 볼 수 없다고 생각한다. 그렇다면 찬삭외향의 원진은 기병의
공격을 막아낼 수 있는 어떠한 방어체계를 가지고 있었다는 말인가.

630년 소정방은 이정李靖의 부하로서 동돌궐의 힐리가한을 정벌하
는데 종군한 경력이 있다. 이때 그는 200기騎를 이끌고 선봉으로 힐리

가한의 주둔지를 급습하여 당군이 완승을 거두는 데 결정적인 공을 세웠다.[18] 힐리가한을 격파하고 귀환했을 때 당 태종은 이정에게 대국공代國公의 작위를 내리면서 한장漢將 이릉의 고사를 들어 격려했다.[19]

필자가 여기서 주목하고자 하는 것은 당태종이 이릉의 보졸步卒 5천이 세운 혁혁한 전과에 대하여 잘 알고 있었다는 점이다. 다 알다시피 한무제 시대에 『사기』의 저자 사마천이 이릉을 변호하다 궁형을 당한 것은 너무나 유명한 사건이다. 사마천이 서슬이 퍼런 독재자 앞에서 당당하게 이릉을 변호했다는 것은, 이릉의 5천 보병이 얼마나 잘 싸웠는지를 반증한다.

이 사실은 당대唐代에도 잘 알려져 있었을 것이고, 당 태종은 이릉이 사용한 보병의 전법에 대해서도 잘 알고 있었을 가능성이 크다. 그가 거느린 무장武將들도 마찬가지였을 것이다. 소정방의 보병이 서돌궐기병을 맞이하여 '찬삭외향攢稍外向'했다고 압축적으로 표현한 것도 당시 이 전술이 이미 상식화되었기 때문인지도 모른다.

우리는 여기서 보병 5천으로 흉노 기병과 싸운 이릉의 전술에 주목할 필요가 있다. 『한서』 권54, 이릉전을 보면, B.C. 99년 이릉은 한무제漢武帝에게 보병 5천으로도 충분히 흉노를 칠 수 있다고 주청奏請하고 있다. 이릉의 보병이 흉노의 강력한 기병을 어떻게 제압할 수 있었는지 살펴보자.

- D -

이릉李陵이 준계산에 닿자마자 선우와 접전하였다. 적의 기병 3만 명 정도가 이릉의 군을 포위하였다. 릉의 군대는 두 산의 사이에 있었다. 커다란 수레를 원형圓形으로 늘어놓아 성채를 쌓고, 릉은 병사를 이끌고 밖에 나와 진을 쳤다. 앞줄에서는 장극長戟과 방패를 뒷줄에서는 궁력과 노弩를 지니게 했다. "북소리를 듣거든 공격하라 징소리가 들리면 멈추어라"고 명령하였다. 적은 한漢의 군사가 소소함을 보고 곧장 돌격해 와서 성채에 달려들었다. 천구정의 노弩를 일제히 발사하니 시위소리와 더불어 적들은 쓰러졌다. 적군은 후퇴하여 산에 올랐다. 한군은 추격하여 수천을 죽였다.

이릉의 보병도 원진圓陣을 구사하고 있었다. 이릉李陵은 수레들을 원형으로 늘어놓아 차성車城을 구축하고, 보병이 그 앞으로 나와 원진 圓陣대형을 갖추었는데,[20] 앞줄은 장극과 방패로 무장하였고, 뒷줄은 궁릉과 노弩를 무장한 형세를 취한 것이었다. 이러한 창병과 궁병이 어우러진 원진圓陣대형은 순수 보병으로만 구성된 군대가 기병과 싸울 때 구사하는 일반적인 전술형태였다.[21]

그런데 여기서 천구개의 노弩가 적을 방어하는 데 결정적인 역할을 한 것으로 나와 있다. 노弩는 궁릉에 숙련도가 떨어지는 병사들이 적 기병을 향해 조준사격하고 화망火網을 구성하는 데 아주 용이했다. 흉노의 기병이 이릉의 원진 대열에 접근하기 전에 상당수가 사살되었던 것도 노의 화망에 걸려들었기 때문이다. 하지만 노弩보다 발사 속도가 빠른 궁릉의 역할도 상당했을 것이다.[22]

발사속도가 느린 것이 노弩의 치명적인 약점이었다. 노는 한 번 사격을 하고 난 후에 다음 화살을 장전하는 데까지 상당한 시간이 소요되었던 것이다. 기병이 달려올 때 보통 노의 사정거리(150m-100m)에 안에서 사격을 할 수 있는 시간은 대개 15-24초이며, 노수弩手들은 사정거리 내에서 1-2발 이상의 사격을 할 수 없다.[23] 이릉은 이러한 노의 약점을 어떻게 보완했을까. 남송南宋의 장군 오린吳璘(1102-1167)의 증언은 하나의 참고가 될 것이다.[24]

노를 한꺼번에 사격하는 것이 아니라, 노 사격부대를 여러 겹으로 나누어 배치시켜 순서에 따라 계속 사격을 하는 방법이 그것이다. 최전선에 장창을 들은 병사들이 무릎을 꿇은 자세로 앞으로 겨누고 두번째 줄에는 강궁을 든 병사가 무릎을 꿇은 자세로 대기하고, 그 다음

줄에는 신비궁을 든 병사를 배치한다. 마지막 줄은 선 자세로 적을 겨누고 그 양쪽에는 기병을 배치한다. 적이 100보步 정도의 거리로 접근해 오면, 가장 먼저 사정거리가 긴 신비궁으로 사격을 한다.25) 70보步 거리로 접근해 오면, 강궁을 든 병사가 일어서서 사격을 하고 강궁의 사격이 끝나면 강노를 든 병사가 서서 사격을 한다. 이렇게 함으로써 시간적인 간격을 두지 않고 사격할 수 있었다. 이릉의 경우도 노와 궁을 혼합하여 운용했던 것이 확실하다.

장창보병부대는 장창長槍이나 장극長戟, 노弩와 궁릉 등으로 구성되어 있다. 상식적으로 보아도 장창보병이란 인간 벽 바로 뒤에 궁릉과 노弩 등의 원거리 발사무기가 있는 것은 당연하다. 질주해 오는 기병의 숫자를 줄여줄 필요가 있기 때문이다.26)

그러면 이때 장극과 방패를 들고 앞줄에 있는 이릉의 창병들은 어떠한 역할을 했을까? 먼저 인간장벽의 역할이다. 사격 시 궁수들은 공포에 질려 제대로 조준을 하지 못한다고 한다.27) 선두에서 창을 들고 있는 보병들은 궁수들이 도피할 수 있는 인간 벽을 만들어 그들이 사격을 하는 데 심리적 안정을 주었을 것이며, 이는 아마도 적 기병에 대한 명중률을 상승시켰을 것이다.

질주해 오는 적 기병 앞에 서 있는 보병들의 입장으로 돌아가 보자. 달려오는 기병은 보병이 바라보기에 너무나 높고 빠르다. 기병의 주파능력은 상대 보병步兵들에게 극단적인 공포감을 주며, 그들을 정신적 공황상태로 내몬다. 이때 대對기병 장창보병의 존재 여부는 병사들의 사기를 좌우할 수도 있다.

화살을 피한 흉노기병이 한漢 보병의 원진圓陣에 들이닥친다 하더라도 창을 꼬나들고 있는 장창보병이 집단대열을 갖추고 당당히 버티고 있는 한 그 앞에서 무력해질 수밖에 없다. 이때 창이 겨냥한 것은 사람이 아니라 말馬의 가슴이나 목이었다. 기병 선두대열을 낙마시켜

전全 기병대의 흐름을 정체시키는 것이 주목적이었다. 물론 장창보병들은 창의 밑 등을 땅에 고정했다.[28] 육중한 말이 빠른 속도로 달려올 때 창을 땅에 고정시키지 않고서는 그 힘에 밀려날 뿐만 아니라 치명상을 줄 수도 없었기 때문이다.

정체된 기병이란 기동성이 이미 사라지고 없는 무력한 존재이다. 차가 밀리듯이 막혀있는 기병이란 밀집되어 있는 형태이기 때문에 무기를 마음대로 사용할 수 없어,[29] 장창보병의 역습을 받았을 때 치명적인 것이다. 이 상태는 보병이 기병의 위협에서 해방된 순간이며, 분노에 찬 보병의 반격의 시점인 것이다.

장극과 궁노로 무장된 이릉의 장창보병은 참으로 뛰어난 군대였다. 앞서 이릉은 출격을 만류하는 무제의 뜻을 거역하면서, 전쟁이 수數의 문제가 아니라는 것을 내비쳤다. 기병을 내주지 않겠다고 하는데도 순수보병으로 출전하겠다고 했을 만큼[30] 이릉은 병법에 자신감이 있고 용병에도 능했다. 거듭된 전투로 미리 준비해간 화살 50만 개를 모두 소모했지만 병사가 3천이나 남아있었다는 것은[31] 이릉의 군대가 얼마나 훈련이 잘된 군대였었는지를 짐작할 수 있게 해준다.

지금까지 이릉의 장창보병의 배치 방법과 오린의 노弩·궁弓 운용법을 통하여 '찬삭외향'이란 4자의 의미가 무엇을 말하고 있는지 대략이나마 알 수 있었다. 그것을 필자의 소견대로 그려보면 다음과 같다.

소정방의 장창보병은 크게 창수와 노수·궁수 2개로 구성되어 있었다. 창수가 대열의 앞에 나가있고, 노수와 궁수는 뒤에 있었다. 원거리에서 적 기병이 달려올 때 사정거리가 긴 순서대로 노와 궁을 혼합하여 발사했으며, 여기서 일정수의 적들을 제거했다. 나머지 적이 진陣 가까이에 들이 닥쳤을 때 대열을 갖춘 창수들은 집단적으로 창을 땅에 일정각도(45도 이하)로 고정시키고 있었다. 가속도를 붙인 적 기병의 첫 대열이 창에 걸려고 찔려 낙마하기 시작했고, 연이은 적 기병들이 차가 밀리듯 정체되기 시작했다.

그러나 서돌궐기병들이 매번 정체되어 밀려있는 이 순간에도 소정방의 장창보병은 역습을 감행하지 않고 대열을 고정시키고 가만히 있었다(B-4 군부동軍不動). 장창보병이 공격을 감행한다는 것은 대열이 흩어지는 것을 의미한다. 수적으로 우세한 서돌궐군 가운데는 공격에 가담하지 않고 대기하던 병력이 있었을 가능성이 매우 높으며, 이 상태에서 그들의 역습을 받는다는 것은 전멸을 의미하기 때문이다. 이제 장창보병의 단점에 대해서 살펴보자.

장창보병은 수동적이고 기동성이 떨어진다는 엄청난 단점이 있다. 장창보병은 개인적인 기술은 물론 집단기강을 요구하는 것이며, 그들의 지휘관은 대열이 흩어지지 않을까 가장 많이 신경을 썼다. 전진하거나 후퇴할 때 장창보병의 대열이 흩어지는 것을 피할 수 없으며, 그것은 대부분 전멸로 이어진다.[32] 물론 이는 장창보병 단독의 군사행동에서 나타나는 것이다.

기병의 지원이 없는 장창보병의 단독 작전은 다음과 같은 상황에서 치명적이다. 적 기병이 언제든지 돌격할 준비가 되어 있을 때 상대방 장창보병은 바짝 긴장하고 대열을 고정하고 있을 수밖에 없다. 이때 적 궁수로부터 화살 세례를 받는다면 어떻게 되겠는가. 장창보병들은 뒤로 물러나 움직이면 대열이 흩어질 수밖에 없고, 적 기병의 공격을 받는다면 그들은 전멸이다. 그렇다고 해서 움직이지 않고 대열을 계속 유지하고 있다고 해도 그렇다. 계속되는 화살세례를 받고 장창보병은 그 자리에 앉아서 죽을 수밖에 없는 것이다.

보병이 아니라 기병의 경우라도 수적인 절대열세 상태에서는 앞서 언급한 장창보병과 같은 상황을 맞이할 수도 있다. 이광李廣의 4천 기병이 흉노의 4만 기병에게 포위되었을 때 그러했다. B.C. 121년 이광李廣이 4천 기병을 이끌고 우북평을 출발하여 수백리를 갔을 때 흉노

좌현왕左賢王의 4만 기병이 그들을 포위했다. 10배나 많은 적에게 포위된 상황에서 이광은 고정된 원진圓陳을 칠 수밖에 없었다.

-E-

광廣은 원진圓陳을 치고 밖을 향하게 하였는데, 흉노가 활을 쏘아 화살이 비오듯이 떨어졌다. 한漢나라의 군사는 죽은 자가 반을 넘었으며, 화살도 거의 떨어졌다. 광은 군사들에게 명령하여 활에 살을 메워 한껏 시위를 당긴 채 발사하지 못하게 하고는 광廣 자신도 대황노大黃弩로 흉노의 비장裨將을 쏘아 죽이니, 흉노의 포위가 점점 풀리었다.…… 다음날 다시 힘을 다해 싸우고 있는데, 박망후博望候(한장군漢將軍-기병 1만)의 군대가 도착하였으므로 흉노의 군대는 드디어 포위를 풀고 물러갔다. 한나라의 군대는 피로하여 추격을 할 수 없었다. 이때 광廣의 군사는 거의 다 몰살되었으니, 싸움을 끝내고 돌아왔다(『사기』 권109, 이장군열전).

한군은 기병이었지만 말에서 내려 전투를 했을 가능성이 크다. 10배나 되는 흉노기병과 기병전을 하는 것은 자살 행위이며, 포위된 상태에서 원진圓陳 대열을 그대로 고정·유지하기 위해서는 그럴 수밖에 없다. 원형의 고정된 진을 친 상태에서 말 위에서 활을 쏘는 것은 무의미하며, 적중률도 떨어진다. 무엇보다 기마騎馬 상태에서는 도망병이 속출할 수도 있다.

전투 첫날 이광의 군대는 비 오듯이 떨어지는 흉노기병의 활 세례를 받고 4천명 중 절반 이상이 전사했고, 다음날 한의 기병 1만이 도착할 때 거의 다 몰살했다. 기병이 수적 열세로 그 기능을 상실하고 위치가 고정된 보병이 되었을 때 찾아온 비극이었다.

3. 장창보병長槍步兵과 기병騎兵의 공조전술共助戰術

막스 베버의 지적대로 기병의 지원과 보호 없이 장창보병은 효과를 제대로 발휘할 수 없으며, 어떠한 실질적인 공격도 불가능하고 적에 대한 실질적 제압도 힘들다.[33] 장창보병을 지원하는 기병이 있다면, 뒤로 후퇴하여 적의 화살의 사정권 안에서 벗어날 수도 있다. 후퇴하면서 대열이 흩어진 장창보병을 적 기병이 공격해 온다고 하더라도 장창보병을 지원하는 기병이 그들을 상대하기 때문이다. 지원하는 기병이 있음으로써 장창보병은 적의 사정권에서 벗어날 수 있는 시간을 벌 수 있는 것이다.

『송사』 권366, 오린전에서 알 수 있듯이 장창보병 대열의 양쪽 측면에 기병이 배치된 것은 결코 우연이 아니다.[34] 소정방의 한인漢人 장창보병도 회흘기병의 지원을 받고 있었다.

되풀이하지만, A-2(정방솔회흘급한병만여인격지定方率迴紇及漢兵萬餘人擊之)에서 회흘과 한병 1만여 명이라 하고 C-2(발기천기병회흘만인發其千騎幷迴紇萬人)에서 천기와 회흘 1만여 명이라고 하고 있다. 『자치통감』 권200, 고종 현경 2년 12월 조(정방장당병급회흘만여인격지定方將唐兵及回紇萬餘人擊之)에도 당병과 회흘 1만여 인이라 하고 있다. 657년 대對서돌궐전쟁에는 회흘 파윤뿐만 아니라 아사나미사, 아사나보진 등이 종군했다.[35] 소정방의 병력은 번한병蕃漢兵이 결합된 전형적인 형태를 보여주고 있다. 하지만 이는 앞서 언급한바와 같이 당시 당군에게 일반화한 것이었다.[36] 한인보병과 유목기병의 결합은 무엇을 의미하는가.

먼저 서돌궐군의 첫 공격 대상으로 수적으로 절대 열세 상태에 있던 소정방의 장창보병이 3번에 걸쳐 공격을 받고도 어떻게 무너지지 않았는지 살펴보자. 그 다음으로 소정방의 한인 장창보병과 유목기병은 어떻게 결합되어 작동하고, 번한병蕃漢兵의 전술적인 결합이 어떠한 효율성을 발휘했는지 고찰해 보자.

소정방은 보병(한인漢人)에게 명을 내려 원原에 있는 고지에 찬삭
외향의 원진圓陣을 치게 하고, 자신은 직접 기병(회흘)을 이끌고 그
북쪽에 대기하고 있었다. 하로의 첫 공격 대상은 원상原上의 고지에
있던 당 보병이었다. 하로는 당 보병의 진에 대하여 공격을 했지만 3
차례 모두 실패했다(B- 하로선격원상군賀魯先擊原上軍, 삼범三犯, 군
부동軍不動). 뚫어지지 않은 당 보병의 원진圓陣은 벽보다 강했다.

수적으로 10배 가까이 많은 서돌궐은 원상原上에 있는 당 보병을
어떻게 공격했을까. 숫자상 10만 대 1만이라고 해도 10대 1로 싸우게
되지는 않는다. 만약 10명이 한 명에게 한꺼번에 달려든다고 해도 한
번에 달려들 수 있는 최대의 수는 4.5명이며, 자연지형에서 벌어지는
집단 간의 전투에서는 그 숫자도 힘들다. 기껏해야 2대 1, 3대 1의 싸
움이다. 그러므로 한꺼번에 덤비는 것은 무모하고 비효율적이다. 병력
의 우위를 효과적으로 사용하는 방법은 여럿이 조를 편성해 교대로
돌아가면서 덤비는 것이다.[37)]

당군은 기병과 보병을 합쳐 1만 여명이었다. 따라서 보졸은 1만이
되지 않는다. 그들이 서돌궐 기병에게 포위된 상태(A-3:사면위지四面
圍之)에서 상호 병력 비율은 10대 1이 넘었다고 할 수 있다. C-3의 기
록(경정방병소輕定方兵小, 서좌우익포지舒左右翼包之)을 보면 하로가
정방의 병력이 적을 것을 가볍게 여기고 左右翼을 펼쳐서 소정방의
장창보병을 포위했다고 한다. 좌우익이 있다면 이것은 항상 중앙군을
염두에 둔 것이다.

여기서 서돌궐군이 중앙과 좌, 우 3개조로 편성되어 있음을 감지할
수 있다. 서돌궐의 기병이 당의 장창보졸에게 3번 걸친 공격을 감행한
것은 이와 관련이 있을 것이다. 그것은 3개의 조로 편성된 서돌궐군이
당의 보병을 3번에 걸쳐 차례로 공격한 것을 반영하는 것일 수도 있

다. 그 상황은 다음과 같았을 것이라 상상된다.

"첫 번째 공격에서 하로의 기병은 원진圓陣을 포위한 상태에서 당의 장창보병을 단숨에 쳐부수기 위해 공격해 왔다. 하로 가한은 수적으로 소수인 당의 보병을 얕잡아 보았던 것이다. 그는 초전에 완전히 무너질 것으로 판단했을 것이다. 서돌궐 기병들이 최고 속도로 사방에서 질주했다. 그러나 매사에 상대방을 얕보면 제대로 되는 일이 없는 법이다. 당의 장창보병은 정해진 순서대로 활과 노弩를 발사했고, 서돌궐 기병들이 우수수 떨어졌다. 상대 보병의 진이 견고하게 버티고 있을 때 기병은 무리한 공격은 자제해야 한다. 상대 보병의 진이 동요하지 않으면 기병은 무리하게 충돌하지 않고 후퇴하고, 이러한 공격을 되풀이하여 상대 보병을 지치게 해야 한다. 그러나 연이은 두 번째 공격에서도 하로는 정면공격을 단행했던 것 같다. 원진圓陣을 향해 질주하던 서돌궐 기병들은 당 보병의 조직적인 화살 세례를 받았을 것이 분명하다. 기병이 달려오는 속도와 화살의 속도가 만나 화살 힘은 너무나 강력해졌고, 당 보병의 진은 여전히 빈틈이 없었다. 이번에도 많은 희생자를 내고 서돌궐 기병들은 일단 후퇴하고 말았다. 그러나 연이은 공격의 실패에도 자신의 근거지에서 싸운 서돌궐의 기병들은 수적으로 압도적인 우세를 자랑했으니, 많은 희생자가 생긴다 해도 물러서지 않았다. 그들의 3번째 공격은 전보다 비장한 각오로 이루어졌을 것이다. 그러나 이번에도 서돌궐 기병은 원진圓陣으로 접근하는 과정에서 당의 장창보병의 화살 세례를 받고 많은 희생자를 냈다. 그러나 돌격은 감행되었고 그들은 당 장창보병의 진陣에 바짝 다가갔다. 그러나 빽빽하게 밑 등을 땅에 박은 장창들이 그들을 기다리고 있었다. 그것은 고슴도치와 같았다. 서돌궐 기병은 그들의 속력 때문에 그 앞에서 멈추어 설 수 없었다. 기병의 선두대열이 알면서도 당할 수밖에 없는 상황에 내몰렸다고 직감하는 순간, 그들의 말의 가슴과 목에 창이 찔렸고 기병들이 잇달아 낙마했다. 장창보병에 가로막힌 기병의 대열은 흩어졌고, 서로 뒤엉켰다."

마지막 3번째 공격이 실패하자 서돌궐 병사들 머리에 어떠한 생각이 스쳐 지나갔을까. C-4의 기록(적삼돌보진賊三突步陣 불능입不能入, 정방인기란격지定方因其亂擊之)에서 알 수 있듯이 서돌궐 진영이 혼란에 휩싸였다는 것을 알 수 있다.

당 보병의 사격 하에서 자신들이 죽거나 부상당할지도 모르며, 화살의 화망을 뚫고 나아간다고 해도 장창에 걸려 생존할 수 없다는 공포가 그들의 머리를 짓눌렀을 것이다. 전장에서 병사들이 극복할 수 없는 위험을 인지하게 되면 공포감을 느끼게 되는 법이며, 그것은 주로 상대방 무기의 탁월한 성능과 그 운영 능력에서 비롯된다.

공포의 근거가 무엇이든지간에 그것은 병사들을 얼어붙게 하고 전투의지를 파괴한다. 서돌궐 측에서 불리한 상황을 유리한 방향으로 전환시켜야 병사들의 무거운 마음을 경감시킬 수 있다. 그러나 북쪽에서 기진騎陣을 치고 있던 소정방은 적에게 그러한 시간과 기회를 주지 않았다. 서돌궐 기병이 혼돈되어 정신을 못 차리는 상태에서 소정방의 기병이 예기치 않았던 급습을 가했던 것이다. 이 순간에 서돌궐 병사들에게 이미 확산된 공황의 씨앗이 확고히 뿌리를 내렸다.

A-4 기록(적수대궤賊遂大潰)과 B-4의 기록(로대궤虜大潰)에서 알 수 있듯이 소정방 기병이 들이닥치자 하로 가한의 군대는 바로 그 순간에 무너졌고, 흩어져 달아나기 시작했다(A-4:추분삼십리追奔三十里 · B-4:추분수십리追奔數十里). 이 상태에서 서돌궐 병사 개개인은 자신의 몸만 살겠다는 생각을 우선 가지게 되었고 소속부대의 일원으로 남아 있으려고 하지 않았던 것이다.

아무리 병력이 많다고 하더라고 침착함을 잃으면 얼마나 약해지는가를 소정방은 너무나 잘 알고 있었고, 그는 이것을 호기로 이용했다. 혼란에 빠져 있는 서돌궐군을 끈질기게 공격했고 그것을 결코 늦추지 않았다(C-4 오전삼십리鏖戰三十里, 참수수만급斬首數萬級, 적대분賊大奔). 죽은 인마人馬가 삼십리 길에 널려있었다.

소정방은 지휘관과 졸병 구분 없이 도주하는 그들을 집요하게 추격하여 학살했다. 지휘체계가 마비된 서돌궐의 부대들이 뒤엉켜 생존 본능에 따라 움직이는 패닉상태를 지속시키기 위해서라도 그렇게 해야 한다. 만일 소정방이 서돌궐 군대를 추적하지 않는다면 대열을 재정비할 것이 확실하다. 소정방은 상대방이 다시 힘을 추스를 수 있는 시간을 결코 주지 않았던 것이다.

장창보병에게 지원해 주는 기병이 없다면 어떠할까. 이릉의 경우를 다시보자. 이릉의 장창보병도 흉노기병을 혼돈 상태에 빠뜨린 적이 한두 번이 아니었다. 그러나 기병이 없는 그들은 적에게 결정적인 타격을 줄 수 없었다. 준계산 전투가 벌어진 며칠 후 이릉은 후퇴하는 과정에서 적을 3,000명이나 참斬했고, 4, 5일 후에도 다시 수천을 죽였다. 또 그 후에도 이릉은 적 2,000여 명을 살상했다.

이 순간에 이릉에게 숨겨둔 기병이 있어 혼란에 빠진 흉노 군을 공격했다면 상황은 확실히 달라졌을 것이다. 흉노기병의 대열은 매번 붕괴하였지만 다시 힘을 추스를 수 있는 시간을 가졌고, 대열을 다시 정비한 그들은 지속해서 이릉의 장창보병을 공격할 수 있었다.

그러나 한편 여기서 흉노가 심리적 부담을 안고 이릉의 장창보병과 싸워야 했다는 것을 잊어서는 안 된다. 그것은 이릉의 장창보병이 너무나 잘 버티어 냈고, 흉노 측이 연패해서가 아니었다. 당장은 한의 장창보병에게 지원 기병이 없지만, 언제든지 나타날 수도 있다는 우려는 있었다. 왜냐하면, 흉노의 선우는 이릉의 보병 단독작전 자체를 너무나 비상식적인 것으로 생각했기 때문이다.

흉노의 선우는 설마 그러할 수가 있는가? 라고 생각하고, 언제든지 한漢기병(구원병)이 그들의 배후를 급습할 수 있다고 우려했던 것이 확실하다. 이릉은 차후에 기병의 지원이 없다는 것을 알고 싸웠지만 흉노는 처음에 이 사실을 결코 알지 못했다. 이는 다음의 기사를 보면 알 수 있다.

-F-

선우가 이렇게 말했습니다. 이놈들은 한나라의 정병이다. 공격을 해도 항복시킬 수가 없는데 밤낮으로 우리를 남쪽으로 유인하여 (한 漢의) 변방 요새에 가까워져 오니 복병이 숨어 있지 않겠느냐…
(『사기』 권109, 이장군열전).

이는 생포된 흉노 병사가 이릉에게 말한 내용이다. 일단 흉노 수뇌부에서는 평지가 나오는 지역까지 한 군을 추격하여 섬멸하자는 쪽으로 결정이 났다. 하지만 밤낮으로 남쪽으로 후퇴하는 이릉의 장창보병을 계속 추적하는 것은 흉노 선우에게 큰 부담이었다. 한漢기병의 매복 우려가 그를 계속 괴롭다. 그것은 흉노가 이릉의 장창보병을 공격하는 데 심리적 장애가 된 것이 확실하다.

그러나 불행히도 이릉의 장교 중에 배신자가 나왔다. 군후軍候인 관감管敢이 교위校尉인 한연연韓延年에게 욕을 먹고 홧김에 흉노에 투항했다. 관감이 흉노 선우에게 말했다. "이릉 군대의 후미에는 구원부대가 없습니다. 또한, 그들은 활과 화살이 거의 떨어졌습니다."

이릉의 장창보병에게 활과 화살이 없고 앞으로 구원군(기병의 지원-필자)이 없다는 말 한마디는 흉노의 선우의 걱정을 한순간에 날려보냈다. 이 사실이 폭로된 순간 이릉의 장창보병은 흉노의 공격을 받고 완전히 붕괴되었다. 이릉은 흉노의 포로가 되고 그의 병사들은 거의 전멸했다.

구원군(기병-필자)이 없다는 사실을 알게 된 선우는 너무나 자신 있게 이릉에게 항복을 권유했고, 그것을 거절하자 마음 놓고 공격을 가했다. 이릉이 자청했다고 하지만 기병이 부재한 장창보병 5천의 출격을 허락한 한무제의 처사는 그야말로 잔인한 것이었다. 이릉은 투기장에 내던져진 사형수와 같았다.

기병의 결여는 이릉의 장창보병의 전투력에 뚜렷한 한계를 주었다. 순수보병 5천으로 흉노의 기병과 싸워 혁혁한 전과를 올렸지만, 결국 모든 병사들을 거의 다 잃고, 이릉 그 자신은 포로가 되었다. 구사일생으로 살아서 귀환한 자는 겨우 400명이었다.

4. 소결

지금까지 소정방 휘하의 장창보병과 유목기병이 예질하 전투에서 어떻게 적을 막아내고 반격하는지 살펴보았다. 이것을 요약하는 것으로 결론에 대신하고자 한다.

657년 소정방이 군사를 이끌고 예질曳咥에 도착했다. 서돌궐의 가한可汗 하로賀魯가 이끄는 서돌궐 기병은 진을 펼치고 이를 기다리고 있었다. 서돌궐 기병이 처음에 좌우 양익을 펼쳐 다가오다가, 당 보병을 사면으로 포위했다. 하로가 공격한 것은 찬삭외향攢矟外向하고 원진圓陣을 친 당의 장창보병이었다. 이때 당병은 원原에서 비교적 높은 지형에 진을 치고 창을 외부로 향하게 했다. 진陣 앞의 땅은 예질하의 물이 들어와 흠뻑 젖어있었다.

장창보병은 크게 창수와 노수·궁수 2개로 구성되어 있었다. 창수가 대열의 앞에 나가 있고, 노수와 궁수는 뒤에 있었다. 서돌궐 기병의 공격이 시작되었다. 원거리에서 적 기병이 달려올 때 장창보병은 사정거리가 긴 순서대로 노와 궁을 혼합하여 발사했으며, 여기서 일정 수의 적들을 제거했다. 나머지 적이 진陣 가까이에 들이닥쳤을 때 대열을 갖춘 창수들은 집단적으로 창을 땅에 일정각도(45도 이하)로 고정시키고 있었다. 가속도를 붙인 적 기병의 첫 대열이 창에 걸려고 찔려 낙마하기 시작했고, 연이은 적 기병들이 차가 밀리듯 정체되기 시작했다. 물론 이는 3차례에 걸쳐 반복되었다.

그러나, 서돌궐기병들이 매번 정체되어 밀려있는 이 순간에도 당의 장창보병은 역습을 감행하지 않고 대열을 고정하고 가만히 있었다. 수적으로 10배 이상인 서돌궐군 가운데 공격에 가담하지 않은 병력이 있었을 가능성이 매우 크다. C-3의 기록(경정방병소輕定方兵小, 서좌우익포지舒左右翼包之)을 보면 하로가 정방의 병력이 적을 것을 가볍게 여기고 좌우익左右翼을 펼쳐서 소정방의 장창보병을 포위했다고 한다. 좌우익이 있다면 이것은 항상 중앙군을 염두에 둔 것이다.

여기서 서돌궐군이 중앙과 좌, 우 3개 조로 편성되어 있음을 감지할 수 있다. 서돌궐의 기병이 당의 장창보졸에게 3번 걸친 공격을 감행한 것은 이와 관련이 있을 것이다. 그것은 3개의 조로 편성된 서돌궐군이 차례로 공격한 것을 반영하며, 공격 시 전체병력의 2/3는 대기상태에 있었다고 할 수 있다. 이 상태에서 당의 장창보병이 무리한 반격을 시도하여 대열이 흩어진다면 대기 상태에 있는 서돌궐기병의 역습을 받을 수도 있으며, 그 결과는 물론 전멸을 의미한다.

하로는 당 보병의 진에 대하여 3차례 공격을 단행했지만 모두 실패했다. 당 보병의 원진圓陣 대오는 매우 강력하여 뚫어지지 않았다. 오히려 공격하던 서돌궐 기병의 대열은 서로 뒤엉켰고, 당황하기 시작했다. 북쪽에서 회흘 기병을 인솔하고 있던 소정방은 이때를 놓치지 않았다.

서돌궐 기병이 혼돈되어 정신을 못 차리는 상태에서 소정방의 회흘 기병이 급습을 가했다. 하로 가한의 기병은 바로 그 순간에 무너졌고, 지휘관과 졸병 구분 없이 흩어져 달아나기 시작했다. 소정방은 그들을 살려두지 않았다. 죽은 인마人馬가 삼십리 길에 널려있었다. 소정방은 집요하게 그들을 추격하여 학살했다. 소정방은 상대방이 다시 힘을 추스를 수 있는 시간을 결코 주지 않았던 것이다.

그야말로 힘을 비축하고 때를 기다리던 소정방 휘하의 회흘기병은 놀라운 능력을 발휘했다. 소정방의 장창보병은 유목(특히 회흘迴紇)기병의 지원을 받고 있었다. 번한병蕃漢兵이 결합한 작전은 당시 당군에게 일반화된 것이었다. 당 태종은 북방유목민족과 농경민 한족의 확연히 다른 습성을 정확히 인식하고 있었고, 그에 연유하는 군사적 특성을 정확히 파악하고 있었다. 이는 정관기貞觀期 대외전쟁을 대부분 이끌었고 태종의 극진한 총애를 받았던 명장 이정李靖의 영향이 크다.38)

북방유목민족에 대한 이정의 견해를 들어보자. "하늘이 사람을 만듦에 본시 번한蕃漢의 구별은 없었으나 땅이 멀고 황막荒漠하여 반드시 수렵으로 살아가야 하므로 항상 전투에 익숙하게 된 것이다. 만약 우리가 은덕과 신의로 그를 안무安撫하고 의식衣食을 진휼하면 곧 모두 한병漢兵인 것이다."라고 하여 생활환경에 따른 습성의 차이를 인정하고 오히려 그것을 이용하는 것을 고려하고 있다. 이정은 전투에 있어서도 번한 각자가 지닌 특징을 살리는 것이 최선책이라고 보고 있다. 즉 유목민은 기마騎馬가 장기이므로 속전속결速戰速決에 유리하고 노弩를 장기로 하는 한병漢兵은 완전緩戰에 유리하다는 것이다.39)

이와 같이 번한蕃漢의 물성物性을 정확히 파악하여 각각 그 세勢에 따르게 하는 것은 군사적 효율성을 극대화할 수 있는 최상의 전술이었다. 그야말로 보병步兵 진법陣法에 유목기병遊牧騎兵의 탁월한 기동성機動性을 접목한 것이 이정의 업적이다. 실로 여기서 이정의 진법과 기존 진법과의 차별성이 있으며,40) 657년 소정방의 대對서돌궐전투는 한인漢人의 보병진법陣法에 유목기병의 탁월한 기동성을 접목하여 군사적 효율성을 극대화한 전형적인 실례가 될 것이다.

660년 이후 당장唐將들의 한반도 통일전쟁종군은 신라 군제에 영향을 주지 않을 수 없었을 것이다. 물론 그 선봉은 소정방이었다. 660년 소정방은 기병과 보병의 공조작전을 통해 백제군 1만을 전멸시켰다.[41] 당시 상당부 분의 신라인 병졸들과 군 지휘부가 소정방 13만 대군의 위용을 목격했고, 함께 전투를 수행함으로써 그 전술을 체험했다. 신라 중앙군단 구서당 군관조직에 장창보병(장창당·흑의장창말보당)이 존재하는 것은 결코 우연이 아니다.

(미주)

1) 『漢書』 권49, 조조전

2) 『資治通鑑』 권15, 文帝 11년 조.
   傳樂成 著, 辛勝夏 譯, 『中國通史』(增訂新版) 上, 宇鐘社, 1981, 152-153쪽.

3) Karl A Wittfogel and Feng Chia-Shen, *History of Chinese Society Liao*, Philadelphia 1949, p.534
   (그는 同 페이지 註 440에서 『한서』 권49, 조조전에서 보이는 長戟을 Long lance, 長槍으로 번역하고 있다).

4) 長槍步兵이란 보병이 기병의 공격을 막아내기 위해 長槍·長戟·弩·弓으로 무장한 보병조직을 말한다. 물론 그들은 전투 시 지형과 상황에 따라 각각 다른 陣形을 구사한다. J. F. Verburggen은 장창보병을 'Pikeman'으로 명명하고 있다(J. F. Verburggen, *The art of warfare Europe during Middle Age*, Amsterdam「1954」1977).

5) 신라도 나당전쟁기(670-676)에 당에 이끌려 온 거란·말갈 기병의 대규모 공격을 받은 경험이 있었다. 앞서 필자는 672년에 창설된 신라의 長槍幢이 對騎兵장창보병 부대임을 주장한 바 있다(徐榮敎, 「新羅 長槍幢에 대한 新考察」, 『慶州史學』 17, 1998).

6) 가령 拜根興은 657년 소정방의 對서돌궐 전투를 다음과 같이 지적했다. "소정방은 李靖으로부터 많은 陣法戰術을···정벌 전쟁 중에 충분히 발휘하여 사람들이 감탄해 마지않는 戰績을 얻었다"(拜根興, 『7世紀 中葉 羅唐關係 硏究』 경북대박사논문 2002, 125쪽).

7) 杉山正明 著, 이진복 옮김, 『유목민이 본 세계사』, 학민사, 1999, 234쪽.

8) 顯慶 2年(657), 遣左屯衛將軍蘇定方, 燕然都護任雅相, 副都護蕭嗣業, 左驍衛大將軍·瀚海都督迴紇婆閏等率師討擊, 仍使右武衛大將軍阿史那彌射·左屯衛大將軍阿史那步眞爲安撫大使 定方行至曳咥河西, 賀魯率胡祿居闕啜等二萬餘騎列陣而待. 定方率副總管任雅相等與之交戰, 賊衆大敗 斬大首領都搭達干等二百餘人. 賀魯及闕啜輕騎奔, 渡伊麗河, 兵馬溺死者甚衆 (『구당서』 권194, 돌궐전 하).

9) 『자치통감』 권200, 고종 현경 2년 12월 조에도 "自將騎兵陳於北原"라 하여 마찬가지다.

10) 金羨珉, 「唐太宗의 對外膨脹政策」, 『동아시아사의 인간상』, 혜안, 1995, 108~109쪽.

11) "定方至曳咥河西 曳咥河在伊麗河東"

12) "定方令步兵據南原, 攢矟外向, 自將騎兵陣於北原"

13) 『大漢和辭典』 卷8, 大修館書店, 東京, 1984, 278쪽.

14) 사마광은 『자치통감』(권200, 고종 현경 2년 12월 을묘 조)에서 찬삭외향 바로 뒤에 '矟色角翻'라는 註를 달고 있다.

15) 『史記』 권109, 이장군열전.

16) 南晩星은 園陳을 圓陣으로 번역했다(南晩星 譯, 『史記列傳』(下) 乙酉文化社, 555쪽).

17) J. F. Verburggen, *The art of warfare Europe during Middle Age*, Amsterdam「1954」 1977. pp.50-51, pp.156-157.

18) 『신당서』권100, 소정방전.

19) 帝曰 李陵以步卒五千絶漠, 然卒降匈奴其功尙得書竹帛, 喋血虜庭, 遂取定襄, 古未有輩, 足澡吾渭水之恥矣(『신당서』권93, 이정전).

20) 『戰略戰術兵器事典』1. 中國古代編, 東京, 1994, 43-45쪽(도면).

21) J. F. Verburggen, *The art of warfare Europe during Middle Age*, pp.50-52.

22) 徐榮敎, 「新羅 長槍幢에 대한 新考察」, 60쪽.

23) J. F. Verburggen, *The art of warfare Europe during Middle Age*, pp.107-8, p.197
Ralph payne-Gallwey, *The Book of The Crossbow*, Dover Publication, Inc. New York, 1995.

24) 璘曰 有新立 疊陳法 每戰 以長槍居前 座不得起 車最强弓 次强弩 跪膝以俟 次神臂弓 約賊相搏至百步內 則神臂先發 七十步 强弓併發 次陣如之 凡陣 以拒馬爲限 鐵鈎相連 俟其傷則更代之 遇更代則以鼓爲節 騎 兩翼以蔽於前 陣成而騎退 謂之 疊陣(『宋史』권366, 오린전).

25) 신비궁은 송대에 개발된 무기라 당대에는 없었다. 하지만 당대에도 성능이 이와 필적하는 弓은 있었다고 생각한다.

26) Dennis E. Showalter, 'Caste, Skill, and Training: The Evolution Armies from the Middle Ages to the Sixteenth Century', *The Journal of Military History* Vol. 57, No.3, July, 1993, pp.400-427.

27) J. F. Verburggen, *The art of warfare Europe during Middle Age*, p.165.

28) J. F. Verburggen, *The art of warfare Europe during Middle Age*, p.147.

29) John Keegan, *The Face of Battle, Viking press*, New York 1976, p.84.

30) 『한서』권54, 이릉전.

31) "한나라 군사가 남쪽으로 퇴각하여 아직 提汗山에 이르지도 않았는데 이날 하루에 50만 개의 화살이 모두 다 떨어져서 수레를 버리고 떠났다. 군사는 아직도 3,000여명 인데…"(『한서』권54, 이릉전).

32) Bert S. Hall, *Weapons and Warfare in Renaissance Europe*, The Johns Hopkins University Press, Baltimore & London, 1997, p.33.

33) Max Weber, *Economy and Society* Vol. 3, Bedminster press. New York, 1968. pp.1151-1152.

34) "騎兩翼以蔽於前 陣成而騎退 謂之 疊陣"

35) 『구당서』권194, 돌궐전 하(5187쪽).

36) 다음은 貞觀期 당의 대외전쟁에 복속한 유목민(降胡)를 포함한 이민족의 참전 사실을 정리한 것이다. ① 貞觀 8년(634) 6월 토욕혼의 침구시 段志玄은 邊兵 및 契苾 党項의 무리를 거느리고 출정하였다 (『자치통감』권194, 태종 정관 8년 6월 조). ② 같은해 12월 토욕혼이 河西 凉州를 공격해 왔을 때 西海道大總管 李靖 이하 5총관이 突闕 契苾의 무리를 거느리고 출정하였다. 이 때 행군대총관 李靖은 前年 토욕혼에 反歸한 党項에 厚賂하여 향도로 삼았다 (『자치통감』권194, 태종 정관 8년 12월 辛丑 조). ③ 貞觀 12년(638) 8월 吐蕃의 松州 공격시 출정한 步騎 5만의 3총관 병력 중 執失思力은 白蘭道행군총관으로 참전하였다 (『구당서』권

196, 토번 상). ④ 貞觀 13年(639) 12월 高昌 정벌시 契苾何力은 交河道大總管 侯君集과 함께 副大總管으로서 돌궐 契苾 騎兵 수만을 거느리고 출전하였다. 阿史那杜爾 또한 교하도행군총관으로 참전하였다 (『신당서』 권110, 阿史那杜爾傳). ⑤ 貞觀 18년(644) 7월 고구려 원정시 평양도대총관 張亮은 江·吳京洛의 募兵 4만, 吳艘 500척을 거느리고 海路로 평양으로 진격하였고, 李勣을 요동도대총관으로 하는 육로행군에는 執失思力·阿史那杜爾·契苾何力 등이 총관으로 참여하였는데, 그때 거느린 병력은 步騎 6만 및 蘭州, 河州 두 주의 降胡라고 되어 있다(『자치통감』 권197, 태종 정관 18년 7월 조). 6만 병력 중 상당수가 상기 총관의 휘하 부족민이라고 보아도 대과 없었을 것이다. 또 안시성 공략시 阿史那杜爾는 突闕千騎로 고구려를 후원한 靺鞨族을 유인하였고, 李思摩 역시 부족민을 이끌고 참전한 것으로 추정된다. 또한 서북변경 爪·沙 2주 방면에 주둔하고 있던 墨離軍(토욕혼蕃部落)도 참전하였다 (『구오대사』 권25, 당서1 무황기 상). ⑥ 貞觀19년(645) 12월 薛延陀가 太宗이 고구려 정벌을 틈타 夏州에 침구했을 때 執失思力이 靈·勝 2주의 突闕兵을 징발하였다. 그때 代州都督 薛萬徹, 營州都督 張儉도 각각 휘하를 거느리고 출진하였다 (『구당서』 권199, 북적 조). 貞觀 21년(647) 焉耆·龜玆 정벌시 阿史那杜爾를 崑丘道大總管으로 하고, 契苾何力을 副總管으로하여 鐵勒 13部 및 突闕 騎 10만을 거느렸다 (『신당서』 권110, 阿史那杜爾傳).

37) 임용한, 『전쟁과 역사-삼국편-』, 혜안, 2001, 148쪽 參照.
38) 金羨珉, 「唐太宗의 對外膨脹政策」, 108~109쪽.
39) 『唐太宗李衛公問對』(今註今譯本 臺灣商務印書館, 1975), 140~141쪽.
40) 徐榮敎, 「나당전쟁기 石門전투」, 『東國史學』 38, 2002, 59쪽.
41) 『삼국사기』 권28, 의자왕 20년 조.

3장

기병과 목장

I. 결핍의 창조물 보기당步騎幢

661년 12월 고구려는 혹한이었다. 그것은 평양성을 포위한 당군에게 절호의 기회를 주었다. 대동강은 평양성의 해자垓字 기능을 했다. 그것의 동결은 해자가 사라진 것을 의미하며, 성벽에 운차와 공성기의 접근을 용이하게 했다.[1] 그렇지만 그것은 당군에게 도움을 주지 못했다.

앞서 8월에 소정방이 대동강에서 고구려군을 격파하고 이어 마읍산을 점령한 후 평양성을 포위하는 형세였다. 9월 계필하력의 수만의 유목민 돌궐기병이 압록강을 넘어 평양으로 빠르게 오고 있었다. 고구려의 멸망이 눈앞에 있는 듯했다. 그러나 기적이 일어났다. 갑자기 고구려에 있는 계필하력의 유목 기병에게 철수 명령이 떨어졌다. 그들은 몽골고원 서쪽에서 구성철륵이 당에 대하여 일으킨 반란을 진압하러 가야 했다.

평양 부근에는 당의 보병이 남았다. 유목민 기병이 없는 당군은 너무나 무력해졌다. 가령 당의 유목 기병이 돌격태세를 갖추고 있는 상태에서 당 보병과 고구려 보병이 싸운다고 가정해보자. 고구려 보병은 당의 유목 기병이 언제 덮칠지 모르기 때문에 당 보병에 대해 공격을 함부로 할 수 없다. 당의 유목 기병은 고구려군의 대열이 흩어지기만을 기다리고 있기 때문이다. 유목민 기병은 존재 그 자체로 고구려 보병에게 공포를 주고 경직시킨다.

좌효위장군 방효태龐孝泰가 당군의 원활한 철수를 위한 총알받이 희생 군단으로 남았다. 평양성 앞에서 전투가 벌어졌다. 연개소문이

지휘하는 고구려가 마음 놓고 기병이 부재한 방효태의 군단을 공격했다. 방효태가 이끄는 당나라군이 전멸했다.[2] 측천무후가 신임했던 정계의 거물 임아상도 전사했다. 그들의 희생은 무의미한 것이 아니었다. 소정방의 군단은 안전하게 철수할 수 있었다.

하지만 소정방과 그의 군단의 무사귀환에는 신라도 중요한 역할을 했다. 신라의 군량(쌀 4천 섬 조租 2만 2천 2백 5십 섬)이 그들의 아사餓死를 막았다. 661년 12월 10일 신라는 평양성을 포위하고 있는 당군에게 군량을 보급하기 위해 고구려 경내로 들어갔다. 겨울에 행해진 이 보급작전은 죽음의 행군이었다. 『삼국사기』 권47, 열기裂起전에서 구근仇近의 표현처럼 '불측지지不測之地'의 행군이었다. 한파로 식량을 운반하던 수많은 병사와 짐승들이 동사하고 지쳐서 쓰러졌고, 고구려군의 급습은 끈질기게 지속되었다. 신라군의 행군을 지체시켜 약속한 보급 기일을 넘겼을 공산이 크다. 평양 부근에 있는 소정방의 군단과 3만 여 보 떨어져 있는 현재 황해도 수안에서 보급의 대열이 멈추어 섰다. 고구려군은 신라 보급대를 철통같이 막고 있었다. 김유신은 당군에게 신라보급대가 가까이 와 있음을 애써 전하려고 했다. 신라의 보급을 기다리다 지친 당군에게 사기를 올려주기 위해서였다. 소식을 전해야 하는데 철통같이 막고 있었다. 고구려군대의 진영 한복판을 통과해야 했다. 그들은 낼 수 있는 한 최대의 속력으로 질주했을 가능성이 크다.

보기감步騎監 열기와 군사軍師 구근 등 15인이 차출되었다. 신라의 15인의 특공대는 활을 쏘고 장검을 휘두르면서 고구려의 군 한가운데로 들어갔다. 비장한 그들의 기세에 눌려 고구려군의 진영에 구멍이 났다. 그들은 멍하니 바라보며 특공대의 진격을 막지 못했다.[3] 그들의 모습은 다음과 같이 상상이 된다.

기마를 한 그들은 대열을 5명·5명·5명 3개의 삼각형으로 만들어 고구려 군대의 대열로 질주해 들어갔다. 화살이 비 오듯 쏟아지는 가

운데 말이다. 고구려군의 진영에 좀 더 가까워졌을 때 15인은 고구려
진의 어느 지점에 일제히 화살을 연이어 발사했고, 고구려군의 진에
틈이 생기자 그곳을 뚫고 들어갔다. 너무나 예측할 수도 없었던 순식
간에 일어난 일이라 고구려 군들은 멍했고, 그 사이에 15인은 고구려
진영을 돌파하였다. 소정방에게 서신을 전하고 답장을 받아 돌아오던
때에도 똑같은 장면이 반복되었으리라.

이 기록이 신라 보기당의 전투 장면을 보여주는 유일한 기록이다.[4]
655년 양산 조천성 전투에서 전사한 보기당주 보용나寶用那와 685년
보덕성민의 반란을 진압하는 데 참전한 황금서당의 보기감 김영윤의
기록이 전하지만 전투장면에 대한 기록은 없고, "적진에 뛰어 들어 싸
우다 전사했다."라고 하는 정도이다.[5]

그들의 영웅담은 보급 작전에 참여한 신라군들을 통해 전 신라에
알려졌고, 너무나 깊은 인상을 남겼다. 당시 절박했던 위기 상황에서
고구려 진영을 돌파한 열기의 영웅적 행동은 극적인 것이었던 것이
다. 『삼국사기』 신라본기와 열전 김유신전·열기전·구근전 등 4곳에
중복기록이 남아 있다.

662년 2월 어느 날 당군에게 식량을 수송하고 돌아온 김유신金庾
信은 문무왕을 알현하러 왕궁王宮으로 향했다. "유신이 문무왕에게 고
하기를 열기·구근은 천하의 용사입니다. 신이 편의에 따라 급찬級湌
직위를 내렸으나 공로功勞를 세운 것보다 낮으니 사찬沙湌을 더하기
청하나이다." 하므로 왕이 "사찬의 관품官品은 너무 과하지 않은가?"
하였다. 유신이 다시 재배再拜하고 아뢰기를 "작위爵과 녹祿은 공공公共
한 그릇으로서, 공功이 있는 사람에게 주는 것이오니 어찌 과하다 하
겠습니까?" 하니 왕이 허락하였다.[6] 김유신은 그의 생질 문무왕에게 2
번이나 절을 하면서 열기와 구근에게 사찬沙湌의 지위를 줄 것을 강
청했고 이를 관철시켰다.

'보기'부대라면 그 명칭에서 알 수 있듯이 보병이 기병과 함께 작전을 구사한 것으로 여겨진다. 열기전에는 보병의 역할을 찾아볼 수가 없다. 적진을 순식간에 돌파하기 위해서는 부득이하게 보기당 내부에서도 기병만 선발되었다고 볼 수도 있지만 진정 보기당의 전투 모습을 제대로 복원할 수 없다.

신라사에서 열기와 구근 등, 두명의 전쟁영웅과 김영윤과 보용나 등 두명의 장렬한 전사자를 낳은 보기당步騎幢은 도대체 어떠한 군사조직인가.[7] 보기당步騎幢의 성격을 파악하는 데 있어 그 명칭에서 알 수 있듯이 보병과 기병이 혼합된 부대였다는 것을 항상 염두에 두어야 한다.

앞서 언급한 바와 같이 보기당의 군사 활동을 전하는 기록은 앞서 예시한 것 외에 어디에도 찾아볼 수 없었다. 이 때문에 중국이나 서양의 기록을 참고하게 되었다. 이 과정에서 기병에 보병이 혼합된 군 조직이 하나의 명령체계에서 행동함으로써 어떠한 부분에서 전력의 상승을 가져오게 되는지와 기병 속에 보병을 포함하여 작전하는 보기步騎부대가 전 세계에 걸쳐 보편적으로 존재해 왔다는 것을 알게 되었다.

보기당步騎幢에서 보이는 '보기步騎'의 결합한 부분의 모습은 어쩌면 신라군의 모습을 보여주는 것일 수도 있다. 보병과 기병을 결합함으로써 효율성을 발휘하는 그 자체가 말이다. '보기당步騎幢'이라는 작은 구조가 신라군의 전체구조와 비슷한 형태를 가지고 있다. 부분과 전체가 똑같은 모양을 한 "자기 유사성self-similarity"을 프랙탈Fractal 구조라고 한다.

필자는 먼저 신라의 가장 유서 깊은 육정六停·십정十停·구서당九誓幢에 배속된 기병의 비율을 검토했다. 기병의 비율이 올라갈수록 작전의 수행형태가 프리즘처럼 달라지기 때문이다. 다음으로 기병부대 오주서五州誓에 부속된 보병조직에 대하여 주목했다. 기병대장의 지휘를 받는 보병의 역할은 어떠한 것인지 파악하기 위해서였다. 그 다음으로 게르만·로마·몽골 등에 존재했던 보기병步騎兵의 사례에 대하여 알아보았다. 이러한 검토 과정에서 신라보기당의 성격을 어느 정도 파악하게 될 것이다.

1. 십정十停과 구서당九誓幢의 보기합동병종전술 步騎合同兵種戰術

군대란 출동 시 보병과 기병이 혼합된 형태로 출정하는 것이 일반적 형태이다. 「광개토왕비문」에 왜국에 침탈당하던 신라를 구원하기 위해 출병한 고구려군대의 규모가 '보기步騎 5만萬'으로 나와 있다. 『삼국사기』 권41, 김유신전을 보면 "왕견유신보기일만진지王遣庾信步騎一萬抵之"라 하여 왕이 유신에게 보병·기병 1만을 주어 적을 막게 했다고 한다. 보기모명步騎某名에 관한 기록은 이외에도 『삼국사기』에 적지 않게 보인다. 군대가 전장으로 가는데 있어 순수한 보병이나 기병만으로 구성된 것은 거의 없다. 대개 보병을 주력으로 하고 소수의 기병이 동행하는 형태를 취하고 있다. 육정六停의 군관軍官조직을 보자.

<표 1> 육정군관 조직표

부대명 / 군관직명	대당	귀당 -상주정	한산정	완산정	하서정 -실직정	우수정 -비열홀 정	설치 연대	관등규정
장 군	4	4	3	3	2	2	-	진골상신 -상당
대관대감	5	5	4	4	4	4	549	진골(6)- (13) 차품(6)- (11)
대대감 (영보병)	3	2	3	2	-	2	-	(6)-(11)

제감	5	5	4	4	4	4	562	(10)-(13)
감사지	1	1	1	1	1	1	523	(12)-(13)
소감 속대관	15	15	15	13	12	13	562	(12)-(17)
소감 영보병	6	4	6	4	-	4		
화척 속대관	15	10	10	10	10	10	-	(12)-(17)
화척 영보병	6	4	6	4	-	4		
군사당주	1	1	1	1	1	1	524	(7)-(11)
대장척당주	1	1	1	1	1	1	-	(7)-(11)
보기당주	6	4	6	4	-	4	-	(8)-(13)
흑의장창말 보당주	30	22	28	20	-	20	-	(9)-(13)
군사감	2	2	2	2	2	2	-	(11)-(13)
대장척감	1	1	1	1	1	1	-	(10)-(13)
보기감	6	4	6	4	-	4	-	(11)-(13)

위의 조직을 보면 기병을 통솔하는 대대감과 그 휘하의 기병 소 감·화척이 없고, 보병의 그것만 존재하고 있다. 장창보병인 흑의장창 말보당이 가장 많고, 기병에 해당하는 것은 보기당이 6개에서 4개만 존재하고 있다. 그 명칭에서 알 수 있듯이 '보기당' 내부에도 보병이 소속되어 있는 것은 확실하다. 육정의 각 사단은 극소수의 기병만 보 유하고 있으며, 여기서 기병의 역할은 미미했다고 볼 수 있다.

신라 중고기부터 증설되어 오다가 통일 후 신라 전국에 배치된 10 개의 부대 십정十停의 경우를 보면 기병이 일정 비중을 차지하고 있 다. 『삼국사기』 직관지 무관조에 십정十停의 소속 군관을 정리하면 다음과 같다.

<표 2> 십정군관 조직표

십정 10개 부대 군관구성 동일	대대감	소 감	화 척	삼천당주	삼천감	삼천졸
	1	2	2	6	6	15
	영마병	영기병	영기병	착금	착금	–

십정의 군관조직은 열 개 부대가 획일적인 모습을 하고 있다. 정상씨井上氏는 진흥왕 5년에 설치된 삼천당의 성격을 보병중심의 대당大幢을 보완하는 기병騎兵 부대로 보았다.[8] 하지만 십정의 1개 부대에서 기병군관이 5명, 보병군관이 27명으로 보병의 비율이 확실히 높다. 기병 1에 보병이 5.4의 비율이다. 따라서 10정을 기병조직으로 볼 수 없다. 보병이 주력이며 기병은 그것을 보조하는 역할에 머물고 있다.

무엇보다 삼천당三千幢은 기록상 무열왕대까지 독립된 군사조직의 하나로 기능하고 있었음이 확인된다.[9] 삼천당은 무열왕 2년(655)에 백제와 조천성助川城을 둘러싼 공방전에 낭당郞幢 등 여러 군사조직과 더불어 하나의 군사조직으로 출정했다. 여기서 삼천당이 기병부대였다는 증거를 전혀 찾을 수 없다. 무엇보다 삼천당 계열의 군관조직에는 기병을 영솔한다는 단서가 없다. 따라서 삼천당을 기병부대로 볼 수 없다. 아무런 단서가 없는 것은 삼천당이 보병부대였음을 강력히 시사한다.[10]

그렇다면 십정 10개의 각 부대에는 영마병領馬兵 대대감隊大監 1명- 영기병領騎兵 소감少監 2명- 영기병領騎兵 화척火尺 2명의 대대감계열의 기병과 삼천당주三千幢主 6명-감三千監 6명-삼천졸三千卒 15명으로 이루어진 삼천당 계열의 보병이 있었다.

위의 〈표 2〉에서 확연하게 알 수 있는 것은 십정十停의 군관조직이 영기병 대대감 계열과 삼천당주 계열로 2 분되어 있다. 십정十停이 변화발전하는 과정에서 이질적인 두 개의 군 관직 체계가 하나로 합쳐진 것으로 볼 수도 있다.11) 그렇다고 해서 삼천당주계열이 영마병領馬兵 대대감隊大監의 명령을 받지 않은 완전히 분리된 군 조직으로 볼 수 있을까.

<표 3>십정군관十停軍官 관등표官等表

관직	6) 아찬	7) 일길찬	8) 사찬	9) 급찬	10) 대나마	11) 나마	12) 대사	13) 사지	14) 길사	15) 대오	16) 소오	17) 조위	비고
대대감	●	●	●	●	●	●							
소 감							●	●	●	●	●	●	
화 척							●	●	●	●	●	●	
삼천당주			●	●	●	●	●						
삼 천 감					●	●	●						
삼 천 졸					●	●	●	●	●	●	●	●	

관등규정을 보면 대대감은 삼천당주와 삼천감 그리고 삼천졸과 상호 관등이 교차할 가능성이 있다. 그러나, 영기병領騎兵 소감少監·화척火尺과는 교차하지 않으며, 관등 상 상하관계가 뚜렷하다. 따라서 십정十停의 영마병領馬兵 대대감隊大監은 삼천당주계열을 통솔하지 않았을 가능성도 있다.12)

그러나 영마병 대대감은 1인이고 삼천당주는 6인이다. 기존의 지적대로라면 삼천당주 6명은 누구의 통솔도 받지 않고 각각 작전에 임해야 한다. 그렇다면 영마병 대대감 계열과 삼천당주 계열을 결합해 만들어낸 십정의 조직에 어떠한 의미도 찾을 수 없다.

군대란 최소한의 희생으로 최대한의 성과를 얻을 수 있도록 조직되어야 한다. 그러기 위해서는 우선 하나로 통일된 지휘계통이 필요하다. 확립된 지휘계통이란 통일된 훈령을 필요로 하며, 그렇게 되어야만 부대에 소속된 병사들이 혼란을 느끼지 않는다. 십정의 각부대가 일률적인 작전을 하려면 보병인 삼천당 6개 조직은 영마병 대대감 1인의 명령을 받아야 했을 것이다.

십정은 기병부대라기보다는 기병을 포함하고 있는 보병부대이다. 행군 시 영마병 대대감과 그 예하 기병들이 앞서가고 삼천당주 예하 보병들이 따라가는 형태를 취했을 가능성이 크다. 주지하다시피 통일 후 완성된 십정十停은 신라지방의 주요 10개 지역에 골고루 배치되어 있었다.[13] 일정 규모의 군사조직을 전국에 깔아놓은 것은 신라 중앙정부가 어디서든 일어날 수 있는 예기치 않은 사건에 대비한 것이었다. 십정의 기병과 보병인 삼천당의 진陣 배치를 추측해 보면 다음과 같다.

영마병領馬兵 대대감은 총 지휘자로서 보병인 삼천당의 대열 뒤쪽 한가운데 서서 총지휘를 한다.[14] 전쟁터에서 진陣을 칠 때 기병은 대체로 보병 대열의 좌측면에 배치된다. 상대방 기병은 공격 대상 보병 대열의 약한 좌측면을 항상 노리고 있기 때문이다.

전투에서 진은 항상 우측이 강하다. 창병의 대열에는 항상 힘이 오른쪽으로 쏠리는 현상이 있다. 왼손에 방패를, 오른손에 창을 든다. 앞으로 나아가 1열의 창은 허공으로 나가지만 2, 3, 4열의 경우 각 열의 병사들의 간격만큼 뒤로 포개진다. 동시에 각각 바로 앞 대열의 병사 오른손 팔뚝 두께만큼 더 우측으로 창을 내밀게 된다. 대열은 자연스럽게 우측으로 기울어지는 사선이 형성된다.[15]

고대 그리스 테베의 에파미논다스가 이룩한 군사적 변혁은 기존의 팔랑스Phalanx-진陣가 왼쪽 우익에 힘이 쏠리는 특이한 현상을 우연히 발견하고 주목한 데 있다. 이 현상은 깊은 의미가 있었던 것이 아니고 단지 병사들이 오른팔로 창을 들고 왼팔로 방패를 드는 사실 때문에 생긴 결과였다. 이로 인해서 보통은 우익이 승리하는 결과를 초래하였다. 때로는 양측 우익 모두가 승리할 때도 있었다.

에파미논다스는 테베군의 본래 강한 우익을 억제시키고 종심을 강화한 좌익을 먼저 밀고 나가게 했다. 그는 좌익만 공세적 충격을 가하게 했고, 우익은 전진을 자제하면 최대한 전투를 회피하고 위치를 고수하면서 상대방을 붙들고 늘어져 고착시키려 했을 뿐이다. 이러한 우익의 견제 임무 수행은 적은 병력으로 가능했기 때문에 추가병력이 없이도 공세를 취하는 좌익을 보강해서 그곳에서 절묘한 병력 우위를 이룰 수 있었다. 아군의 좌익이 우세한 병력으로 상대방의 우익을 제압하고 나면 어떤 경우이든 약하다고 생각하고 있는 상대방의 좌익은 저절로 무너져버렸다.

에파미논다스는 왼쪽의 종심을 깊게 하면 정면축소에 따라 노출되는 측면을 기병이 엄호하게 했다. 그는 기병과 보병의 효과적인 혼성 조직을 만들었다. 이제 좌익은 정면이 축소되기는 했지만 적에게 포위되지 않았고, 종심강화에 따른 충격력을 이용해서 적의 우익의 공격에 견딜 수 있을 뿐만 아니라 적극적으로 공격할 수도 있었다. 스파르타의 강철 팔랑스 진陣는 이렇게 테베에 의해 돌파되었다.[16]

삼천당 계열의 6개 보병조직이 좌측에 강화된, 종심이 깊은 진陣을 치고, 노출되는 좌측면을 영기병 화척 2인과 소감 2인이 거느리는 기병대가 지키게 했을 가능성을 배제할 수 없다. 십정의 각 부대에 소속된 기병은 보병을 보조하는 역할을 했고, 보병과 기병의 역할이 분리되어 있었다. 그것은 소수의 기병을 동반한 보병으로 기록에 보기步騎 모백某百·보기步騎 모천某千·보기步騎 모만某萬이라 표현되는 것과 다르지 않다. 평탄한 지면에서 전체 군병력의 1/6이 기병으로 구성되어도 무난하며, 산악지방의 경우에 1/10정도로도 충분하다.[17]

하지만 신라의 군관조직 중 가장 발달된 구서당 군관 조직표를 보면 반드시 그렇지 않다.

<표 4> 구서당군관조직표九誓幢軍官組織表

부대명 / 군관직명	녹금서당 진평5 (583) 신라인	자금서당 진평47 (625) 신라인	백금서당 문무12 (672) 백제인	장창당 문무12 (672) 신라인	황금서당 신문3 (683) 고구려인	흑금서당 신문3 (683) 말갈인	벽금서당 신문6 (686) 보덕성민	적금서당 신문6 (686) 보덕성민	청금서당 신문8 (688) 백제 殘民	관등규정
장　　　군	2	2	2	2	2	2	2	2	2	진골각간-급찬
대 관 대 감	4	4	4	4	4	4	4	4	4	진골6-13 차품6-11
대대감 (영마병)	3	3	3	-	3	3	3	3	3	6-13
대대감 (영보병)	2	2	2	4	2	2	2	2	2	6-13
제　　감	4	4	4	4	4	4	4	4	4	10-13
감 사 지	1	1	1	1	1	1	1	1	1	12-13
소감 (속대관)	13	13	13	13	13	13	13	13	13	12-17
소감 (영기병)	6	6	6	3	6	6	6	6	6	12-17
소감 (영보병)	4	4	4	8	4	4	4	4	4	12-17
화척 (속대관)	10	10	13	10	13	13	13	13	13	12-17
화척 (영기병)	6	6	6	-	6	6	6	6	6	12-17
화척 (영보병)	4	4	4	8	4	4	4	4	4	12-17
군 사 당 주	1	1	1	1	1	1	1	1	1	7-11
대 장 척 당 주	1	1	1	1	1	1	1	1	1	7-11
보 기 당 주	4	4	4	-	4	4	4	4	4	8-13
저 금 기 당 주	18	18	18	-	18	18	18	18	18	8-13
흑의장창말보당주	24	20	-	-	20	20	20	20	20	6-13
군 사 감	2	2	2	2	2	2	2	2	2	11-13
대 장 척 감	1	1	1	1	1	1	1	1	1	10-13
보 기 감	4	4	4	-	4	4	4	4	4	11-13
저 금 기 감	18	18	18	-	18	18	18	18	18	11-17

　　구서당에서 장창당(비금서당)을 제외한 8개 부대는 모두 기병(영기병 소감·화척, 저금기당주·저금감)과 보병(영보병 소감·화척 흑의장창말보당주 군사당주·군사감 등)이 혼합된 조직형태를 가지고 있다.

보기당 또한 구서당의 예하부대이다.

보기당주·보기감은 구서당의 8개 부 육정六停의 경우에 보병부대가 주 병종이었다. 기병에 해당하는 것은 육정의 5개 부대에 4-6인씩 배치된 그것뿐이었다. 기병으로서 보기당步騎幢은 보조적 요소에 불과했다. 하지만 신라가 아마도 구서당 완성 당시(688년)에 이룩한 발전은 병종들을 하나의 통일된 협조체제를 갖추도록 조직적으로 결합시켰다는 것이다.

신라의 기병 대대감은 보병대 대감 숫자의 비율이 3대 2, 기병 화척과 소감의 경우 보병의 그것과 역시 6대 4로 3대 2의 비율이며, 기병의 주력인 저금기당은 보병의 주력인 흑의장창말보당과 대개 18대 20으로 9대 10의 거의 같은 비율을 차지하고 있다. 여기에 기병 병종이라 할 수 있는 보기당步騎幢 4개를 더한다면 22대 20으로 11대 10의 비율이라고 볼 수 있다. 신라의 기병대는 통일 후 서남해안 지역의 174개의 다도해 목장을 대거 확보하면서 그 규모가 팽창하였다.[18]

신라군의 급속한 기병의 증설은 전술적으로 다음과 같은 결과를 초래했다고 볼 수도 있다. 신라군에게 기병은 보병을 보조하는 것에서 벗어나 적의 기병대와 기병전을 벌이고, 적 보병부대의 측면을 공격할 수 있게 되었고, 보병에 버금가는 병종이 된 기병은 오히려 더 결정적인 타격을 적에게 가할 수 있게 되었다.

신라의 보병들의 진陣은 공세적인 기병대가 먼저 적의 본대를 측면으로 공격하여 적의 한 측익을 무너뜨리기 전에는 적에게 접근하지 않을 수도 있을 정도였을 수도 있으며, 신라 보병진陣의 임무는 기병대가 승부를 결정지을 때까지 전투를 유지하면서 적이 돌파하지 못할 방벽을 형성시키는 것이 되었을 수도 있다. 구서당의 각 사단은 보병진步兵陣의 우강좌약右强左弱이라는 구조적인 제약에 집착할 필요가 없었다. 지형 조건을 고려하여 어느 곳이건 더욱 적절한 쪽에 기병대를 배치할 수 있었다.

하지만 보병 대대감 휘하의 소감과 화척 그리고 군사당 등의 보병과 보병 진陣의 주력인 장창보병 혹의장창말보당이 모두 승리를 위한 능동적인 역할을 했다고 볼 수 있다. 신라의 기병대는 보병의 지원을 받으며 전투를 수행했을 가능성이 크다. 특히 보병 대대감 휘하의 소감과 화척의 보병 병력과 그리고 군사당 등이 투창, 활 그리고 투석 등을 무기로 공격의 발판을 마련하면서 기병대를 일반적으로 지원했을 것이다. 신라 구서당 조직의 장점은 9개 사단 휘하의 기병과 보병 부대들의 긴밀한 통합에 있었다고 해도 과언이 아니다.

하지만 기병과 보병의 각기 다른 부대가 통합되어 있는 구조와 같은 부대 내부에 보병과 기병이 존재하는 구조는 다르다. 특히 오주서 군관조직을 보면 군관 숫자상 기병의 비율이 보병보다 2배 이상 많다. 보기당이 막연히 보병과 기병이 혼합된 부대였다라고 보아서는 그것의 성격을 제대로 파악할 수 없다.

2. 오주서五州誓의 보기일체병종전술步騎一體兵種戰術

기병과 보병이 한 개의 군단 내에 공존하는 것은 구서당 각부대의 군관조직에서 알 수 있다. 그것은 신라군조직에서 일반화된 것이다. 하지만 오주서는 기병대장(영마병 대대감)의 통솔을 받고 있다.

<표 5>오주서五州誓 군관조직표軍官組織表

군관 부대	대대감 (영기병)	소 감 (영기병)	소 감 (영보병)	화 척 (영기병)	저금기당주	저금감
청 주 서	1	3	9	2	6	6
완산주서	1	3	9	2	6	6

한산주서	1	3	9	2	6	6
우수주서	-	-	-	-	3	3
하서주서	-	-	-	-	4	3

　　오주서 군관조직표에서 알 수 있듯이 각 부대의 군관은 영마병領
馬兵 대대감隊大監 1명-영기병領騎兵 소감少監 3명-영보병領步兵 소
감少監 9명-영기병領騎兵 화척火尺 2명, 그리고 금기당주衿騎幢主 6
명-저금기감著衿騎監 6명으로 이루어져 있다.

　　물론 여기에는 군졸軍卒들의 숫자는 생략되어 있다. 하지만 군관
조직만으로도 오주서의 각 부대의 조직 형태는 알 수 있다. 기병군관
이 1-3-2-6-6=18명으로 전체의 2/3이고 보병군관(소감) 9명으로 1/3을
차지하고 있다. 물론 이는 오주서 가운데 한산주서 · 청주서 · 완산주
서 등 3개 부대에 해당한다.

　　오주서의 각 군관직에 임명될 수 있는 관등 제한은 다음과 같다.
『삼국사기』 권40, 무관武官 조를 보면, 영기병領騎兵 대대감은 신라
17관등[19] 중 6위 아찬阿湌에서 13위 사지舍知까지 임명될 수 있고, 보
병이나 기병 관계없이 소감과 화척은 12위 대사大舍에서 16위 소오小
烏까지, 착금기당주는 8위 사찬沙湌에서 13위 사지舍知까지 착금기감
은 11위 나마奈麻에서 17위 조위造位까지 임명될 수 있다.

　　해당 군관직에 임명될 수 있는 상한 관등을 기준으로 본다면, 오
주서의 각 부대의 장長은 기병 대대감이다. 기병대장(영기병 대대감)
1명의 통솔을 받는다. 물론 보병 소감 9명도 기병대장(영기병 대대감)
의 지휘 아래에 있었다.

　　한편 오주서 5개 부대는 서울, 춘천, 강릉, 전주, 진주 등에 나뉘어
배치되어 있다. 5개 중 한산주서漢山州誓 · 청주서靑州誓 · 완산주서完
山州誓 3개 부대는 체계적인 군관조직을 갖추고 있는 것에 반해 우수

주서牛首州誓와 하서주서河西州誓는 단지 저금기당주-저금감으로 이루어진 단출 한 조직이다. 영기병대대감領騎兵隊大監 1명-영기병소감領騎兵少監 3명-영보병소감領步兵少監 9명-영기병화척領騎兵火尺 2명 등 총 15명의 군관이 **빠져** 있다.

말송보화末松保和씨는 이를 당대 현실을 그대로 반영하고 있으며, 한산주서·완산주서·청주서 등 3개 부대는 주체적이고, 우수주서·하서주서 등 2개 부대는 부수적인 것으로 보았다.[20] 말송末松씨의 이러한 견해에 대해 "궁색한 설명을 시도하고 있다"고 하면서 다음과 같이 논박하는 연구자도 있다.

"그러나, 이는 소재지의 주명으로 보아 문무왕 12년경에 두어졌을 가능성이 큰 하서주서河西州誓는 부수적이며, 보다 후대에 두어진 청주서靑州誓와 완산주서完山州誓가 주체라는 의미로 쉽게 수긍되지 않는다. 이러한 군관구성의 차이는 사료의 불비에서 기인한 것으로 파악하는 것이 옳다고 생각한다."[21]

이러한 언급은 말송末松씨가 오주서 각 부대의 설치순서를 고려하지 않고 그러한 궁색한 설명을 했다는 인상을 주고 있다. 하지만 말송씨가 청주서와 완산주서가 보다 후대에 두어진 것일 수도 있다는 가능성을 모르고 주체·부수의 언급을 한 것이 아니다. 말송씨는 앞서 청주靑州나 완산주完山州가 신문왕 5년(685)에 설치되었기 때문에 청주서나 완산주서가 부대명으로 보아 문무왕 12년에 설치된 것으로 보기 어렵다고 언급한 바 있다.[22]

문제는 한산주서·청주서·완산주서와 우수주서·하서주서 사이의 군관조직의 현격한 차이를 사료상의 불비不備로 결론짓고 있다는 데 있다. 실증사가로서 너무나 파격적인 결정을 하고 있는 듯하다. 『삼국사기』 무관조의 기록을 부인하는 것은 쉬우며, 사료 상 불비로 보는 것은 그 무엇보다 완벽한 논리이다. 그러나 가능한 한 기록을 사실로 보고 왜 그러한 기록이 남았는지 탐구하는 것이 진정한 실증일 것이다.

말송末松씨도 우수주서·하서주서에 15명(기병대대감1-기병소감3-보병소감9-기병화척2)의 군관이 왜 빠져있는지 그 이유에 대해 확신을 가지고 있지 못했던 느낌이 강하다. 하지만 그는 기록을 사실 그대로 인정하고 자신의 소견을 밝혔던 것이다. 그것은 말송씨 자신도 만족하지 못하는 고민에 찬 견해 표명이었던 것으로 생각된다.

다시 말하지만, 말송씨는 체계적인 군관조직을 가진 한산주서·청주서·완산주서는 주체적인 것이고, 3개 부대에 비해 15명의 군관이 배치되어 있지 않은 우수주서·하서주서는 부수적인 것으로 보았다. 아주 단순하게 보일지는 모르나 씨의 이러한 차이의 설정은 중요한 그 무엇을 담고 있다.

기병이 산악보다 평지에 유리하다는 것은 상식이다.[23] 우수주서(춘천)·하서주서(강릉)가 소재한 위치는 산악이 많은 강원도지역이다. 여기에 반해 한산주서(서울)·완산주서(전주)의 경우 한반도에서 가장 평탄한 지역이며, 청주서가 위치한 경남 진주지역도 강원도보다는 산악이 적고 완만하다. 같은 기병부대일지라도 평탄한 지역에 더 많은 숫자가 배치된 것은 이상한 것이 아니며 오히려 당연하다.

사료상 불비로 보는 견해의 바닥에는 오주서의 5개 부대가 모두 균일한 군관조직을 가지고 있어야 된다는 선입관이 깔려 있다. 지역이나 지형에 따른 병력과 병종의 배치를 전혀 고려하고 있지 않는 것이다. 도표상에 군관 숫자로 남은 조직이지만 우리는 그것을 과거에 살아 움직였던 일종의 유기체로 바라볼 필요가 있다.

그러나 한편 오주서 '영보병소감領步兵少監'의 존재는 『삼국사기』 무관조의 기록을 신빙하는 필자를 곤혹스럽게 만든다. 평탄한 지역에 위치한 한산주서·청주서·완산주서에 영보병 소감 9인이 각각 존재하고, 반대로 산악이 많은 강원도지역에 위치한 우수주서·하서주서에는 그

것이 없다. 보병은 기병보다 산악지대에 용이하다.[24] 필자의 논리대로 본다면 우수주서·하서주서에 기병군관이 빠져있는 것은 이해가 된다. 하지만 양 부대에 각각 영보병 소감 9명의 부재는 이해하기 어렵다.

기병부대 오주서 중 평원에 위치한 3개(한산주서·청주서·완산주서) 부대에 보병소감이 존재하고 반대로 산악에 위치한 2개(우수주서·하서주서)에 그것이 부재한 것을 어떻게 이해해야 할까? 문제의 핵심은 오주서 영보병 소감의 성격 파악에 있다.

군 조직이란 국가공동체의 생존을 위해 만들어진 것이다. 그것은 승리를 지향하기에 지극히 합리적일 수밖에 없다. 어떠한 특정 군 조직이, 전투에서 어떠한 고유한 기능을 가지고 있었으며, 작동하고 있었는지 생각해야 하는 것이다.

672년 기병부대 오주서五州誓의 창설을 신라의 주력군단 육정六停에 기병騎兵의 빈약성을 보완하기 위한 작업으로 보고 있는 견해가 있다. 말송보화末松保和씨의 지적대로 오주서와 육정의 군관조직은 중복되는 것이 없으며, 양兩 조직을 합치면 구서당九誓幢의 그것과 거의 같은 모습이 된다.[25] 정상수웅井上秀雄는 여기에 전적으로 동의하고 있다. 그에 의하면 육정 중 왕경王京에 주둔한 대당大幢을 제외한 지방의 5개의 정停은 오주서五州誓의 주둔지와 거의 일치하며, 이보다 앞서 태종무열왕太宗武列王 원년(654)에 창설된 계금당罽衿幢도 그 주둔지가 왕경王京이므로 바로 대당大幢을 지원하는 기병부대騎兵部隊라 한다.[26] 보병 위주의 신라주력군단 육정이 기병부대騎兵部隊 계금당과 오주서로 보완된 것이다.

오주서의 창설시기가 말갈기병이 대규모로 쇄도하던 나당전쟁기인 점을 고려해 본다면 양씨兩氏의 지적은 필자에게 귀중한 암시를 주고 있다. 당唐 기병騎兵에 대항하기 위해 기병증강도 요구되었다.

672년 기병부대 오주서 창설은 한산주서漢山州誓 우수주서牛首州

誓 하서주서河西州誓에 국한된 규모였다. 혹자의 지적대로 청주菁州와 완산주完山州는 문무왕 12년(672) 이전에 설치되지 않았기 때문에 672년 당시 청주서菁州誓와 완산주서完山州誓는 당시 존재하지 않았을 가능성이 크다.[27) 또한 위의 표에서 알 수 있듯이 하서주서河西州誓나 우수주서牛首州誓는 영기병令騎兵 대대감계렬隊大監系列(대대감-소감-화척)이 부재한 각각 6명과 7명의 기병군관의 증설에 그쳤다.

오주서 3개 부대에 보이는 영보병 소감 9인은 기병대 내에서 어떤 역할을 하는 것일까. 보병은 속전속결의 기병에 비해 고정적이며 움직임은 완만하다. 보병 대대감의 명령권 안에 있어야 할 보병 소감 9인이 왜 의도적으로 기병 대대감의 명령권 안에 배치된 것인가. 기병騎兵 대대감의 통솔을 받는 보병步兵 소감의 기능에 대해서 생각해보자.

신라의 오주서는 기병위주로 편성된 부대이고, 기병대장인 영기병 대대감이 지휘하는 조직이다. 기병과 기병이 대적할 때 다음과 같은 상황이 흔히 발생한다. 마주 보고 있는 양측의 기병대가 서로를 향해 돌격해 오다가 충돌할 때 대열이 뒤엉키면서 급속히 속도가 떨어진다. 이때부터는 기병들의 백병전으로 돌입한다.

속도가 죽은 기병대 기병의 승부는 개개인의 전투력과 말의 우수성에 판가름이 난다고 볼 수 있다. 기병은 서로 밀려 미쳐 날뛰는 말 위에 앉아 있을 뿐이다. 이 상태에서는 보병을 보유한 기병대가 유리하다. 밀집된 혼전 상태에서 상대편 보병이 정면으로 접근하면 상대편 기병은 효율적인 대처가 힘들다. 기병에게 말의 긴 목이 사각이라는 것도 그러한 요인 중의 하나였다. 보병은 후퇴 시에도 진가를 발휘한다. 보병이 없는 기병대가 밀려 후퇴한다면 등을 보인 그들은 추격을 당할 것이고 많은 수의 사상자를 낼 수밖에 없다.

차가 밀리듯 속도가 없어진 상태의 기병이란 보병보다 유리한 것이 별로 없다. 보병은 고정된 땅을 딛고 있지만, 기병은 서로 밀려 미쳐 날뛰는 말 위에 앉아 있을 뿐이다. 이 상태에서는 보병을 보유한 기병대가 그렇지 않은 그것보다 유리하다.

기병부대 오주서에 부수적으로 소속된 보병은 기병과 하나의 전투 단위가 되어 움직이는 보병으로 보고 싶다. 정확히 말해 신라 오주서의 군 조직은 기병대에 보병을 보조로 첨가하여 대對기병전의 효율을 높이기 위한 것이지 보전步戰을 위한 용도는 아닐 것으로 생각된다.

하지만 여기에는 해명해야 할 중요한 문제가 있다. 과연 보병의 도보 속도가 말의 질주 속도를 따라갈 수 있을까 하는 의문이 그것이다. 기병을 생각할 때 우리는 질주하는 상태의 이미지를 떠올린다. 하지만 기병은 대열을 유지하기 위해 질주疾走보다 속주速走를 더욱 선호했다. 기병도 질서가 잡힌 상태에서 효율성을 발휘한다.

『육도六韜』에 의하면 "기병이 조직적인 대열을 이루고 평지에서 전투를 하면 1기騎의 전력은 보병 8인의 전력에 필적하며 산악지형이라 하더라도 1기는 보병 4인에 필적한다."라고 한다. 이어 "기병대가 조직적인 대열을 이루지 않고 되는 데로 흩어져 싸운다면, 한 기의 힘은 보병 한 사람의 힘조차 당하지 못한다."라고 하고 있다.[28]

기병에게 질서 잡힌 대열 유지가 매우 중요하다는 점을 강조하는 구절이다. 질주는 기병대의 대오를 무질서하게 할 우려가 있고, 상황이 너무나 급속하게 전개되기 때문에 지휘관이 병력을 통제하기 곤란해진다.

신라기병의 경우 활이나 도刀보다 창槍을 선호했을 가능성이 높다. 필자가 이렇게 생각하는 것은 신라에서 기병도騎兵刀인 굽은 칼이 출토된 적이 없으며, 직도가 출토되었다고 하더라도 많은 양은 아니다. 무기 가운데 창이 절대 다수를 차지한다.

말 위에서 활을 쏠 만큼 뛰어난 기량을 가진 기수騎手가 신라에는 많지는 않았다고 생각된다. 사냥이 생계의 일부인 유목민은 말 위에서 활을 쏘는 능력이 있지만, 농경민들은 그렇지 않다. 흔들리는 말

위에서 움직이는 목표물에 활을 쏘아 적중하려면 아주 어린 시절에 말을 타야 하고 10살이 되면 질주할 수 있어야 하며, 그 후에도 10년 가까이 지속적인 훈련을 받아야 한다.[29] 기마가 생활이 되지 않고서는 정상적인 기사騎射는 불가능하다.

창기병槍騎兵은 대열을 맞추어 전진하는 것이 매우 중요하다. 창은 혼전에서 거의 무용지물에 가깝기 때문이다.[30] 공간이 없는 상태에서 사람의 몸이나 말에 걸려 제대로 사용할 수 없고, 그것은 거추장스런 짐이 되는 것이다. 창기병은 대열을 유지하기 위해 속주를 선호할 수밖에 없다.

그 속주 시간도 상당히 짧았다. 속주는 보통 상대방 활의 최대 사정 거리를 약간 벗어난 지점부터 시작되며, 대진對陣한 양측 기병이 상대방을 동시에 향해 속주해 온다면 그 거리는 거의 반으로 줄어든다. 훈련된 장정은 화살의 사정 거리의 절반을 속주하는 말을 따라 뛸 수 있다. 기병대에 부속된 보병의 기능은 완만한 진법에서 발휘되는 것이 아니라 기동적인 흐름에서 그 기능을 발휘한다고 생각된다.

오주서의 보병은 완만한 진법陣法을 구사했다기보다 속전속결의 기병과 한 팀이 되어 움직이는 병력이다. 그들은 고정된 진지陣地나 요새·성城을 지키는 일반 보병이 아니라 공간에서 기동하는 기병의 부속물이었다. 기병대에 보병을 보조로 첨가하여 대對기병전의 효율을 높인 것이다. 오주서의 보병은 매끄러운 공간을 통해 움직이는 기동의 주체이다.

3. 기병대騎兵隊 부속보병附屬步兵의 세계보편성

원나라의 황제 쿠빌라이는 냐얀Naian과의 내전에서 보병을 사용했다. 나얀은 제왕들인 시두르勢都兒: 조치 카사르의 후예와 카단哈丹·

카치운의 후예 등과 연합하여 1287년(지원 24) 봄에 반란을 일으켰다. 쿠빌라이는 이를 진압하기 위해 군대를 소집했다. 마르크 폴로의 『동방견문록』의 R本(G. Ramusio의 1558-1559년 인쇄본)을 보자.

> 쿠빌라이는 다음과 같은 방식으로 군대를 조직했다. 그는 1만 명씩의 사수들로 이루어진 30개 부대의 기병을 셋으로 나누어, 좌익과 우익으로 하여금 나얀의 군대를 아주 멀리서 포위하여 포진하도록 했다. <u>각 기병 부대의 전방에는 짧은 창과 칼을 든 보병步兵 500명씩을 배치했는데</u>......[31]

『동방견문록』 R본本의 기록대로 본다면 1만 명씩의 기사騎射들로 이루어진 30개 기병부대는 중간에 10개 기병부대 10만 좌우에 각각 10개 10만씩을 배치하고 있다. 그렇다면 각 1만의 기병부대에 전방에 위치한 보병은 500이다. 비율상 1/20에 불과하며, 500×30으로 1만 5천이 된다. R본의 기록대로 본다면 기병대 내에 너무나 소수의 보병이 배치되어 있다.

이는 기병대 안에 보병배치의 의미를 상실할 정도의 비율이다. 그러나 같은 내용을 전하고 있는 『동방견문록』의 F본(프랑스 지리학회본)은 이와 판이하다. F본의 78장을 보자.

> 이 두 반역자와 불충한 자들을 죽음으로 응징하지 못한다면 자신은 절대로 왕관을 쓰지도 영토를 소유하지도 않을 것이라 말했다. 여러분은 대카안이 22일 만에 모든 계획을 완료했으며, 각료들을 제외하고는 아무도 알지 못하게 은밀히 추진했다는 사실을 알아야 할 것이다. <u>그는 거의 36만의 기병과 10만의 보병을 소집했다.</u>[32]

위의 기록에서 나얀을 정벌하기 위해 쿠빌라이는 거의 10만의 보병을 동원한 것을 알 수 있다. 기병이 36만이니까 기병과 보병의 비율은 3.6대 1이다. 쿠빌라이의 기마군단 내에 보병이 상당한 비중을 차지하고 있다.

그러나 마르코 폴로의 『동방견문록』에서 숫자란 상당히 부정확한 것이 많다는 것이 일반적인 지적이다. 위의 기병 36만도 바로 이어지는 같은 기록에서 26만으로 되어 있다.[33] 따라서 여기서 숫자나 비율을 따지는 노력의 효과는 반감되지 않을 수 없다.

어떻든 쿠빌라이 군대 내에 보병이 존재했던 것만큼은 부정할 수 없는 사실일 것이며, 그것도 기병이 다수이고 보병이 소수였다는 것은 충분히 짐작할 수 있다. 무엇보다 여기서 주목되는 것은 보병의 구체적인 기능에 대한 비교적 정확한 기록이 있다는 점이다. 그렇다면 기병대 전방에 배치된 보병은 구체적으로 어떠한 역할을 할 것인가. 앞서 제시한 『동방견문록』의 R본을 다시 보자.

> 각 기병 부대의 전방에는 짧은 창과 칼을 든 보병 500명씩을 배치했는데 즉 기병이 앞으로 달려 나가기만 하면 말 엉덩이에 잽싸게 올라타서 같이 가고, 기병이 정지하면 말에서 뛰어내려 창으로 적을 찔러 죽이곤 했다.[34]

위의 기록은 기병 내에 배치된 보병이 어떠한 역할을 하고 어떻게 기병과 속도를 맞추는지 말해주고 있다. 위의 R본 기록에서 알 수 있듯이 보병은 기병단의 선두에 자리 잡고 있다. 기병이 앞으로 달려 나갈 때 보병도 말 엉덩이에 올라타 같이 나아간다. 보병은 기병대열에 함께 섞여 전투를 한다. 기병과 보병은 하나의 전투단위가 되며, 함께 움직이는 관계였던 것이다.

말이 정지한다는 것은 무엇을 의미하는 것일까? 상대편을 향해 질주해 오는 기병대들이 충돌했을 때 뒤엉키면서 속도가 죽는 순간부터 보병의 임무는 시작된다. 이는 "기병이 정지하면 말에서 뛰어내려 창으로 적을 찔러 죽인다."는 위의 기록과 부합된다.

기병대가 소수의 보병을 동반하면 후퇴 시 유리하다. 이는 케사르가 저술한 『갈리아전기』 1권 48절에서 확인된다.

아리오비스투스는 이 며칠 동안 부대를 진지에 주둔시켜둔 채 매일같이 **기병전**을 펼쳤다. 게르마니인이 수행하는 전법은 다음과 같았다. 6,000의 기병과 그들이 자신의 안전을 위해 전군 가운데서 한사람씩 뽑은 같은 수의 민첩하고 용감한 보병이 있었다. <u>보병은 기병을 따라 전투에 나갔으며, 기병이 퇴각할 때나 다른 위험이 닥쳤을 때에는 전렬前列에 포진했다. 평소보다 멀리 나아가거나 신속히 퇴각해야 하는 경우에는 훈련했던 대로 재빨리 말의 갈기에 매달려 기병과 속도를 맞추었다.</u>[35]

위 기록에서 "기병이 퇴각할 때나 다른 위험이 닥쳤을 때는 전열前列에 포진했다."라는 표현에서 보병은 기병이 퇴각할 때 전열에 포진하여 그것을 보호했다는 사실을 알 수 있다. 보병이 있는 기병과 없는 기병이 서로 충돌하여 엉켜있다고 생각해 보자. 기병이 없는 쪽이 밀려 후퇴한다면 그들은 추격을 당할 것이고 많은 수의 사상자를 낼 수밖에 없다. 후퇴하면서 만들어진 도움닫기 공간이 추격하는 측의 기병이 탄력을 붙일 수 있게 만들기 때문이다.

하지만 보병이 있는 측이 후퇴할 때는 상황이 달라진다. 보병이 앞에 나아가 대열을 지어 적 기병을 막아 그들이 탄력을 붙일 수 있는 공간(도움닫기)을 주지 않기 때문이다. 기병은 후퇴할 때나 공격을 하고 돌아설 때 가장 취약하다. 이때 보병의 보호가 절대적으로 필요한 것이다.

시대와 공간을 달리하지만 『갈리아전기』의 이 기록은 유목형 보병의 기능에 대한 유용한 정보를 주고 있다. 역시 생존을 위해 만들어진 군 조직이란 어디까지나 합리적이며, 전 세계에서 보편적으로 나타난다. 더구나 이것은 갈리아(프랑스)에서 케사르가 게르만 유목형 보병을 목격한 현장기록이어서 사료적 가치도 매우 높다.

앞서 쿠빌라이의 몽고군과 비교했을 때 다음의 세 가지 공통점이 있다. 먼저 기병대 기병의 전투를 했다는 점, 다음으로 보병이 기병대의 전열에 포진한다는 점, 마지막으로 보병이 기병과 속도를 맞추는데 있어 말에 올라탄다거나 갈기에 매달린다는 점이 그것이다.

고도로 훈련받은 경보병은 짧은 시간 동안 순간 속도를 낼 수 있으며, 말의 갈퀴를 잡는다거나 기병의 말 엉덩이에 올라타기도 한다. 그야말로 보기일체병종전술步騎一體兵種戰術의 전형적인 형태이다. 『갈리아 전기』의 이 기록을 본 애드워드 기본은 찬사를 아끼지 않았다.

"알레마니족의 전투 양태는 주로 기마전이었으며, 그들의 기마대는 경보병대를 동반함으로써 한층 강화되었다. 이들 보병대는 가장 용맹한 장정 중에서 추려내어 편성된 자들로서 평소에 끊임없는 훈련에 의하여 어떠한 장도의 행군에도 기마대에 뒤떨어지는 일이 없었으며, 또 어떠한 기습이나 급한 퇴각에도 낙오되는 일이 없게끔 훈련되어 있었다."[36]

보기일체병종전술에 대한 기록은 기원전 4세기까지 거슬러 올라간다. 기병의 효용성을 잘 알고 있었던 보이오티아Boeotia인들은 하미펜hamippen이라 불리던 발 빠른 경보병을 기병에 배속시키는 혼성混成 전투 개념을 발전시켰다고 한다.[37]

로마의 케사르도 보기부대의 효율성에 대하여 알고 있었다. 게르만(알레마니족) 보기병 대한 인식이 있었던 케사르는 폼페이우스와의 대결에서 그것을 응용했다.[38] B.C 48년 8월 9일 그리스 파르살루스 평원에서 벌어진 싸움으로 눈을 돌려보자.

이 결전은 토인비의 지적대로 로마의 보병 전법이 개량을 거듭하여 절정에 달해 있는 상태에서[39] 전투가 치러진 것이었기에 주목된다. 이 싸움에서 케사르는 기병에 있어 엄청난 수적 열세였다. 그의 기병은 1천인 것에 반해 폼페이우스의 기병은 7천이었다.[40] 기병이 최대한 기동성을 발휘할 수 있는 평야지역에서 7배나 많은 적군의 기병 공격에 어떻게 대처할 것인가 하는 것이 케사르의 최대의 과제가 되었다. 7천기와 1천기가 정면으로 맞붙으면 결과는 뻔하다.

한편 폼페이우스는 기병의 절대적인 우위를 이용하여, 상대방의 기병을 격멸한 후 케사르 보병步兵의 측면과 배후를 공격할 계획을 세웠다고 한다.[41] 이 점을 케사르는 간파하고 있었다. 그는 폼페이우스의 기병과 정면으로 승부를 하는 것은 애초에 포기했고, 대항수단으로서 기병을 어떻게 효율적으로 이용하는가에 골몰하게 되었다.[42]

먼저 케사르는 경보병들 중에서 가장 젊은 자들을 뽑아 기병대騎兵隊에 배치하고, 보병과 기병이 어우러진 상태에서 충분한 예행 훈련을 시켰다. 젊은 자로 보병을 선발한 이유는 기병과 행동을 같이할 수 있는 체력과 민첩함이 요구되기 때문이다. 그들은 젊은 데다 중무장을 하지 않았기 때문에 민첩하게 말 엉덩이에 올라타거나 말에서 뛰어 내릴 수 있었다. 경보병의 지원을 제대로 받는다면 1천 기병은 수적인 열세에도 불구하고 어려움 없이 7,000의 적기병과 대항할 수도 있다고 케사르는 생각했다.[43] 즉 기병의 수적 열세를 극복하기 위해 기병에 특수한 훈련을 시킨 보병을 투입했다.

또한 케사르는 장창보병부대를[44] 조직했다.[45] 경험이 많은 고참병들로 구성된 그의 장창보병은 적의 기병이 달려들 때도 조금의 움직임도 없이[46] 장창을 앞으로 세우고 있는 인간 벽이었다.

말이 달려들 때 인간은 심한 공포에 사로잡힌다. 기병이 공격해 올 때 보병이 도망가지 않고 버티는 데는 엄청난 용기가 필요하며, 동시에 말은 전열이 갖추어진 보병대열에게는 감히 접근하지 못한다.[47] 보병이 창을 세워 대열을 갖추고 당당히 버티고 있으면, 기병은 감히 달려들 수 없으며, 차가 밀리듯이 정체되고 만다.

케사르의 장창부대는 수적 우위를 믿고 밀려드는 적의 기병을 가로막았다. 폼페이우스 기병의 기동성이 제거되자 케사르의 기병은 이때를 놓치지 않았다. 정체된 폼페이우스 측의 기병 배후에 보기병步騎兵을 투입시켜 치명적인 공격을 가했다.[48] 케사르의 보기병들은 정체된 적기병에 대하여 공격을 감행했고, 수많은 사상자가 나왔다. 장창보병의 벽에 가로막힌 순간에 보기병의 공격을 받았다. 케사르의 장창보병이 모루라면 보기병은 망치였다. 폼페이우스 기병들이 흩어져 달아나기 시작했다.

폼페이우스의 자신감을 대변했던 기병의 궤멸은 그의 패배로 이어졌다. 케사르는 보기병의 신참과 장창부대의 고참병들에게 그의 모든 것을 걸었고,[49] 그들은 그 역할을 충분히 수행했으며, 파르살루스전투를 승리로 이끈 장본인이 되었다.

4. 소결

보기당은 신라중고기 영토팽창의 주역이었던 육정六停군단 가운데 하서정을 제외한 5개 사단(대당, 한산정, 상주정, 우두정, 완산정)예하에 배치된 유일한 기병관계 군 조직이었다. 그 명칭에서 알 수 있듯이 그것도 보병과 기병의 혼성조직이었다. 그렇다면 신라의 전체 군 조직에 기병의 비율은 극소수였다고 해도 과언이 아니다.

신라에 초원이 존재했던 것도 아니었고, 목장이 많았다고도 볼 수 없다. 풀이 귀한 겨울철에 말은 엄청난 곡물을 소비하며, 유지비용도 증가한다. 안장과 재갈·등자 등 마구 또한 고가의 장비이다. 1마리의 전마를 유지하는 비용으로 병사를 10명 이상 양성할 수도 있다.

전쟁 중에 전투에 투입할 수 있는 말도 상당히 제한적이다. 몽골군 기병의 경우 전장에 병사 1인당 5필의 말을 끌고 나갔다고 한다. 말을 계속 갈아타기 위해서이다. 5필의 말이 싱싱한 상태를 유지하기 위해서는 30필의 예비 말이 있어야 한다. 전쟁 중에 말을 혹사시키지 않기 위해 여러 번에 걸쳐 새로운 말로 교체해야 하기 때문이다.[50]

전형적인 농경 지대였던 신라에서 목축을 하는 것은 생태 상 쉬운 일이 아니었다. 목장주위의 농경지는 가축들로부터 피해를 입을 가능성이 높다. 신라에서 말의 생산과 사육은 상당히 제한적인 환경에서 진행되었다고 볼 수 있다. 그리고 말을 군마로 훈련시킬 수 있는 인력도 마찬가지였을 것이다.

보기당은 전마의 결핍이 낳은 창조물이었을 수도 있다. 아주 적은 소수의 기병을 가질 수밖에 없던 신라로서는 그것의 효율을 배가시키기 위해 고심하였을 것이다. 신라인들은 발 빠르고 날렵한 자들을 뽑아 기병대에 배치하여 말과 함께 움직이는 것을 고려하게 되었고, 보기일체병종전술이 보다 효과적이었다는 것을 알게 되었을 것이다. 육정六停군단에 배치되었던 보기당이 후대에 만들어진 구서당 군단 8개 사단 예하에 순차적으로 배치된 것도 그것이 효율성을 발휘했기 때문일 것이다.

신라의 육정군단 예하 사단 군관조직에 각각 보기당 4-6개(진幢)와 장창보병인 흑의장창말보당 20-30개 부대가 존재한 것은 결코 우연히 아니다.[51] 흑의장창말보당은 대보병전을 수행할 수 있는 군 조직이었지만, 태생적으로 대기병작전도 수행할 수 있었다.[52] 망치와 모루처럼 보기당과 흑의장창말보당은 긴밀하게 결합하여 작전을 수행했을 가능성이 높다.

숫자상 가장 많은 비중을 차지했던 신라군의 주력 흑의창창말보당은 적을 막아내는 벽이었다. 적이 기병이든 보병이든 그것은 상관이 없다. 흑의장창말보당에 막혀 있는 적의 측면에서 보기당이 공격을 가해 대열을 깨는 역할을 했을 것이다.

(미주)

1) 『일본서기』권27, 천지천황 즉위 전(661) 12월 조 "12월, 고구려는 혹한이었다. 대동 강물이 동결됐다. 이 때문에 당군은 운차雲車나 충차衝車(翀-원문)를 연連하고 북 과 징을 울리며 진격해갔다."

2) 『삼국사기』권22, 보장왕 21년(662) 정월 조는 방효태의 군대의 처절한 종말을 다음 과 같이 기록하고 있다. "정월에 방효태가 연개소문과 사수蛇水에서 싸워 전군이 전사하고, 그 아들 13명도 모두 전사했다."

3) 『삼국사기』권47, 열기전

4) 신라 보기당은 총 63개가 있었다. 『삼국사기』권40 職官下 武官 步騎幢主, 王都一 人, 無衿. 大幢六人, 〈漢山〉六人, 貴幢四人, 〈牛首州〉四人, 〈完山州〉四人, 碧衿幢四 人, 綠衿幢四人, 白衿幢四人, 黃衿幢四人, 黑衿幢四人, 紫衿幢四人, 赤衿幢四人, 靑 衿幢四人, 白衿武幢二人, 赤衿武幢二人, 黃衿武幢一人, 共六十三人, 位自奈麻至沙 湌爲之.

5) 『삼국사기』권47, 열기전 · 김영윤전

6) 『삼국사기』권47, 열기전.

7) 위의 세 가지 사례로는 보기당이 어떠한 기능을 가진 군부대였다는 것은 알 수 없 다. 하지만 이인철은 열기가 唐將 소정방에게 편지를 전해주고 답장을 받아오는 임무를 수행한 것을 근거로 하여 부대 사이의 연락을 맡은 부대였다고 보았다(이 인철 著『신라 정치경제사 연구』2003, 일지사). 지금까지 보기당에 대하여 이인철 외에 자신의 견해를 피력한 연구자는 없었다.

8) 井上秀雄, 「新羅兵制考」, 『新羅史基礎研究』東出版, 東京.

9) 『三國史記』卷47, 驟徒傳.

10) 李文基, 「三千幢의 成立과 그 性格」『新羅兵制史 研究』130-133쪽.

11) 李文基, 「三千幢의 成立과 그 性格」『新羅兵制史 研究』13013-3쪽.

12) 李文基, 「三千幢의 成立과 그 性格」『新羅兵制史 研究』130-133쪽.

13) 1)音里火停-경북 상주, 2) 古良夫里停-충남 청양, 3) 居斯勿停-전북 임실, 4)三良火 停-대구광역시 현풍, 5) 김三停-경남 함안, 6) 未多夫里停-전남 나주, 7) 南川停-경기 도 이천, 8) 骨乃斤停-경기도 여주, 9) 伐力川停-전남 나주, 10) 伊火兮停-경북 청송.

14) 隊大監의 명칭이 領騎兵 대대감 아니라 領馬兵이었다는 것은 이를 암시하는 것은 아닐까. 領馬兵을 領騎兵과 직결시킬 수 없다. 말을 타는 병사들 중에서도 말을 탈수 있지만 말위에서 활, 창, 劍,을 사용할 수 없거나 사용하지 않는 것도 있다. 부대간의 연락병의 경우 그러하다. 그들은 말탄 步兵인 것이다.

15) 윤일영, 「신라가 대백전시(서기660) 투입하였던 부대 수, 병력 수, 부대편제, 전투 대형」, 『군사학연구』5, 대전대학교 군사연구원, 2007, 528-551쪽, 필자가 이 논문의 저자에게 설명을 직접 들은 것이다.

16) 델브뤼크 著, 민경길 譯, 『兵法史』1권 한국학술정보, 2009. 183-185쪽.

17) 앙투안 앙리 조미니 著, 이내주 譯,『전쟁술』, 책세상, 1999, 372쪽; 이와 관련하여 다음의 기록은 참고된다.『자치통감』권196, 당기12 정관15년 11월 조 "…癸酉, 上命營州都督張儉帥所部騎兵及奚 · ■ · 契丹壓其東境; 以兵部尙書李世勣爲朔州道行軍總管, 將兵六萬, 騎千二百, 屯羽方; 右衛大將軍李大亮爲靈州道行軍總管, 將兵四萬, 騎五千, 屯靈武; 右屯衛大將軍張士貴將兵一萬七千, 爲慶州道行軍總管…".

18) 서영교「신라 통일기 기병증설의 기반」,『역사와 현실』45, 2002.

19) 1) 伊伐湌, 2) 伊湌, 3) 迊湌, 4) 波珍湌, 5) 大阿湌, 6) 阿湌, 7) 一吉湌, 8) 沙湌, 9) 級伐湌 10) 大奈麻, 11) 奈麻, 12) 大舍, 13) 舍知, 14) 吉士, 15) 大烏, 16) 小烏, 17) 造位.

20) 末松保和,「新羅幢停考」,『新羅史の諸問題』, 東洋文庫.1954.

21) 李文基,「『三國史記』職官志 武官條의 內容과 性格」,『新羅兵制史 硏究』, 일조각, 1997, 33쪽, 註25.

22) 末松保和,「新羅幢停考」,『新羅史の諸問題』, 368쪽.

23)『한서』권49, 晁錯傳 "兵法曰: … 土山丘陵, 曼衍相屬, 平原廣野, 此車騎之地, 步兵十不當一".

24)『한서』권49, 晁錯傳 "兵法曰: 丈五之溝, 漸車之水, 山林積石, 經川丘阜, 屮木所在, 此步兵之地也, 車騎二不當一".

25) 末松保和,「新羅幢停考」,『新羅史の諸問題』, 東洋文庫, 1954.

26) 井上秀雄,「新羅兵制考『新羅史基礎硏究』東出版, 東京.(계금당은 著衿騎幢主를 포함한 令騎兵 隊大鑑-少監-火尺 등의 군관조직을 가지고 있다. 저금기당주와 영기병 대대감 계열은 구서당의 기병조직에 그대로 나타난다. 闕衿이라는 명칭은 기병이 특수한 존재였다는 것을 반영하는지도 모른다.)

27) 李文基,「『三國史記』職官志 武官條의 內容과 性格」,『新羅兵制史研究』일조각, 1997, 32쪽.

28) 조강환 譯,『六韜三略』, 자유문고, 1995, 217-218쪽.
    徐榮敎,「張寶皐의 騎兵과 西南海岸의 牧場」,『震檀學報』92, 2002, 59쪽.

29)『庭訓格言』(출판연도 불명. 1730년에 쓴 옹정제의 서문이 실려있다), pp. 106b-107(조너슨 스펜스,「사냥과 원정」,『강희제』, 이산, 2001, 58쪽에서 재인용); 徐榮敎,「張寶皐의 騎兵과 西南海岸의 牧場」,『震檀學報』94, 2002, 66-67쪽.

30) 앙투안 앙리 조미니 著, 이내주 譯『전쟁술』, 1999, 책세상, 376쪽.

31) 마르크 폴로 지음, 김호동 역주,『동방견문록』, 사계절, 2000, p. 223의 註 18.

32) 마르크 폴로 지음, 김호동 역주,『동방견문록』, 220쪽.

33) 마르크 폴로 지음, 김호동 역주,『동방견문록』, 221쪽.

34) 마르크 폴로 지음, 김호동 역주,『동방견문록』, 223쪽의 註 18.

36) 에드워드 기본,『로마제국쇠망사』I (김영진 옮김), 대광서림, 1990 p.335.

37) 투키디데스,『펠로포네소스전쟁사』Ⅴ,57. 2절; 크세노폰,『그리스인Hellenica』Ⅲ, 5. 24절(한스 델브뤼크,『병법사』I [민병길譯], 한국학술정보 2009, 167쪽에서 재인용)

38) CAESAR'S WAR COMMENTARIES-De Bello Gallico & De Bello Civili, Edited and Trans by John Warrington, London, 〔1953〕1955, p.289 " It was after a successful cavaly action at about this time that one of the two Allobrogian deserters was found among the dead".

39) 토인비 著, 洪思重 譯, 『역사의 연구』1.(축약본), 동서, 1978. 440쪽.

40) *CAESAR'S WAR COMMENTARIES—De Bello Gallico & De Bello Civili*, p.289.

41) F.E Adcock, 'The Roman Republic—*The Civil War*' The Cambridge Ancient History, Vol. 9, Cambridge University Press, 1932, p.665.

42) *CAESAR'S WAR COMMENTARIES—De Bello Gallico & De Bello Civili*, pp.289, 292.

43) *CAESAR'S WAR COMMENTARIES—De Bello Gallico & De Bello Civili*, p.289 "My cavalry dispositions, however, followed a plan adopted once before: being heavily out-numbered in this respect, I chose a body of youngsters from among my light-armed shock troops, who had in turn been picked for accuracy of their fire, and ordered them to fight in cavalry ranks. Daily practice perfected their skill in this method of attack and defence: so much so, that, when supported by these units, a thousand of our cavalry were prepared, if necessary, to engage an enemy force of 7,000 mounted men in the open field without being much troubled by the numerical odds."

44) 로마군에게 長槍(long, pikelike spears)은 보병밀집대형(Phalanxes)의 기본병기였으며, BC 4세기 對켈트(Gauls)전투 이전부터 사용되었다고 한다.(J. M. Robert, *History of World*, New York, 1976. p.203.)

45) John Buchan, *Julius Caesar*, Morrison and Gbb LTD, London and Edinburgh, 「?」 p.120.

46) *CAESAR'S WAR COMMENTARIES--De Bello Gallico (and) De Bello Civili*, pp.293-294.

47) *John Keegan, The Face of Battle*. pp.95-96.; Arther Ferrill, *The Origin of War*, London, 1985: 이춘근 譯『전쟁의 기원』1990. pp.108-9; 정토웅, 「전쟁사 101장면」 1997. 25쪽에는 Arther Ferrill의 글을 인용하고 있다.

48) F.E Adcock, 'The Roman Republic-The Civil War', *The Cambridge Ancient History*, Vol. 9, p.665.

49) F.E Adcock, 'The Roman Republic-The Civil War'. *The Cambridge Ancient History*, Vol. 9,. p.665.

50) 티모시 메이 지음, 『몽골병법』(신우철 옮김) 대성닷컴 2009, 114쪽.

51) 『삼국사기』 권40, 무관조, "黑衣長槍末步幢主, 大幢三十人, 貴幢二十二人, 漢山二十八人, 牛首二十人, 完山二十人, 紫衿二十人, 黃衿二十人, 黑衿二十人, 碧衿二十人, 赤衿二十人, 青衿二十人, 綠衿二十四人, 共二百六十四人, 位自舍知至級湌爲之." 黑衣長槍末步幢은 幢主가 총 264명으로 신라의 군관 가운데 가장 숫자가 많다고도 볼 수 있다. 신라군에는 長槍步兵의 비중이 단연 높았다. 264개의 黑衣長槍末步幢이 존재했으며, 그것은 특수부대가 아니라 군 조직 편제의 근간을 이루는 주력병력이었다.

52) 徐榮敎, 「新羅 黑衣長槍末步幢」, 『軍史』 74, 국방부 군사연구소, 2010.

II. 통일기統一期 기병증설騎兵增設의 기반基盤

　　『삼국사기』무관조武官條를 보면 나당전쟁시기에는 물론 전후에도 신라가 급진적인 기병 증강을 단행했던 사실이 확인된다. 이것은 쓰에마스末松保和와 이노우에井上秀雄가 이미 지적한 바 있다. 쓰에마스는 나당전쟁기인 672년 기병騎兵부대 오주서五州誓의 창설을 신라의 주력군단 육정六停에 기병의 빈약성을 보완하기 위한 작업으로 보았다. 쓰에마스의 지적대로 오주서와 육정의 군관조직은 중복되는 것이 없으며, 양 조직을 합치면 구서당九誓幢의 그것과 거의 같은 모습이 된다.[1]

　　이노우에는 여기에 전적으로 동의하고 있다. 그에 의하면 육정 중 왕경王京에 주둔한 대당大幢을 제외한 지방의 5개의 정停은 오주서의 주둔지와 거의 일치하며, 이보다 앞서 태종무열왕太宗武列王 원년元年 654년에 창설된 계금당罽衿幢도 그 주둔지가 왕경王京이므로 바로 대당을 지원하는 기병부대騎兵部隊라고 한다.[2] 보병 위주의 신라주력 군단인 육정이 기병부대 계금당과 오주서의 창설로 보완된 것이다. 특히 오주서의 창설시기가 나당전쟁기인 점을 고려해 본다면 양 씨의 지적은 귀중한 암시를 주고 있다.

　　사실 나당전쟁기에 당은 대규모 기병을 동원했다. 671년과 672년에 황해도 평야지대에 나타난 당장唐將 고간高侃은 기병대장 출신이었으며[3] 당에 이끌려 남하했던 말갈족도 상당한 기병을 보유하고 있었다.

이는 675년 9월 신라군이 매초성에 주둔한 이근행李謹行의 말갈군에 승리한 후 3만 필의 말을 노획했던 것에서도 알 수 있다. 당唐이 거란 契丹을 동원하고 있는 것도 그렇다. 거란은 유목민족으로 당에 말을 공급했을 가능성이 충분히 있다.[4] 신라의 기병 증강은 당의 대규모 기병 내습에 대응하기 위한 조치 중의 하나였다.[5]

그러나, 기병 증강이 절실하다고 해서 바로 할 수 있는 것은 아니며, 상당한 기간이 소요되는 것이다. 무엇보다 여기에는 목지牧地와 말 훈련기술을 가진 인간 조직이 필요하다. 과연 신라는 그것을 실행할 수 있는 현실적 토대를 가지고 있었을까.

쓰에마스·이노우에는 이 점에 대한 고려가 전혀 없었고, 그 결과 말馬의 생산과 재생산의 현실적 토대와 관련된 중요한 기록을 간과해 버렸다. 『삼국사기』권6, 신라본기 문무왕 9년(669) 조에 보이는 174개의 목장 재분배 기사가 그것이다.[6]

재분배된 목장이 피분배자들의 배타적인 소유지가 되었는지 그 여부를 떠나, 필자가 여기서 주목하고자 하는 것은 그 목장의 재분배 비율에 있다. 174개의 목장은 왕실王室이 22개, 관官이 10개, 대아찬 이상의 진골귀족이 68개 그 이하의 관등 소지자들에게 74개가 재분배되었다. 왕실과 관官을 공적인 기구로 본다면 그것의 목장 수는 32개이며 나머지 142개는 모두 신라 지배층의 것이다. 물론 174개의 목장이 당시 신라의 모든 목장이라 할 수 없다. 그래도 이는 백제 점령 후 이루어진 것이기에 가장 큰 규모의 재분배였던 것이 확실하며, 그중 왕실과 관의 분배 비율은 전체의 18% 미만에 해당한다.

지속적이고 규모가 있는 기병 증강은 범국가적 총력 집중이 필요하다. 그렇다면 관과 왕실의 목장만으로 그것이 가능했을까. 이에 본 고에서 먼저 신라의 기병 증강 과정에 대하여 살펴보겠다. 중고기의 기병 규모에 대한 검토를 통해 672년 이후 신라의 기병 증강이 얼마나 급진적이었는지 알 수 있을 것이다. 다음으로 촌락문서村落文書에 보이는 말의 사육에 대하여 주목하고 이어서 174개의 목장 재분배에 대하여 검토했다. 그 내용은 신라 촌락 각 연烟의 말 사육의 의미와 174개 목장의 위치·분배 대상·진골귀족의 가정 조직에 등에 관한 것이다. 이러한 과정을 통해 국왕을 정점으로 하는 669년의 재분배가 어떠한 순환구조를 가지고 있는지 알게 될 것이다.

1. 기병騎兵증강 과정

그러면 먼저 『삼국사기』 초기 기록에 보이는 기병 활동에 대하여 검토해 보고자 한다. 기록의 정확성 여부를 떠나 중고기 신라의 기병 규모를 파악하기 위해 필요한 선행 작업이라고 생각된다.

1) 겨울 10월 백제가 또 구양성을 공격하였으므로 왕이 기병 2천을 보내 쫓아 보냈다(『삼국사기』 권1, 탈해이사금 8년).
2) 봄 2월 가야의 적이 마두성을 포위함으로 아찬 길원을 보내 기병 1천을 이끌고 공격하여 쫓아냈다(『삼국사기』 권1, 파사이사금 15년).
3) 가을 7월에 몸소 가야를 정벌하였는데 보병과 기병을 거느리고 황산하黃山河를 건넜다(『삼국사기』 권1, 지마이사금 4년).
4) 가을 8월에 일길찬 홍선에게 명하여 군사 2만을 이끌고 그들(백제)을 치게 하고, 왕 또한 기병 8천명을 거느리고 한수로부터 그곳에 왔다(『삼국사기』 권2, 아달라 이사금 14년).
5) 여름 4월 왜인이 갑자기 와서 금성을 에워쌌다. 왕이 몸소 나가 싸우니 적이 흩어져 도망가므로 가볍게 무장한 날랜 기병을 보내 그들을 추격하여 천여 명을 죽이거나 사로잡았다(『삼국사기』 권2, 조분이사금 3년).
6) 왜의 군사가 갑자기 풍도風島에 이르러 변방의 민가를 노략질하였

다……왕이 문을 닫고 나가지 않으니 적은 식량이 떨어져 장차 물
러가려 하였다. 강세에게 명하여 날랜 기병을 이끌고 추격하여 쫓
아버렸다(『삼국사기』 권2, 흘해이사금 37년).

탈해이사금 8년(64) 겨울 10월의 대백제對百濟 전투에 기병 2천을
동원했고, 파사이사금 15년(94) 봄 2월 대가야전對伽倻戰에 1천, 지마
이사금 4년(115) 가을 7월 대가야전에 보병과 기병騎兵을 함께 동원하
고 있다. 또한 조분이사금 3년(232) 여름 4월에 대왜對倭전투에 기병
을 동원하여 천여 명을 죽이거나 사로잡는 전과를 올리고 있다. 『삼국
사기三國史記』 초기 기록의 신빙성 여부를 떠나 신라가 이사금시대부
터 기병을 보유하고 있었던 것은 부정하기 힘들 것이다.

그러나 한편 아달라이사금 14년(167) 가을 8월에 군사 2만을 이끌고
그들(백제)을 치게 하고, 왕 또한 기병 8천 명을 동원하여 한수漢水에
진입했다는 기사를 어떻게 보아야 할까? 2만의 병력은 차치하고라도 과
연 이토록 이른 시기에 8천 규모의 기병을 신라가 보유하고 있었을까?
여기에 대한 해답을 줄 수는 없지만, 다음의 기사는 참고 된다.

7) 여름 4월에 왜의 군사들이 금성을 열흘 동안 에워싸고 있다가 식량
이 다 떨어져 되돌아 갔다…… 그러나 왕은 좌우의 말을 듣지 않고
수천 명의 기병을 이끌고 뒤쫓아가 싸우다가… (『삼국사기』 권3,
눌지마립간 28년(444)).

신라가 어느 정도 국가의 모습을 갖춘 눌지왕 28년(444)에 이르러
신라는 수천의 기병을 보유하고 있었던 것이 포착된다. 따라서 아달
라이사금 시기(2세기)에 신라가 8천의 기병을 보유했다고 보기는 힘들
것이다. 왜냐하면, 기록이 상당히 정확해진 진흥왕대에 와서야 신라가
5천 규모의 기병을 동원하고 있는 기록을 볼 수 있기 때문이다.

8) 9월에 가야가 반란을 일으켰으므로 왕이 이사부에 명하여 토벌케
   하였는데 사다함이 부장이 되었다. 사다함은 5천 명의 기병을 이끌
   고 달려가…(『삼국사기』권4, 진흥왕 23년(562).

사다함은 562년 9월 대가야 정벌 시 기병 5천을 이끌고 출전하여
상당한 전과를 올리고 있다. 당시 신라가 한강유역과 동북의 원산지
역까지 확보하여 방어해야 할 국경선이 늘어난 것을 고려한다면 기병
5천이 신라의 모든 기병 수를 의미하고 있다고 생각되지는 않으며, 그
이상이 되리라 생각된다.

그런데 이를 마지막으로 신라의 기병 활동에 대한 기록은 신라본
기新羅本紀에서 사라진다. 진흥왕 이후 신라의 군대는 더욱 확장되고
조직화한 것이 분명하며, 여기에 수반하여 기병의 증강도 충분히 상정
할 수 있지만 기록이 보이지 않는다.[7] 하지만 이와는 별도로『삼국사
기』무관 조를 보면 진흥왕대 십정十停의 창설을 출발점으로 기병 부
대의 군제화가 진행되고 있는 것을 알 수 있다.

그렇다면『삼국사기』무관 조에서 기병 부대 설치와 증설 과정을
살펴보자. 신라본기에 산견되는 그것보다 기병 부대의 창설 시기와
군관조직 그리고 군관의 구체적인 수를 전하는 무관조가 오히려 정확
하고 객관적인 자료가 될 것이다. 물론 조직의 형태나 군관의 구체적
인 숫자는 알 수 있지만, 군관이 거느린 기병의 수는 모른다. 그러나
시기별 기병 증강의 대체적인 추세는 알 수 있다.

십정은 순차적으로 설치된 것 같다.『삼국사기』권40, 직관지職官志
무관조에 십정이 진흥왕 5년에 모두 설치되었다고 기록되어 있지만,
쓰에마스의 지적대로 당시 십정 모두가 설치된 것은 아니었다.[8] 진
흥왕 5년(544) 10정 창설은 당시 신라의 영토를 참작한다면 음리화정
音里火停-경북 상주, 삼량화정參良火停-경북 달성, 소삼정召參停-경
남 함안, 이화혜정伊火兮停-경북 청송 등 4개의 정이 설치되었다고

볼 수 있다.9)

남천정南川停-경기 이천, 골내근정骨內斤停-경기 여주, 벌력천정
伐力川停-강원 홍천 등도 신라가 한강유역과 동해안의 함경남도지역
을 차지한 진흥왕 14년(553) 이후에 설치되었다고 보는 것이 합리적이
다. 결과적으로 진흥왕대 만들어진 것은 7개의 정停이었다. 십정의 1
개 부대는 삼천당 조직을 제외하면 기병 대대감隊大監 1인 기병-소감
少監 2인 기병-화척火尺 2인으로 구성되어 있다. 산술적으로 본다면
진흥왕 당시 신라의 기병군관은 35인이 된다.

물론 여기에 대하여 이론(異論)이 없는 것 아니다. 아래의 〈표 1〉
를 보면 십정의 군관조직은 영기병領騎兵 대대감계열隊大監系列과 삼
천당주계열三千幢主系列로 이분二分되어 있다.

<표 1> 십정군관조직표

십정 10개 부대 군관구성 동일	대대감	소 감	화 척	삼천당주	삼천감	삼천졸
	1	2	2	6	6	15
	영마병	영기병	영기병	착금	착금	–

이노우에는 『삼국사기』 무관 조에서 "십정十停 혹운或云 삼천당三
千幢"이라 하여 십정의 부대들이 삼천당으로 호칭된 것을 근거로 진흥
왕 5년은 십정과 구별되는 삼천당의 설치 연대로 보고 있다.10) 이문기
선생도 여기에 동의하고 있다. 그는 십정이 변화·발전하는 과정에서
이질적인 두 개의 군 관직 체계가 하나로 합쳐진 것으로 보았다. 삼천
당은 문무왕대를 전후한 시기에 그 성격 변화가 일어나고 확대 발전
되어 10곳의 지방에 주둔하게 되면서 십정 군단으로 재편되었다는 것
이다. 이문기 선생은 십정의 기병 조직을 7세기 후반을 전후한 시기에

등장한 군 조직으로 보고 있다.[11]

이노우에와 이문기의 견해를 따른다면 기록이 정확해진 진흥왕대의 사다함 5천 기병의 행방이 묘연해진다. 진흥왕 당시 신라가 상당한 기병을 보유하고 있었던 것이 확실하며, 동왕대 영토가 급격히 확장되면서 지방의 군사적 거점에 기병부대 십정의 설치도 자연스러운 현상일 것이다. 십정이 진흥왕 5년에 설치된 것으로 기록한『삼국사기』무관조의 기사를 부인할 수 있는 어떠한 근거도 없다.

오히려 여호규 선생의 지적대로 보병 중심의 육정이 기병부대 십정 관련부대들을 군령권 속으로 포섭하면서 작전을 수행했을 가능성이 높다.[12]〈표 4〉를 보면 육정은 지극히 보병 위주의 편제를 하고 있었다는 것을 알 수 있다. 육정에 유일한 기병 관계 군관인 보기당步騎幢에도 일부 보병을 포함한 기병이다.

이후 100년이 지난 태종무열왕 원년(654)에 가서 기병부대 계금당이 왕경에 창설되었다. 계금당은 제감弟監 1인과 감사지監舍知 1인에 기병 대대감 1인·기병 소감 1인·기병 화척 7인·저금기당주著衿騎幢主 6인·저금감著衿監 6인으로 이루어진 조직으로 기병 군관은 총 21인이었다. 기존의 십정 군관 조직을 고려한다면 상당한 기병 증강으로 생각된다. 이보다 앞서 진평왕 13년(591)에 기병부대 사천당四千幢의 창설이 있었다. 하지만 저금기당주 3명과 그 부관인 저금감 3명으로 6인의 기병 군관으로 구성된 점을 생각한다면 대규모 기병 증강은 아니다.

그런데 672년에 창설된 기병부대 오주서의 군 관수는 총 67명으로 10정 35인, 사천당 6인, 계금당 21인을 모두 합친 61명을 상회한다. 우선〈표 2〉를 보자.

<표 2> 오주서군관조직표

군관 부대	대대감 (영기병)	소 감 (영기병)	소 감 (영보빙)	화 척 (영기병)	저금기당주	저금감
청 주 서	1	3	9	2	6	6
완산주서	1	3	9	2	6	6
한산주서	1	3	9	2	6	6
우수주서	-	-	-	-	3	3
하서주서	-	-	-	-	4	3

<표 3> 구서당군관조직표

부대명 군관직명	녹금 서당 진평 5 (583) 신라인	자금 서당 진평 47 (625) 신라인	백금 서당 문무 12 (672) 백제인	비금 서당 -장창당 -문무 12 (672) 신라인	황금서당 신문 3 (683) 고구려인	흑금 서당 신문3 (683) 말갈인	벽금 서당 신문6 (686) 보덕 성민	적금 서당 신문6 (686) 보덕 성민	청금 서당 신문8 (688) 백제 殘民	관 등 규 정
장 군	2	2	2	2	2	2	2	2	2	진골각 간- 급찬
대 관 대 감	4	4	4	4	4	4	4	4	4	진골6- 13 차품6- 11
대대감 (영마병)	3	3	3	-	3	3	3	3	3	6-13
대대감 (영보병)	2	2	2	4	2	2	2	2	2	6-13
제 감	4	4	4	4	4	4	4	4	4	10-13
감 사 지	1	1	1	1	1	1	1	1	1	12-13
소 감 (속대관)	13	13	13	13	13	13	13	13	13	12-17
소 감 (영기병)	6	6	6	3	6	6	6	6	6	12-17
소 감 (영보병)	4	4	4	8	4	4	4	4	4	12-17
火 尺 (속대관)	10	10	13	10	13	13	13	13	13	12-17

(영기병)	6	6	6	-	6	6	6	6	6	12-17
(영보병)	4	4	4	8	4	4	4	4	4	12-17
군 사 당 주	1	1	1	1	1	1	1	1	1	7-11
대 장 척 당 주	1	1	1	1	1	1	1	1	1	7-11
보 기 당 주	4	4	4	-	4	4	4	4	4	8-13
저 금 기 당 주	18	18	18		18	18	18	18	18	8-13
흑의장창말보당주	24	20	-	-	20	20	20	20	20	6-13
군 사 감	2	2	2	2	2	2	2	2	2	11-13
대 장 척 감	1	1	1	1	1	1	1	1	1	10-13
보 기 감	4	4	4	-	4	4	4	4	4	11-13
저 금 감	18	18	18	-	18	18	18	18	18	11-17

<표 4> 6정군관구성

부대명 / 군관직명	대당	귀당-상주정	한산정	완산정	하서0정-실직정	우수정-비열홀정	설치연대	관등규정
장 군	4	4	3	3	2	2	-	진골상신-상당
대관대감	5	5	4	4	4	4	549	진골(6)-(13) 차품(6)-(11)
대 대 감 (영보병)	3	2	3	2	-	2	-	(6)-(11)
제 감	5	5	4	4	4	4	562	(10)-(13)
감 사 지	1	1	1	1	1	1	523	(12)-(13)
소감 속대관	15	15	15	13	12	13	562	(12)-(17)
소감 영보병	6	4	6	4	-	4		

화척	속대관	15	10	10	10	10	10	–	(12)-(17)
	영보병	6	4	6	4		4		
군사당주		1	1	1	1	1	1	524	(7)-(11)
대장척당주		1	1	1	1	1	1	–	(7)-(11)
보기당주		6	4	6	4		4	–	(8)-(13)
흑의장창말보당주		30	22	28	20		20	–	(9)-(13)
군 사 감		2	2	2	2	2	2		(11)-(13)
대장척감		1	1	1	1	1	1	–	(10)-(13)
보 기 감		6	4	6	4	–	4	–	'(11)-(13)

　물론 이문기 선생의 지적대로 문무왕 12년(672) 이전에 청주菁州와 완산주完山州에는 〈오주서〉가 설치되지 않았으므로, 당시 청주서菁州 誓와 완산주에는 〈오주서〉가 존재하지 않았을 가능성이 크다.13) 672 년 기병부대 오주서 창설은 한산주서漢山州誓·우수주서牛首州誓· 하서주서河西州誓에 국한된 규모였을 것이다. 또한 하서주서나 우수 주서가 영기병 대대감계열(대대감-소감-화척)이 부재한 각각 6명과 7 명의 기병 군관의 증설에 그쳤다. 그래도 『삼국사기』 무관 조에 보이는 기병 군관의 증설 과정을 감안했을 때 672년 오주서 창설은 기존의 기 병 그것에 비해 파격적인 증설이다.

　나당전쟁 후 신문왕대의 기병 증설은 더욱 급진적이다. 청주와 완 산주가 완성되는 동왕대에 청주서와 완산주서가 설치되었을 것이고, 이 시기에 와서 구백제 영역에 위치한 십정의 고양부리정古良夫里停- 충남 청양, 거사물정居斯勿停-전북 임실, 미다부리정未多夫里停-전남 나주 등에도 설치되었을 것이다. 뿐만 아니다. 9개 부대 중 7개가 672 년 이후에 완성된 구서당은 각 부대에 영기병 대대감 3명·소감 6명·화척 6명, 저금기당주 18명·저금감 18명이 배치되어 있다. 이는 총 [(3+6+6+18+ 18)×8=408+장창당(長槍幢) 기병 소감 3]= 411명의 규모로 오주서의 6배 이상이다(〈표 3〉).[14]

여기서 672년 이전에 창설된 녹금서당과 자금서당의 그것을[(3+6+6+18+18)×2=102] 제외하고 그 후에 증설된 기병 군 관직을 계산해 보면 구서당 7개 부대 306명의 기병 군관이 증설되었음을 알 수 있다. 여기에 오주서의 67명, 구백제 지역에 설치된 십정의 3개 부대의 15명 등을 합산하면 총 452명에 이른다. 물론 452명은 기병 군관에 해당하는 것이며, 그 아래에 배속된 기병졸(騎兵卒)들을 고려해 본다면 엄청난 기병 수가 될 것이다. 실로 672년 이후에 신라의 기병 증강은 가히 급진적이라 할 수 있겠다.

보병 위주로 이루어진 신라군은 기병에서 수적·양적으로 당군에 비해 열세였다. 더구나 보병은 움직일 때 그 대열이 흩어지기 쉬워 이때 기병의 역습을 받으면 치명적이다. 보병은 수동적이고 기동성이 떨어지며, 기병 없이는 어떠한 실질적인 공격이 불가능가고 적을 실질적으로 제압하기 어렵다.

그렇다면 672년 이후의 신라의 급진적인 기병 증강을 가능하게 한 현실적 기반은 무엇인가? 물론 668년 신라가 고구려를 멸망시킨 후 많은 말을 노획했을 가능성도 있으며, 675년의 매초성 전투에서는 노획된 3만여 필의 말이 신라 기병 증강에 직접 이바지했던 것도 생각해 보아야 한다.

매초성에서 말갈군을 지휘한 이근행은 당의 유주 출신이고 그의 병력도 이 지역과 가까운 곳의 말을 사용했을 가능성이 크다. 유주지역의 말이 질이 좋았다는 것은 이론의 여지가 없다. 나당전쟁기에 참전한 기마민족, 거란족의 말도 대규모로 동원되었을 가능성도 있다. 전시에 말이란 소모품이며, 병참을 통해 지속해서 보급을 받아야 전쟁이 가능하다. 물론 거란 말의 질도 상당했을 것이다.

그러나 말을 관리하고 지속적으로 생산·보급할 수 있는 재생산 구조 없이는 말 노획은 의미가 없다. 우리는 여기서 신라 촌락 문서에 보이는 말의 존재에 주목할 필요가 있다. 왜냐하면, 촌락 문서에 보이는 말은 군용이며, 국가에서 각호에 배정하여 사육시켰을 가능성을 타진하는 견해[15]가 일찍이 제기되었기 때문이다. 무엇보다 이 문서는 최근에 695년에 작성된 것으로 판명된 바 있어,[16] 나당전쟁 후 신라의 말 사육 상황을 전해주는 귀중한 자료이다.

2. 촌락문서에 보이는 말사육馬飼育

지금까지 촌락 문서에 보이는 우마牛馬의 수가 연烟과 인人의 수에 비해 지나치게 많다는 지적이 있었다. 사실 문서상 소·말의 촌락별 보유는 평균 13두를 넘는다. 4개 촌락에 모두 우마가 사육되고 있다. 특수촌의 것인지 일반촌의 것인지 확실하지는 않지만, 이 촌락문서가 당시 신라 사회가 말의 생산과 관리에 박차를 가하고 있는 것을 반영하고 있지는 않을까. 문서에 보이는 말에 관한 기록만 발췌하면 다음과 같다.

A촌.
말은 모두 25마리인데, 옛 부터 있었던 것이 22마리이고, 지난 3년 사이에 늘어난 말이 3마리이다.......
없어진 것이 확실하기 때문에 보고하는 말은 모두 2마리인데, 모두 죽었다.

B촌.
말은 모두 18마리인데, 옛 부터 있었던 것이 16마리이고, 지난 삼년

사이에 늘어난 말이 2마리이다.

C촌.

말은 모두 8마리인데, 옛 부터 있었던 것이 4마리이고, 지난 삼년 사이에 가加한 말이 4마리이다..........

없어진 것이 확실하기 때문에 보고하는 말이 모두 4마리인데 매여 賣如했다고 보고한 말이 3마리이고, 죽었다고 보고한 말이 1마리이다.

D촌.

말은 모두 10마리인데, 옛 부터 있었던 것이다.........

없어진 것이 확실하기 때문에 보고하는 말이 3마리인데, 매여했다고 보고한 말이 1마리, 죽었다고 보고한 말이 1마리, 돌아가 버린 연烟이 가져갔다는 말이 1마리이다.

신라 촌락문서에서 말에 대하여 가장 먼저 주목한 사람은 하타다 타가시旗田巍이다. 그는 말이 호구 다음의 순서로 전답·수목보다 더 중요시되었으며, 군용외 교통·운수의 용도를 가졌을 것이라는 점, 그 보유 상황이 과도한 감을 준다는 점 등을 지적했다. 말의 소유관계에 대해서도 D촌에 보이는 회연마廻烟馬 등의 기록을 근거로 사유私有의 가능성을 배제하지 않았으나 모두를 사유라고 보기는 어렵다고 하였다. 이때 말은 군용이며, 국가에서 각 호에 배정하여 사육시켰을 가능성이 있다고 한다.[17]

이점 아카시 카즈明石一紀도 찬동하고 있다. 그에 의하면 말은 정수 丁數와 밀접한 비례 관계를 가지며, 따라서 국가가 각 연에 사육시킨 것 다름 아니라고 했다. 말의 용도는 군사역역力役에 한정되며, 회연마는 일단 사유마私有馬로 보고 이런 일부의 사유마도 사육 의무로 규정되는 말의 수에 포함하여 처리했을 것이라고 하였다. 대부분의 말은 관마官

馬였으며 사유마가 있다고 해도 극히 소수였다는 것이다.[18] 하타다와 아카시 양씨의 견해는 695년에 작성된 것으로 확인된 신라 촌락문서에 나타난 과도한 말 사육이 나당전쟁 후 신라의 급진적인 기병증강과 결코 무관하다고 볼 수는 없다는 필자의 추측과 부합된다.

여기에 반해 타께다 유끼오武田幸男는 촌락 문서에 보이는 우마를 모두 사유로 보고 있다. 그는 문서 기록상 말이 일방적으로 매출만 되고 있다는 사실에 주목하여 매수買收의 주체를 국가기관國家機關으로 보고 가마加馬는 단순한 자연증가의 결과만으로 볼 것이 아니라, 그 이면에 국가기관에 의한 장려 정책이 있는 것으로 상정해 볼 수도 있다고 한다.[19] 타께다 유끼오는 여기서 더 이상의 상세한 검토는 하지 않았다.

타께다의 사유설에 대하여 전적으로 찬동하고 있는 연구자는 이희관이다. 그는 말들이 촌민들의 역役과 관련이 깊었을 가능성을 제시했다. 촌민들이 역역과 군역軍役 어느 쪽과 관련이 있는지 또는 양자 모두와 관련이 있는지 알 수 없지만, 촌민들은 자신들에 부과된 역과 관련하여 국가의 지시에 따랐다는 점만은 충분히 이해할 수 있다고 하였다. 한편 만일 군역과 관련이 있다면 그 촌민들은 마병馬兵의 임무를 수행했을 것으로 보았다.[20]

이희관 선생의 지적대로 말을 소유한 촌민들이 군역을 수행했다면 마병이 되었을 가능성이 있다. 그러나 그들은 말을 탄 보병이지 마병은 되지 못한다. 대부분의 농민은 달리는 말 위에서 칼·창·활을 자유롭게 사용할 수 있는 기술을 가지고 있지 않다고 보아도 좋다. 그들은 말을 타고 이동할 수 있을 뿐, 말 위에서 전투할 능력은 없다. 기사騎射는 어릴 적부터 훈련을 지속적인 받은 자들이나 가능하다. 말을 가지고 역역을 수행한다고 해도 마찬가지다. 말을 다룰 줄 아는 기술은 농경사회에서 습득하기 쉽지 않기 때문이다. 그때에도 그렇겠지만 지금도 젊은 말馬는 전문적 조련사의 말을 잘 듣지 않는다.21) 농민들이 말 사육은 할 수는 있지만, 말을 이용한 역을 수행하기는 쉽지 않다.

한편 이인철 선생에 의하면 상당히 많은 수의 우마가 촌락문서의 기재 양식을 벗어나서 유출되거나, 촌락 장적에 파악되지 않은 듯하다고 한다. 그는 A촌의 전식년의 말의 수가 22필로, 그 가운데 3분의 2에 해당하는 14필의 말이 성년 말이고, 다시 그 절반이 암컷이라고 가정을 한 후 다음과 같은 논지를 전개하고 있다. 말은 3살 이상이 되면, 매년 새끼를 낳으며, 따라서 매년 7필의 새끼 말이 증가하며, 그럴 경우 3년 동안 말의 증가수는 21필이 되어야 한다고 한다.

그런데, 촌락 장적에는 감소한 2필의 말을 더하더라도 증가한 수는 7필 밖에 되지 않으며, 결과적으로 감소한 사정을 기록한 말을 제외하고도 14필의 말이 행방불명이라는 것이다. 또한, 이인철 선생은 행방불명으로 파악된 우마는 국가에 공납으로 바쳐진 숫자가 아닐까 추측하며 우마의 징발은 6년 단위로 이루어졌고, 촌에 우마 증가율이 낮은 까닭은 전식년에 많은 수의 성년 우마들이 공납으로 바쳐졌기 때문이라고 보았다. 소는 잡조雜調로 바쳐지고, 말은 군마 혹은 역마驛馬로 바쳐지거나 왕실에 바쳐졌을 것이라는 것이다. 이인철 선생은 촌락에서 생산된 말은 농민들의 사유인 것이 분명하며, 그것이 국가 군마 혹은 역마로 국가에 조調로 바쳐진 것으로 보았다.22)

촌락 문서에 보이는 말이 잡마雜馬가 아니고 군마나 역마라고 한다면 그것은 매우 엄선되고 훈련된 동물이어야 한다. 따라서 수말은 소수의 종마만 남기고 대부분이 거세되며, 좋은 암말만이 교배에 선택될 뿐이다. 암내를 풍기는 모든 암말을 임신시켰다고 보아서는 안 된다. 끊임없는 선택 교배 없이는 인간에게 도움이 되는 양마의 생산은 불가능하다. 따라서 A촌에 14마리의 말이 성년 말이고, 그중 7마리의 암말이 해마다 임신을 해서 망아지를 낳았다고 보는 기계적이고 산술적인 가정은 명백한 오류이다.

앞서 언급한 바와 같이 나당전쟁기에 대륙의 대규모 양마 유입이 신라 말의 질을 상승시켰다는 것은 이론의 여지가 없다. 신라는 양마의 질을 유지하기 위하여 본국의 키가 작은 토종마와 교배를 피했을 것이다. 촌락은 선택 교배의 장이 되지 못한다. 그것은 혈통이 좋은 종마와 교배에 대한 전문적인 지식을 가진 목자들이 상주하는 목장에서 이루어졌을 것이다.

무엇보다 문서에 보이는 말의 경우 3년 동안 '가加한' 것을 말이 망아지를 출산했다고 단정할 수도 없다.23) 촌락문서에서는 사람이 출산한 것을 '삼년간중산三年間中産'이라고 표현하고 있다.24) 말이 망아지를 출산했다면 가加가 아니라 산産으로 표현해야 한다. 따라서 말의 가加했다고 한 것은 외부에서 유입되었다고 보는 것이 합리적일 것이다.

죽은 말이 4개 촌에서 4마리이고 매여賣如한 것이 4마리이며, D촌에서 돌아가버린(회거廻去) 연烟이 1필을 가져가 버렸다. 문서상 증가한 말은 모두 9필이지만 감소한 말 또한 9필에 달한다. 3년 동안 전체적으로 보았을 때 제로이다. 자연감소가 4마리이고 인위적 감소가 5마리이다. 말을 인위적으로 유출한 것은 아마도 4개 촌락에서 말을 부양할 인력과 토지의 적정 수준을 고려해서가 아닌가 한다. 4개의 촌에서 항상 52마리의 말을 사육·유지하는 것으로 생각된다.

한편 이태진 선생은 문서의 촌락들이 왕실과 관련이 있는 것으로 보는 견해는 일찍부터 제기되었기 때문에 669년의 목장 재분배 조치에서 왕실의 마거가 22개나 설정된 것은 문서의 촌락들의 말을 마거 제도와 연관지어 볼 수 있는 근거가 된다고 한다. 문서의 촌락들이 왕실과 관련이 있는 것으로 보는 견해는 기무라木村誠/와 타께다 그리고 김기홍 선생에 의해 일찍이 제기되었으며, 이러한 견해들을 일단 취하게 되면 의외로 많은 수의 말이 왕실 소유였다는 것이 자연스럽게 이해가 된다. 단 이러한 가정은 목마장과 촌락의 관계를 밝히거나 목마장 제도가 어느 시기에 촌락별 사육방식으로 바뀌었는지에 대한 해명이 따라야 한다고 한다.[25]

이태진 선생에 의하면 신라통일기 목마장은 해도海島에 많았다는 기존의 편견이 촌락 내의 집단적인 말 사육을 누구도 상정하지 않게 했다고 한다. 『고려사』 병지 2, 마정 조를 근거로 하여 고려중기까지도 해도보다 내륙에 목마장이 많았으며, 충렬왕 이후에야 해도의 그것이 증대한다고 한다. 신라 통일기에 해도에 목마장이 없다고 할 수 없지만, 내륙 그것보다 소수였으며, 특히 공적인 인력에 의존하는 왕실마·관마 등의 경우는 거주지와 가까운 곳에 있는 것이 원거리에 있는 해도보다 훨씬 유리했다는 것이다.

나아가 이태진 선생은 왕실의 목장이 처음부터 문서에서 보는 바와 같은 형태였든지 아니면 애초에는 별도의 목마장을 두었다가 나중의 어느 시점에 촌락 내의 목마장 형태로 바뀌었다고 보았다. 한마디로 말해 목마장은 해도보다 내륙의 촌락에 있었다는 것이다. 이것이 바로 왕실직속 촌락의 과다한 말 보유에 대한 그의 원인 해명이었다.[26]

그러나, 이인철 선생의 지적대로 문서에 보이는 촌락에 말이 많다고 하여 그곳을 목마장으로 보기는 힘들다. 목마장이라고 하기에는 우마의 수가 너무 적다. 따라서 이들 촌의 말은 개별연이 사육했다고 보아야 한다.[27] 앞서 언급한 바와 같이 말은 정수와 밀접한 비례 관계를 가지며, 따라서 국가가 각 연에 사육시킨 것에 다름 아니라고 본 아카시明石의 지적은 정당하다.

촌락을 목마장으로 볼 수 없는 이유는 또 있다. 장적에서 알 수 있듯이 문서상 조련사를 떠올리게 하는 어떠한 인간에 대한 그 어떤 기록도 보이지 않으며, 촌락에 그러한 조련사가 있을 리 만무하다. 촌락

에 있는 농민들이 말을, 특히 전마戰馬로 훈련시킬 수 있는 조련 기술
이 없다는 것은 너무나 자명하다. 농민들은 방목보다는 수확을 위해
서 땅을 사용하기 때문에 말의 건강을 돌보고 살을 찌워 근력을 극대
화시킬 수 있을 뿐이다. 촌락은 말을 먹이는 사육장에 불과하다.

문서에 보이는 말에 대한 기재 방법은 본래부터 있었던 것을 기록
하는 항과 변동 상황을 기록하는 항으로 나누어져 있다. 우마가 본래
얼마 있었으며, 후에 그것의 숫자가 어떻게 변동되었고 그 이유가 무
엇인지 명확히 밝혀놓았으며, 그것은 일일이 보고되었다. 하여 말 관
리가 철저히 이루어지고 있는 것이다. 이러한 보고 체계는 보고를 받
는 쪽의 강한 소유 의식에 따른 것이 명백하다. 따라서 말의 사육은
농민들에게 의무로 부과된 것이었을 가능성이 크며,28) 그것도 외부의
목장에서 이미 훈련된 말을 그렇게 했을 가능성이 크다29). 다시 말해
목장에서 훈련된 말이 촌락으로 옮겨져 그야말로 단순히 사육되었고,
철저히 관리되었다.

문서에 보이는 말은 군용이며, 국가에서 각호에 배정하여 사육시켰
을 가능성이 있다고 한 하타다와 아카시明石의 지적은 정당하다. 무
엇보다 필자는 하타다의 선입관 없는 통찰력에 경의를 표하고 싶다.
나당전쟁이후 급진적인 기병 증강과 그것을 유지하기 위해 국가가 촌
락민들에 대해 말馬의 위탁사육을 시켰을 가능성이 작지 않기 때문이
다. 목장에서 생산된 말이 신라 국가의 기병부대에 배치되었다고 해
도 그것을 모두 사육하고 유지하는 데 막대한 비용이 소요된다. 현대
의 기름을 먹는 기계장비들은 격납고에 보관할 때 기름이 들지 않는
다. 하지만 살아있는 짐승은 죽을 때까지 계속 먹는다. 따라서 국가는
일반 촌락의 농민들에게 말 사육의 의무를 부과했을 가능성이 크다.

이태진 선생은 문서의 촌락이 의외로 많은 수의 우마를 보유할 수
있었던 것은 왕실 직속촌락이기 때문이라고 하였다. 필자는 이 점에

대해서 반대할 의사가 전혀 없으며, 문서에 보이는 말들이 왕실의 소유라는 점을 인정해 주고 싶다. 하지만 당시 신라에서 왕실 직속촌만이 많은 수의 우마를 소유했다고 볼 수만은 없다. 신라 전 국토에는 통일기에 오주서, 십정 등에 급진적으로 증강된 기병부대들이 배치되었으며, 그 기병들 유지를 위한 말 사육 역시 신라 전역의 일반 촌민들에게 부담을 지우는 것이 피할 수 없는 사실이었기 때문이다.

왕실 직속 촌락의 말 보유와 왕실 목장 22개를 상호 연관지어 본다고 해도[30] 그렇다. 669년 목장 재분배 기사를 보면 신라에는 왕실 직속의 목장 22곳 외에 신라 지배층에게 속한 것이 152개나 더 있다. 다시 말해 왕실 목장에서 생산된 전마나 역마가 왕실직속 촌락에서 사육되었다고 볼 수 있다. 하지만 왕실 목장보다 절대 다수의 많은 다른 목장들이 존재하는 한, 신라 일반 촌락의 전부는 아닐지라도 일부에서는 상당수의 말을 사육했을 가능성을 배제할 수 없다.

촌락의 말 사육과 목마장에서의 말 증식·훈련 양자의 관계를 밝히는 데 있어 669년 174개의 목장(마거馬阹) 재분배 기사에 주목할 필요가 있다. 말의 재생산 구조는 통일기 급진적인 기병 증강은 물론 그것을 유지시키는 전제이기 때문이다. 통일 후 신라의 대규모 기병 증강과 목장의 확대 그리고 촌락의 사육은 서로 무관하다고 생각할 수 없다.

3. 목장 재분배와 진골귀족의 가정조직

1) 목장의 위치

앞장에서 신라의 기병 증강 과정을 살펴보았다. 이제 말이 재생산되는 목장馬阹의 위치, 마거의 재분배 대상, 나아가 나당전쟁 이후 급진적인 기병 증강의 시대적 배경에 대하여 고찰해보자. 669년의 목장 재분배 기사는 다음과 같다.

말 먹이는 목장이 무릇 174개가 있는데, 왕실에 22개, 관청에 10개 속하게 하였다. 그리고 김유신 태대각간에게 6개, 김인문 태각간에게 5개, 이찬 5명에게 각 2개, 소판 4명에게 각 2개, 파진찬 6명과 대아찬 12명에게 각 1개를 하사했다. 이하 74개소는 적당이 나누어 주었다.(三國史記』 卷6 文武王 9年 조 "領馬阹凡 一百七十四所, 屬所內二十二官十 賜庾信太大角干六仁問太角干五 伊湌五人各二 蘇判四人各二 波珍湌六人 大阿湌十二人各一 以下七十四所 隨宜賜之").

여기서 174개의 목장은 적어도 지금의 남한 지역의 도서지방을 모두 포괄한다고 볼 수 있다. 조선시대에 가장 많은 수의 목장 분포 상황을 기록하고 있는『증보문헌비고』에도 총 171곳이 보인다. 이것도 서남해안 거의 모든 도서를 포함하는 것이었으며,[31] 신라의 174개 목장과 거의 일치하고 있다.[32] 174개의 대규모 목장의 확보는 백제지역의 점령이 가져다 준 결실이 아니고서는 불가능했을 것이다. 이는 일승 엔닌圓仁의 일기를 보아도 알 수 있다.

846년 9월 일승日僧 엔닌圓仁은 무주武州 전남도서島嶼지역에서 신라 제3 재상宰相과 내가內家의 목장을 목격한 바 있다.

오전 6시 경에 무주 남쪽 황모도 개펄에 배를 대었는데, 이곳은 구초도丘草島라고도 부른다.…… 이곳은 신라의 제3 재상이 말을 키우던 곳이다(『입당구법순례행기』 847년 9월 6일).
오전 6시 경에 안도에 머물러 잠시 쉬었다. 이곳은 신라의 남쪽지방으로서 왕실內家의 말을 기르는 산이다(『입당구법순례기』 847년 9월 8일).

9년간 당에서 체류한 일승 엔닌은 재당 신라인들의 도움을 받아 일본으로 귀국할 수 있었다. 엔닌 일행의 출발지는 산동반도의 적산포였고, 몽고에서 늦가을에 불어오는 북서풍을 타고 신라의 서남해안을 지나가게 되었다. 이렇게 중대말中代末의 사실을 전하는[33] 『신당서』 권220을 보아도 신라 재상가新羅宰相家는 '**축목해중산畜牧海中山**'이라 하여 신라 도서지방 목축에 대하여 언급하고 있다. 초원에서 목축하는 것을 봐왔던 당나라 사람들에게 다도해多島海 지방의 목축이 특이하게 보일 수밖에 없었고, 그것을 특기했을 것이다.

신라가 서남해안의 섬을 목장으로 사용한 증거는 또 있다. 『삼국사기』 권43, 김유신전金庾信傳 하下를 보면 **성덕왕聖德王 702-737**이 김유신의 **적손嫡孫 윤중允中**에게 **절영산絶影山(부산釜山 영도影島)**의 말 한 필을 하사한 기록이 보인다. 부산시釜山市 영도구影島區가 신라 왕실의 목장이었음이 명백히 드러난다.

669년 목장 재분배는 신라가 백제지역을 병합한 후 이루어졌다. 사실 통일 이전 신라의 서해안 도서는 고구려와 백제의 양면 공격을 받을 수 있는 위치이므로 목장으로 사용하기 쉽지 않았을 것이다. 다만 절영산의 경우에서 알 수 있듯이 경상도 지역의 남해안 도서 지역에는 신라가 목장을 가지고 있었다. 그래도 이와 같은 대규모 목장의 확보는 백제지역점령이 가져다준 결실이 아니고서는 불가능하며, 이 목장들은 주로 무주(전남 도서)를 중심으로 서남해안에 있었을 것이다.

2) 재분배 대상

그 사여 내용을 보면 소내所內에 22개소, 관官에 10개소, 김유신과 김인문을 비롯한 대아찬 이상의 진골귀족들에게 68곳이 부여되었고, 나머지 74개소는 '**수의사지隨宜賜之**'되었다. 그렇다면 74개소의 목장은 어떤 사람들에게 분배되었을까. 669년의 목장馬阹 재분배再分配 기사에서 분배의 기준이 관등이었음을 알 수 있다. 대아찬 이상에게 68곳이 부여되었다. 나머지 74개소는 아찬 이하의 관등 소유자에게 분배되었을 공산이 크다. 그들의 신분은 6두품 이하의 귀족이 될 수도 있다.

그러나『삼국사기』권33, 잡지2 옥사屋舍에 마구간의 크기에 대한 규정을 보면 6두품 이하의 귀족들이 목장을 소유했을 가능성은 희박하다. 육두품六頭品은 말 5마리, 오두품五頭品은 말 3마리, 사두품四頭品에서 백성百姓까지는 말 2마리 이상을 넣을 수 있는 마구간을 지을 수 없다고 하는 기록이 그것이다. 여기서 진골眞骨귀족에 대한 제한 규정은 없다. 이는 하대의 기록이지만 진골귀족만의 독점적 목장 소유와 관련하여 귀중한 단서가 된다. 다시 말해 나머지 74개의 목장도 아찬 이하의 진골귀족들에게 분배되었다는 유력한 단서를 제공해 주고 있다. 그렇다면 왜 진골귀족만이 목장 사여의 대상이 되었을까?

목장을 유지하고 관리할 수 있는 능력이 있는지가 그 사여 대상을 결정했던 것은 아닐까. 필자가 이렇게 생각하는 것은 가장 많은 목장이 분배된 내성內省의 경우 공봉승사供奉乘師나 본피목숙전本彼苜蓿典, 한지목숙전漢祇苜蓿典 등 말을 관리하는 조직이 있었기 때문이다. 또한 10개의 목장을 분배 받은 관官의 경우도 그 관리부서 승부乘府가 있었다.

우리는 여기서 중고기中古期의 녹읍祿邑 사여 대상을 진골귀족으로 한정해서 본 노태돈 선생의 지적을 참고할 필요가 있다. 그는 중앙에 고위관등을 가진 귀족 관료들은 자신의 독자적인 수취체계를 가지고 있었음에 틀림이 없다고 한다.[34] 이는 전덕재 선생에 의해 보강되었다. 그는『고려사』권2, 태조 17년 조의 녹읍 기사를 근거로 들어 녹읍을 지급받은 관리들은 가신家臣이나 노비奴婢 등 그와 사적私的 관계에 있는 사람들을 보내 수취하였으며, 이러한 조건을 갖출 수 있는 관리들은 진골귀족에 한정된다고 했다.[35] 녹읍에 관한 것이지만 이점 목장 운용과 관련하여 필자에게 시사해 주는 바가 크다. 앞서 잠시 언급한 다음의 사료를 다시 주목할 필요가 있다. 중대말의 상황을 전하는 『신당서』 권202의 기사[36]를 보자.

재상가는 녹이 끊이지 않고 노동奴童이 3천 명이며 갑병甲兵, 소, 말, 돼지의 숫자도 이에 맞먹는다.
바다 가운데 있는 산에서 목축하고 필요할 때 활로 쏘아 잡는다.

여기서 말하는 재상가는 이기백의 지적대로 진골 이상 중앙의 대귀족을 가리키는 것이며,[37] 이 자료에서 목장과 이것을 관리하고 유지하는 인간조직 그리고 여기서 재생산되는 가축들을 한눈에 볼 수 있다. 특히 노동奴童 3천은 진골귀족의 가정에 예속된 노동력임에 틀림이 없다. 진골귀족이 목장을 소유하고 있는 한 노동 가운데는 말을 훈련 할 수 있는 사람들이 있었을 가능성이 크다.

『고려사』 권82, 병지3을 보면 고려의 목장 조직은 목감牧監-노자奴子의 구조로 되어 있는데, '노자奴子' 1명은 4필의 말을 생산 관리하고 훈련시키는 책임이 있었다고 한다. 남도영의 지적대로 고려의 목감제는 당의 영향을 무시할 수가 없다. 『구당서』 권44, 직관3을 보면 목감이 상중하 3개로 나뉘어져있고, 상목감은 5천필, 중목감은 3천필 이상, 하목감은 1천 필 이상의 말을 책임지고 있었다. 4필 단위로 노자奴子 1인을 배정한 것을 고려한다면 제諸목감은 1250명에서 250명에 이르는 노자를 거느리고 있었던 것으로 추측된다.[38] 신라의 경우 목장이 진골귀족에게만 사여된 것은 그들만이 관리하고 유지할 수 있는 규모의 인간조직(노동奴童)을 가지고 있었기 때문일 것이다.

유목민은 자신의 생명 유지를 위해 사육하는 가축 외에도 말과 낙타와 개를 기른다. 가축들의 역할은 양이나 소처럼 식량이나 의류를 공급하는 것이 아니고 목축 일을 돕는 것이다. 이 보조적인 동물은 유목민의 걸작품이다. 말, 개, 낙타의 힘을 빌리지 않으면 유목민의 놀라운 재주는 발휘되지 않는다. 양이나 소는 인간에게 도움이 되기 위해서 다만 길들이기만 하면 되지만, 말, 개, 낙타는 길들일 뿐만 아니라 훈련을 해야 한다. 비인간적 협력자를 길들일 뿐만 아니라 개발된 훈련 기술은 유목민의 최대의 업적이다.39) 정주사회에서 이 유목민의 기술을 소유하고 있는 계층은 최상층에 한정될 수밖에 없다.40)

669년 신라 국왕은 왕실·관·신라 지배층에게 말의 재생산 기반인 174개의 목장을 재분배했다.41) 목장이 피분배자들의 배타적인 소유지가 되었는지 아닌지를 떠나, 문제의 핵심은 그 재분배 비율에 있다. 후술한 바와 같이 174개의 목장은 왕실이 22개, 관이 10개, 대아찬 이상의 진골귀족이 68개 그 이하의 관등 소지자들에게 74개가 재분배되었다. 왕실과 관을 공적인 기구로 본다면 그것의 목장 수는 32개이며 나머지 142개는 모두 진골귀족의 것이다.

672년 이후 신라의 452명에 해당하는 기병군관조직의 급진적인 증강에 말을 재생산할 수 있는 다수의 목장을 가진 진골귀족들의 기여가 있었던 것은 아닐까? 여기서 말하는 452명은 기병 조직을 이끄는 군관들의 숫자만 해당하는 것이고 일반 기병 병졸로 환산한다면 엄청난 숫자가 될 것이다. 말을 사육·생산하는 데는 많은 인력과 상당히 긴 훈련 기간이 필요하다.42) 그리고, 말의 능력을 수준급으로 높이는 기술에는 전문성이 요구된다.43) 신라 중앙 관官이 통일한 그 시기에는 대규모의 기병 증강에 필요한 전마를 생산하고 훈련할 수 있는 충분한 수의 조련사 조직을 소유하지 못했을 것이다. 말 조련사의 확충은 일반인을 일정기간 징발하는 것과는 성격이 전혀 다르다. 어린 시절부터 목축은 물론 말을 조련하는데 몸이 단련된 사람이 말 조련을 할 수 있는 것이다. 다시 말해 유능한 조련사는 하루아침에 만들어 질 수 없다. 한편 관官이 유능한 조련사를 지속해서 모두 부양하는 것 또한 어려운 문제다.

진골귀족 소유의 전문기술집단에 대해 이성시李成市의 견해를 들어보자. 그는 통일신라시대의 진골귀족은 풍부한 경제적 기반 위에서 자신의 수요를 위해 공방을 소유하고 있었음이 분명하며, 그들은 각각 가정기관을 갖추고 많은 사람을 예속했다고 한다. 또한 그 가운데 어떤 특정 진골귀족은 왕실의 내정內廷에 견줄 만한 기구를 보유 했다고 본다. 그 가정기관에는 국가사업에 참여할 정도로 유능한 공장工匠이 소속되어 있었고, 관영 혹은 공적 공방工房에 결코 뒤지지 않은 역량도 갖추고 있었다는 것이다.『삼국유사』권3, 황룡사종 조를 보면 황룡사의 범종을 이상택里上宅의 하전下典이 주조했음을 전해준다. 이찬 효정孝貞의 공장工匠이 국가적 대사업에 참여할 수 있는 역량이 있었다.[44] 이는 공방에만 한정된 것이 아닐 것이다.

3) 나당전쟁의 여진餘震과 군비 확장

필자는 신라의 174개 목장을 분배받은 왕실·관·진골귀족 등이 전마의 생산과 재생산을 공유하지 않았을까 하는 가능성을 타진하고 싶다. 진골귀족들이 기른 말들이 군사용 말로 활용된 직접적 증거는 찾아볼 수 없다. 그러나 통일 후 단행된 급진적인 신라의 기병 증강과 대규모 목장의 확충이 상호 무관하다고 보지 않는다. 무엇보다 통일 전쟁기에 자국의 군대유지를 위해 징수한 재원은 물론이고, 당군에 대한 엄청난 물자보급도 신라 국부國富의 상당 부분을 차지하고 있던 진골귀족들의 참여 없이는 불가능했다고 생각되며, 나당전쟁 이후의 급진적인 기병 증강 또한 그러할 것이라고 보는 것이 자연스럽다. 이는 모든 역량을 동원하던 총력전 수행과정에서 이미 배태되었을 것이다.

그렇다면 전후에도 신라가 왜 급진적인 기병증강을 단행할 수밖에 없었을까. 나당전쟁의 종결은 휴전에 불과했다. 결코, 일어나지는 않았지만 약자인 신라의 입장에서 당의 재침의 우려는 상당 기간 지속되었다. 여기서 나당전쟁의 여진에 대한 고려가 필요하다.

결과적으로 보았을 때 나당전쟁 후 당의 재침은 전혀 없었다. 따라서 당시를 긴장 없는 평화기로 상정할 수도 있다. 하지만 그것은 결과를 놓고 본 편견이다. 당은 당시 어디까지나 세계 최강국으로 건재해 있었고, 당이 신라 조정에 가한 압력으로 상당기간 동안 신라 전체가 떨었고, 두려워했다. 나당전쟁이 재발되지 않았다고 해서 나당전쟁 후 바로 평화가 도래했다고 보는 것은 부당하다.

역사적 사건에 대해 그 결과까지 한꺼번에 볼 수 있는 후세의 관점만 내세우면 오류를 범하기 쉽다. 결과만 보고 퍼즐 끼워 맞추는 것과 같이 너무나 쉽기 때문이다. 거의 25년에 걸쳐서 신라 조정과 당 사이에의 신경전은 약자인 신라의 입장에서는 아슬아슬한 것이다.

당 고종은 나당전쟁 이후에도 한반도에 대한 지배 의지를 결코 버리지 않았다. 678년 9월에 "기후신라외반其後新羅外叛, 고종장발병토제高宗將發兵討除"라고 한 『구당서』 권85, 장문관전張文瓘傳의 기록은 이를 단적으로 말해준다. 신라에는 그 이듬해인 679년에 나당전쟁의 정신적 귀의처였던 사천왕사가 낙성되었다. 이는 당의 재침 우려가 팽배해 있었음을 암시하는 것에 다름 아닐 것이다.[45]그 후 신문왕 3년(683)에 고구려인으로 황금서당, 말갈인으로 흑금서당을 창설했고, 동왕 5년(685)에 경남 합천 주둔 하주정을 완산주정으로 개칭해서 백제지역인 전주로 전진 배치했으며, 이듬해인 동왕 6년에 적금무당을 설치하고, 보덕성민(고구려인)으로 벽금서당과 적금서당을 창설하였다. 동왕 7년에는 황금무당을 설치하였고, 백제 잔민殘民으로 청금서당을 창설했으며, 동왕 9년에 지금의 서울, 춘천, 강릉지역에 삼변수三邊守를 두어 북변의 방어를 강화했고, 개지극당皆知戟幢을 설치하여 대對기병 방어체제를 보강했다.

〈표 3〉과 〈표 4〉를 보아도 알 수 있듯이 신문왕 당대 5년 사이의 구서당 5개 부대(황금, 흑금, 적금, 벽금, 청금서당)의 증설은 군관 숫

자만을 놓고 보더라도 신라의 주력군단 육정六停 전체의 그것과 맞먹는 규모이다. 이는 당과 일전(一戰)을 불사하겠다는 신라 지배층 사회의 의지 없이는 불가능한 것이다. 당시 대규모 기병증강도 그 일환의 하나였다.

4. 소결

이상으로 통일기 기병의 급진적인 증강과 669년에 행해진 174개의 목장 사여가 서로 무관하지 않다는 점을 생각해 보았다. 이제 본문을 요약하는 것으로 맺음말을 대신하고자 한다.

무관 조의 기록을 그 근거로 삼아 신라의 기병군관 증강을 산술적으로 나열하면 다음과 같다. 진흥왕 5년(544) 십정은 그 영토를 고려해 볼 때, 통일 후 백제지역에 설치된 3개 부대를 제외한 7개의 정이었다. 이는 군관으로 계산하면 (기병 대대감1+소감2+화척2)×7 =35인에 해당된다.

그 후 진평왕 13년(591)에 저금기감 3명, 저금감 3명으로 구성된 기병부대 사천당四千幢이 창설되어 기병군관 6명 증강되었다. 태종무열왕 원년(元年 654)에 기병부대 계금당罽衿幢은 기병 대대감 1인·기병 소감 1인·기병 화척 7인·저금기당주 6인·저금감 6인으로 이루어진 조직으로 기병군관은 총 21인이었다. 이는 기존의 십정 군관조직을 고려하면 상당한 기병증강으로 생각된다.

그런데 672년에 창설된 기병부대 오주서의 군관수는 총 67명으로 십정 35인, 사천당 6인, 계금당 21인을 모두 합친 61인을 웃돌고 있다. 신문왕대 완성된 구서당의 기병증강은 더욱 급진적이다. 9개 부대 중 7개가 672년 이후에 완성된 구서당의 각 부대에 령기병 대대감 3명·소감 6명·화척6명, 저금기당주 18명·저금감 18명이 배치되어 있다.

이는 총 [(3+6+6+18+18)×8=408+장창당 기병 소감 3=]411명의 규모로 오주서의 6배 이상이다.

여기서 672년 이전에 창설된 녹금서당과 자금서당 [(3+6+6+ 18+18)×2=102]을 제외하고 그 후에 증설된 기병 군관을 계산해 보면 구서당 7개 부대에 306명이 증설되었음을 알 수 있다. 672년 이후에 창설된 오주서의 67명, 구백제 지역에 설치된 십정의 3개부대의 15명 등을 합산하면 총 452명에 이른다. 물론 이는 기병 군관에 해당하는 것이며, 그 아래에 배속된 기병들을 고려해 본다면 엄청난 기병 수가 될 것이다.

672년 이후의 신라의 급진적인 기병 증강을 가능하게 한 것은 신라 국왕이 전쟁 승리의 산실인 목장을 왕실·관·진골귀족들에게 재분배하여 말을 생산하고 훈련하게 함으로써 가능했을 것이다. 신라의 급진적인 기병 증강은 174개의 목장 중 142개를 분배받은 진골귀족의 참여를 상정해 보지 않을 수 없다. 전쟁의 승리 후 신라 국왕의 목장 재분배는 특권층 진골귀족들에게 권위를 세우는 원동력이었으며, 신라 국가보위를 위한 전쟁에 그들을 참여시킬 수 있는 실질적 명분이었을 것이다. 재분배의 순환구조를 도식화해보자.

1. 국왕을 비롯한 진골귀족들의 정복 전쟁.
2. 전쟁의 결실로서 마거馬阹 획득.
3. 국왕의 권위로서 진골귀족들에게 마거馬阹 재분배–(관등官等이 분배의 기준)
4. 진골귀족의 각 가정기관에서 목장 관리와 말馬 재생산구조 확립
5. 생산된 말馬의 국가 자원으로 이용–(기병騎兵증강과 신라국가의 전력戰力강화)
6. 새로운 결실 획득을 위한 전쟁

여기서 주목되는 것은 재분배된 목장에서 생산된 馬가 신라 국가

체제 수호를 위한 전쟁의 도구로서 다시 변신한다는 점이다. 즉, 재분배란 그 자체의 소비를 위한 것이 아니라 새로운 재분배를 위한 결실의 획득이나 기존의 그것을 지키기 위한 전쟁 도구로 환원됨을 의미한 것이다. 실로 여기서 우리는 신라의 최상층의 재분배 구조 안에 웅크리고 있는 합리성을 찾아낼 수 있다. 이는 전쟁에 체질이 굳어진 신라 국가체제의 결과물에 다름 아닌 것이다.

또한, 이희관 선생은 『삼국사기』 권33, 잡지 옥사 조에서 "사두품에서 백성에 이르기까지……마구간은 말 두 마리를 둘 만하게 한다."라고 한 기록을 근거로 승마가 일반 백성에게까지 보편화되어 있다고 본다.[46] 그러나 문제는 백성은 말 두 마리 이상을 넣을 수 있는 마구간을 짓지 못한다는 규제 규정이다. 신라하대인 흥덕왕대의 기록을 가지고 신라인들 모두에게 승마가 보편화 되어있다고 보는 것은 무리가 있다. 말을 유지하는 비용이 막대하기 때문이다. 『漢書』 卷69, 趙充國傳을 보면 군마軍馬 1마리의 1개월 식량이 병사 1인의 1년 식량에 해당한다고 한다. 말 한 마리는 사람의 12배의 식량을 먹는다고 할 수 있다. 실재 곡물의 지속적인 확보가 가능하기 위해서는 막대한 재원이 필요하다. 과연 자가의 말을 유지할 수 있는 비용을 부담할 능력이 있는 백성들이 신라사회에서 보편적으로 존재했을까 의심스럽다.[47]

이 문제에 관해서는 이미 이인철 선생에 의해 지적된 바 있다. 그에 의하면 말은 하루에 기본적으로 먹는 풀을 제외하고도 콩(말두末豆) 2-4승升, 피稗 3승-1두斗씩을 먹으며, 여기서 콩만 계산하더라도 1년에 말 1필이 먹는 양은 적어도 콩 7석이 된다고 한다. 농경에 필요하지도 않은 말을 농민들이 막대한 곡물을 들이면서 길렀다고는 생각되지 않으며, 이에 그는 각 연에 국가가 군마 혹은 역마驛馬의 사육 의무를 부과하였던 것이 아닌가 추측했다.

(미주)

1) 末松保和, 1954 「新羅幢停考」『新羅史の諸問題』, 東洋文庫.

2) 井上秀雄, 1974 「新羅兵制考」『新羅史基礎研究』, 東出版, 東京 (계금당은 著衿騎幢 主를 포함한 令騎兵 隊大鑑·少監·火尺 등의 군관조직을 가지고 있다).

3) 『舊唐書』 卷194, 突闕傳 "侃率精騎追車鼻獲之"

4) 말이란 전쟁의 와중에서도 정기적인 휴식을 취하지 못하고 풀을 뜯을 수 없다면 많은 수가 죽는 것이 일반적이며, 병참선을 통해서 공급받아야 한다(유병진 옮김, 1996 『세계전쟁사』, 까치, 274쪽 ; John Keegan, 1993 A History of Warfare).

5) 나당전쟁기에 당의 대규모 기병의 쇄도는 신라병제에 뚜렷한 흔적을 남겼다. 신라 는 唐騎兵에 대항하기 위해 672년 對騎兵 長槍步兵인 長槍幢을 조직했다. 六停九 誓幢 13개 부대 예하에도 대기병 장창보병 黑衣長槍末步幢을 어김없이 설치하였 다. 長槍·戟·弩·弓으로 무장한 長槍步兵은 지형에 따라 다양한 陣을 구사하며, 원거 리에서 질주해 오는 적 기병에 대하여 먼저 弩나 弓으로 사격을 가하여 그 숫자를 줄이고, 근접해 왔을 때 땅에 고정한 長槍으로 그 기동성을 제거한 후 반격에 들어 간다. 밀집되어 정지된 적 기병을 극으로 끌어내려 백병전에 돌입하는 것이다(徐 榮敎, 1998 「新羅 長槍幢에 대한 新考察」, 『慶州史學』 17). 그러나 長槍步兵에는 치 명적이 약점이 있다. 기동성이 전혀 없다는 점이 그것이다. 움직일 때 그 대열이 흩어지기 쉬워 이때 역습을 받으면 치명적이다. 장창보병부대는 수동적이고 기동 성이 떨어진다(R. Ernest Dpuy & Trevor N. Dupuy, 1970 The Encyclopedia of Military History, Harper & Row Publishers, New York, pp. 406-407쪽 참조.). 따라서 기병 없이 는 어떠한 실질적인 공격이 불가능했고 적을 실질적으로 제압하기 어려웠다(Max Weber, 1968 Economy and Society, Bedminster press, Vol. 3, New York, pp. 1151-1152 쪽 참조). 나당전쟁기에 長槍步兵의 증강과 騎兵증강은 병행되었던 것이다.

6) 『三國史記』 卷6, 文武王 9年條.

7) 『三國遺事』卷2, 紀異 孝昭王代 竹旨郞條에서 述宗公이 朔州都督으로 부임해 가는 데 騎兵 3천이 호위했다. 물론 이는 죽지랑이 탄생하기 직전의 이야기이다. 따라서 중고기의 사실을 전하는 것일 수도 있다.

8) 末松保和, 1954 「新羅幢停考」, 『新羅史の諸問題』.

9) 金崙禹, 1988 「新羅十停과 所在地名 變遷考」, 『慶州史學』 7, 21쪽

10) 井上秀雄, 1974 「新羅兵制考」『新羅史基礎研究』, 191-192쪽

11) 李文基, 1997 「三千幢의 成立과 그 性格」, 『新羅兵制史研究』, 일조각, 130-133쪽

12) 1999년 2월 12일 숭실대 개최 한국고대사학회 약정 토론문(『한국고대사연구』 16, 1999, 221쪽).

13) 李文基, 1997 「『三國史記』 職官志 武官條의 內容과 性格」, 『新羅兵制史研究』, 32쪽

14) 그렇다면 문제는 진평왕 5년(583)과 47년(625)에 창설된 九誓幢의 綠衿誓幢과 紫 衿誓幢이 그 당시(中古期)에도 騎兵軍官(令騎兵 隊大鑑·火尺·少監과 著衿騎幢主

와 著衿監)을 보유하고 있는지의 여부이다. 우리는 신라 최정예 군단 六停에 전문적 騎兵軍官(令騎兵 隊大鑑·火尺·少監과 著衿騎幢主와 著衿監)이 전무하다는 점을 감안해야 한다. 따라서 〈표 1〉에서 보이는 九誓幢에 기병군관들이 문무왕 12년(672) 이전에 이미 설치되어 있었다고 장담할 수 없다. 오히려 당시 구서당의 4개 부대는 六停과 거의 같은 보병위주의 편제를 하고 있었을 가능성이 높다.

15) 旗田巍, 1958·1959, 「新羅의 村落」, 『歷史學研究』 226-227쪽
16) 尹善泰, 2000 『新羅 統一期 王室의 村落支配』 서울대 박사학위논문, 19-47쪽
17) 旗田巍, 1958·1959, 「新羅의 村落」, 『歷史學研究』 226-227쪽
18) 明石一紀, 1976 「新羅의 村制について」, 『日本歷史』 322, 28-29쪽
19) 武田幸南, 1976 「新羅村落の支配」, 『朝鮮學報』 81, 106-109쪽
20) 李喜寬, 1999 『統一新羅土地制度研究』, 一潮閣, 52-56쪽.
21) 조선 숙종대 제주목사를 지냈던 李衡祥의 증언을 들어보자. "山馬는 성질이 사나와서 巡點할 때에 4-5길 되는 큰 나무를 엮어서 울타리를 치고 5천명의 軍卒로 에워싸 몰아 넣었지만, 그 중 몇 마리는 극히 사나워서 그 포위망을 무너뜨리고 5길의 울타리를 뛰어 넘어 여러차례 순점하여 몰아넣어도 끝내 잡아 순점하지 못하니 이 말을 馬王이라 한다(李衡祥, 『南宦博物 誌』 牛馬).
22) 李仁哲, 1996 『新羅村落社會史研究』, 일지사, 277-280쪽.
23) 필자는 문서에 보이는 '加馬'를 망아지 출산을 통한 자연증가로 보는데 회의적이다. 그것은 우리가 하는 말 그대로 촌락 외부에서 馬가 들어와 加해진 것으로 보고 싶다. 또한 '賣如도'馬가 외부로 나간 어떠한 정해진 형태로 보고싶다.
24) 가령 A촌의 경우 "合人百四十七 此 中 古有人·三年間中産 并合人 白四十五.
25) 李泰鎭, 1990 「新羅 村落文書의 牛馬」, 『民族史의 展開와 그 文化』 上(이우성정년기념논총), 134-135쪽.
26) 이태진이 촌락문서에 보이는 우마에 주목한 것은 촌락이 왜 그것의 과다한 수를 보유하고 있는지 해답을 얻기 위해서였다. 그에 의하면 등급연(等級烟)당 소와 말이 각각 두 마리에 가까운 보유량은 어느 시대에도 일반적인 것이 되기 어려운 것으로 판단되며, 이러한 실태는 특수한 것일 수밖에 없다고 한다(이태진 앞의 논문).
27) 李仁哲, 1996 『新羅村落社會史研究』, 일지사, 278쪽
28) 旗田巍, 1958·1959 「新羅의 村落」『歷史學研究』 226-227쪽
29) 충렬왕 2년(1276) 기마민족인 몽고가 일본정벌을 위하여 제주에 목마장을 건설하고 몽고의 말과 조련전문가인 목호(牧胡)를 보내와서 목장을 운영한 후 고려의 말 조련기술은 비약적인 발전을 했다고 한다(南都永, 1965 「朝鮮牧子考」『東國史學』 8, 32-33쪽).
30) 李泰鎭, 1990 「新羅 村落文書의 牛馬」『民族史의 展開와 그 文化』 上(이우성정년기념논총), 134-135쪽
31) 물론 조선시대 목장은 함경도, 평안도, 제주도를 포함하는 것이며, 이렇게 볼 때 문무왕대 분배된 목장의 수가 너무 방대한 느낌도 준다. 그러나 당시 분배된 174개소의 목장이 서남해안 島嶼는 물론 신라본토에도 존재했을 가능성을 생각해 본다면 그렇게 무리도 아니다.
32) 南都永, 1996 『韓國馬政史』, 한국마사회, 229쪽, 〈표 4〉 참조.

33) 今西龍, 1933 「新羅骨品考」, 『新羅史研究』, 198쪽
   李基東, 1980 「新羅 金入宅考」, 『新羅骨品制社會와 花郎徒』, 한국연구원, 203쪽
34) 盧泰敦, 1978 「統一期 귀족의 經濟基盤」, 『韓國史』 3.
35) 全德在, 1992 「新羅祿邑制의 性格과 變動에 관한 연구」 『역사연구』 1, 구로역사연
   구소, 20-23쪽
   --------, 2000 「新羅時代 祿邑의 性格」, 『韓國古代史論叢』 10, 한국고대사회연구소,
   223쪽
36) 李基東, 1980 「新羅 金入宅考」, 『新羅骨品制社會와 花郎徒』, 한국연구원, 203쪽
37) 李基白, 1957 「新羅私兵考」, 『歷史學報』 9.
   李基白, 1974 『新羅政治社會史研究』, 256쪽
   金哲俊, 1962 「新羅 貴族勢力의 基盤」, 『人文科學』 7, 서울대.
   金哲俊, 1975 『韓國古代社會研究』, 223-224쪽
38) 南都泳, 1969 「朝鮮時代 濟州道牧場」, 『韓國史研究』 4, 81쪽
39) 토인비著, 길현모 外 옮김, 1974 『歷史의 研究』 3, 동서문화원, 46-47쪽
40) John Ellis, 1978 CAVALRY-The History of Mounted Warfare, G. P. Putnam`s Sons,
   New York, pp. 19-21쪽 참조.
41) 『三國史記』 卷6, 文武王 9年條.
42) Chang Chun-Shu, 1966 'Military Aspect of Han Wu-Ti`s Northern and Northwestern
   Campaigns' Harvard Journal of Asiatic Studies 26, Harvard-Yenching Institute
   Cambridge Massachusetts, p.168쪽 참조.
43) Chauncey S. Goodrich, 1984 Riding Astride and the Saddle in Ancient China, Harvard
   Journal of Asiatic Studies 44. 2, Harvard-Yenching Institute Cambridge Massachusetts,
   pp. 279-304쪽 참조.
44) 李成市 著, 김창석 옮김, 1999 『동아시아의 왕권과 교역』, 청년사.
45) 田村圓澄, 1988 「文武王と佛敎」『黃壽永古稀美術史學論叢』, 통문관, 457-462쪽.
46) 李喜寬, 1999, 『統一新羅土地制度研究』, 一潮閣, 52-56쪽.
47) 이보다 앞서 신라부락문서를 균전론적 시각에서 해석한 兼若逸之씨도 『삼국사기』
   권33, 屋舍 조를 근거로 하여 문서 각 호는 최소 한 마리의 말을 가졌을 것으로 보
   았다(兼若逸之, 1979, 「新羅 均田成册의 研究」, 『韓國史研究』 23, 106-109쪽). 兼若
   逸之의 이러한 주장에 대하여 이태진은 작위적인 느낌을 많이 줄뿐더러 논리적
   일관성이 결여되고 있다고 반박한 바 있다(李泰鎭, 1990, 「新羅 村落文書의 牛馬」,
   132쪽).

III. 장보고張保皐의 기병騎兵과 서남 해안嶺南海岸의 목장牧場

836년 후사가 없던 홍덕왕이 왕위 계승에 대한 그 어떤 유언도 없이 죽자, 왕위를 놓고 근친 왕족 간의 무력 충돌이 일어났다. 김우징의 부父인 김균정은 왕위 계승의 유력한 후보자였지만 왕궁에서 벌어진 분규 과정에서 피살되고 말았다. 왕위는 김제륭(僖康王)에게 돌아갔고, 김우징은 837년 2월에 패잔병을 이끌고 청해진에 망명했다. 838년 1월에 김명이 희강왕을 자진케 하고 민애왕閔哀王으로 즉위하자 장보고는 군사를 일으켜 838년 12월에 왕경으로 진격하였으며, 다음해 1월에 달구벌에서 민애왕의 정부군을 격파하였다.

그런데 달구벌 전투에서 주목되는 것은 장보고의 군대가 민애왕의 정부군에 비해 현격하게 적은 숫자였음에도 불구하고 승리했다는 점이다.[1] 즉 장보고의 병력은 5천千이었고, 민애왕의 정부군은 10만이었는데, 장보고군이 절대 다수의 정부군을 격파한 것이다. 과연 이것을 어떻게 이해해야할 것인가.

지금까지 연구자들이 병력 숫자 자체에 대한 의문을 제기하는 것은 당연한 것이다. 즉 김주성은 장보고의 군대 규모가 너무 적게 기록된 것으로 보고 있고, 권영오 선생은 민애왕 정부군의 숫자가 사실보다 너무 많게 기록된 것으로 생각했다. 서륜희도 정부군의 숫자에는 약간의 과장이 있다고 보았다.[2]

권영오 선생은 장보고의 군대가 아무리 잘 훈련되었다고 하더라도

10만의 군대를 궤멸시켰다고 보기는 어렵다고 한다. 그에 의하면 달구벌 전투에서 민애왕이 동원할 수 있었던 군대는 공병公兵인 신라 전체 병력 10만이 아니라 자신의 측근과 사병이었을 것이고, 그 숫자는 장보고의 병력(1만)을 상회하지는 못했을 것이라고 한다.3)

반면 김주성 선생은 10만의 군대를 격파하기 위해서는 적어도 그이상의 병력이 필요하다는 것이 상식이라고 한다. 지휘관의 역량을 감안하더라도 상대방보다 병력이 형편없이 적다고 하면 중과부적으로 그 전투에서 승리할 확률이 떨어지는 것이며, 공격하는 쪽은 방어하는 쪽보다 군사학상 3배의 전력을 가지고 있어야 승리가 가능하다고 한다. 그는 828년 장보고가 청해진 설치 당시 1만 명의 병력을 거느렸지만 839년에는 10여 만으로 증가하였을 것으로 논단하고 있다.4)

김주성 선생의 지적대로 방어는 상대방 병력의 1/3로도 가능하며, 공격하는 측은 방어하는 측의 3배의 병력이 필요하다. 또한, 권영오 선생의 언급대로 10만이 5천의 공격을 받고 궤멸하였다면 누구든 상식적으로 이해하기 곤란할 것이다. 그러나 우리가 가진 상식이 때로는 무지無知에서 기인하는 경우가 많다는 것을 알아야 한다.

무엇보다 역사학자는 기록을 있는 그대로 존중해야 한다. 다시 말해 기록을 가능한 한 사실로 보고 현재의 상식을 의심하면서 어떤 문제를 탐구하는 것이 역사학의 정도일 것이다.

필자는 여기서 장보고가 보유했던 '기병騎兵 3천'에 주목하고 싶다. 장보고의 기병 3천은『삼국사기』권10, 민애왕 2년(839) 정월 조와 동서 권44 김양전에 보인다. 하지만 그 존재에 대하여 지금까지 주목한 연구자는 없었다. 그 이유는 장보고를 생각할 때 바다의 모습이 상기된 때문일 것이다. 그는 항상 해적을 소탕한 영웅이며 상업 제국을 경영한 무역왕으로 우리 앞에 서 있었다.

사실 장보고는 9세기 전반기에 청해진을 본거지로 하여 해상에 밝은 현지인現地人들을 결집·훈련해 해상을 장악했을 뿐만 아니라, 중국 산동반도山東半島 일대와 회하淮河 유역의 여러 도시에 산재해 있던 수많은 신라인들을 지배하고 있었다. 결과적으로 해양의 패자라는 강한 이미지는 그에게 기병이 있었음을 망각하게 한다.

『삼국사기』 권44, 김양전을 보면, 839년 1월 장보고의 반정부군이 민애왕을 살해하고 왕경에 입성하여 백성들을 안심시키는 군령을 내렸다. 군령을 직접 집행한 자는 김양의 명을 받은 기병(좌우장군령기사左右將軍領騎士)이었다. 장보고의 기병은 승리한 점령군의 상징이면서 동시에 그 실체였다.

필자는 이 책을 준비하는 과정에서 훈련이 잘 된 기병의 위력을 새삼 알게 되었다. 전근대 세계에서 잘 훈련된 기병은 단기單騎라도 그 위력이 대단하였고, 더욱이 백기百騎천기千騎만기萬騎로 편제되면 그 위력은 상상을 초월한다.5) 839년 장보고의 달구벌 전투 대승은 이러한 기병의 위력을 고려하지 않고는 도저히 이해할 수 없다.

이에 먼저 839년 달구벌 전투의 상황을 복원하고, 이어 서남해안 다도해지역의 환경과 장보고가 지속적으로 기병을 유지할 수 있었던 경제력에 대하여 고찰해 보겠다. 이러한 과정을 통해 완전히 베일에 가려졌던 장보고 초년의 생애가 밝혀질 것이며, 나아가 청해진 군사력의 구체적 부양 형태가 밝혀질 것이다.

1. 839년 달구벌達丘伐 전투-민애왕 정권의 몰락

본장의 논의에 들어가기 앞서 달구벌 전투에 참가한 장보고 군대의 숫자와 그 구성에 대하여 살펴보자. 신라 정부군과 장보고 군대의 전력 비교를 보다 정확히 하기 위해서이다. 838년 12월 장보고는 친구 정년에게 강병 5천을 나누어주어 민애왕 정부를 타도케 했다고 한다.

강병 5천은『삼국사기』권10, 민애왕 원년조, 동서同書 권44, 김양전·장보고전에도 동일하게 기록되어 있다.

장보고 군대의 기병 보유 숫자는『삼국사기』권44, 김양전에 3천으로 나와 있다. 후술하는 바와 같이 838년 12월 신라의 주대감州大監 김민주가 철야현 북쪽에서 장보고의 군대를 저지하려 하자 "(장보고의) 장군 낙금·이순행이 마병馬兵 3천으로 저쪽의 군중軍中에 돌격해 들어가 거의 다 살상하였다"고 한 것이 그것이다. 839년 왕경으로 진군한 장보고의 병력 5천 중 3천이 기병이었음을 알 수 있다.

한편 정부군의 구체적인 숫자에 대해서는『삼국사기』권44, 김양전의 부附 김흔에 명기되어 있다. 이 기록을 보면 "개성 기미년 윤정월에 (김흔은) 대장군이 되어 군사 10만을 거느리고 대구에서 청해진의 군사를 방어하다가 패전하였다."고 하여 민애왕 정부가 동원한 병력이 10만이었다는 것을 알 수 있다.

이제 장보고군 5천과 정부군 10만이 격돌한 839년 윤정월閏正月 달구벌로 시야를 돌려보자. 그것에 관한 기록은『삼국사기』권10, 민애왕 2년 조와 동서 권44, 김양전에 나와 있다.

2년 윤정월에 김양의 군이 주야를 행군하여 19일에 달구벌의 땅에 이르렀다. 왕은 병사가 닥침을 듣고 이찬 대흔, 대아찬 윤린, 억훈 등에게 명하여 군사를 이끌고 가서 막게 함에 김양의 군은 또 이와 한 번 싸워 크게 이기니 왕군王軍의 죽은 자가 반수 이상이었다(민애왕 2년 조).

개성 4년 정월 19일에 군사가 대구에 이르자, 왕이 군사로 맞이하여 항거하자 이를 역습하여 이기니, 왕의 군사가 패하여 달아나고 생포와 참획은 이루 헤아릴 수 없었다(김양전).

위 내용으로 전투의 구체적인 내용은 알 수 없다. 다만 10만의 정부군이 수적으로 절대 우세임에도 불구하고 장보고의 강병에게 한 번의 결전에 괴멸했음을 알 수 있다. 그 원인은 무엇일까?

『육도六韜』에 의하면 "기병騎兵이 조직적인 대열(진陣)을 이루고 평지에서 전투를 할 경우 1기騎의 전력은 보병步兵 8인人의 전력에 필적하며, 산악 지형이라고 하더라도 1기騎는 보병步兵 4인人에 필적한다."고 한다.[6] 달구벌 전투의 무대가 평지였다는 것을 고려한다면 장보고 기병 3천은 정부군 2만 4천을 필적할 수 있는 전력이 된다. 그렇다면 7만 6천의 정부군을 장보고의 보병 2천이 상대했다는 말인가? 산술적으로 계산할 때 장보고의 군대는 도저히 중과부적으로 정부군을 당할 수 없다.

권영오 선생의 지적대로 10만이란 숫자 자체에 의심해 볼 필요도 있다. 그러나 농민들을 동원한다면 10만 규모의 군대를 징발하는 것은 불가능한 것도 아니다. 통일 후 163년의 평화는 신라의 인구 증가를 담보했다.[7] 무엇보다 당시 신라 정부는 농민 동원 능력이 있었다. 영천永川 청제비菁堤碑 정원수치기貞元修治記를 보면 원성왕元聖王 정부는 798년 청제菁堤 수치시修治時 전국의 법공부法功夫 14,140명을 동원한 바 있다.[8]

그렇다면 『육도』에서 말하는 1기는 평지에서 8인의 보병에 필적한다는 산술적인 계산에 대하여 재검토해 보자. 앞서 언급한 바와 같이 "기병이 조직적인 대열(진陣)을 이루었다."라는 표현에서 알 수 있듯이 여기에는 어떤 필요조건이 내재되어 있다. 사실『육도』에는 "기병대가 조직적인 진陣을 쳐 싸우지 않고 되는 대로 흩어져 싸운다면, 한 기騎의 힘은 보병步兵 한 사람의 힘조차 당하지 못한다."라 하고 있다.[9] 『육도』에서 말하는 기병은 조직적인 훈련병 그 자체이다.

오히려 훈련이 잘된 보병의 진법陣法 활용은 그 수에 필적하는 기병騎兵을 전멸시키기까지 한다. 『삼국사기』 권17, 고구려본기 5, 동천왕 20년(240) 8월 조를 보자.

가을 8월에 위魏나라에서 유주자사 관구검을 보내 만 여명을 거느리고 현토로 나와서 침입하였다. 왕이 보병, 기병 2만을 거느리고 비류수 강가에서 맞받아 싸워 그를 쳐부수고 적군 3천여 명의 머리를 베었다. 다시 군사를 인솔하여 양맥 골짜기에서 싸워 또한 적군을 쳐부셔 3천여 명을 죽이고 붙잡았다. 왕이 모든 장수들에게 일러 말하기를 "위나라의 많은 군사가 도리어 우리의 적은 군사만 같지 못하며 관구검은 위나라의 명장이지만 오늘에는 그의 목숨이 나의 손아귀 속에 있구나" 하고 곧 철기鐵騎 5천을 거느리고 쫓아가서 쳤다. 관구검이 방方형으로 진陣을 치고 죽기를 각오하고 싸움에 우리 군사가 크게 패하여 죽은 자가 1만 8천여 명이었다. 왕이 1천千 여기餘騎를 이끌고 압록원으로 달아났다.

위의 사료에서 알 수 있듯이 관구검의 위나라 군대 1만여 명이 비류수에서 3천, 양맥에서 3천이 전사하거나 포로가 된 것을 감안하면 방진方陣을 펴서 싸울 당시 병력 5천을 넘지 못했던 것을 알 수 있다. 여기서 우리는 위의 군대가 고작 5천의 병력으로 방진 전법을 구사하여 고구려 기병 4천과 보병 1만 4천을 전멸시켰다는 것을 간과해서는 안 된다. 이 전투 기록을 통해 위군魏軍이 진법陣法으로 철저히 훈련했고, 그 위력 또한 대단했음을 알 수 있다. 본래 진법陣法에는 보병이 기병을 제압하는 기술을 담겨 있다고 한다.[10]

그렇다면 장보고 기병과 민애왕 정부군의 승패의 원인은 양군의 훈련 상태 차이에서 왔다고 볼 수 있다. 정부군 10만은 진법陣法훈련을 받은 정예 병력이 아니었을 것이다. 이기백 선생의 지적대로 신라 하대에는 이미 정停·당幢의 국군國軍조직이 무너져 있었음을 생각한다면,[11] 신라 정부는 10만의 군대를 유지하고 있었다고 볼 수 없다. 그들이 신라의 정규군은 아니었던 것이 확실하며, 조직적인 훈련을 받은 것은 더더욱 아니었을 것이다.

이는 민애왕의 전략적 감각에서도 어느 정도 암시를 받을 수 있다. 장보고 군대와의 일대 결전 장소로 그가 달구벌(대구)을 선택한 것은 치명적인 실책이었다. 민애왕의 병력이 장보고의 군대보다 20배가 많다고 해도 훈련이 되지 않은 보병으로 기병을 평지에서 막아내겠다는 생각은 상식 이하이다. 민애왕은 궁정의 음모와 암투에는 능했지만 불행하게도 전략과 전술을 필요로 하는 전쟁에 대한 지식은 부족했던 것이다.

신라 정부의 이러한 실책은 이전에도 있었다. 838년 초두로 돌아가 보자. 838년 1월 희강왕이 상대등 김명에 의하여 피살되었다. 장보고가 희강왕 피살 소식을 듣고 군사를 일으켰던 것은 838년 3월이었다. 그러나 어떠한 이유인지는 몰라도 남원에서 행군이 중단되었고 군사들은 청해진으로 회군했다. 『삼국사기』 권44, 김양전을 보자.

> 개성 3년(838) 2월에 (김양은) 해중海中으로 들어가 우징을 만나 뵙고 함께 거사할 것을 모의하였다. 3월에 강병強兵 5천으로써 무주武州를 습격하여 성하城下에 이르니 고을 사람들이 모두 항복하였다. 다시 내치어 남원南原에 이르러 신라군과 마주 싸워 이겼으나, 우징은 군사들이 오래 피로하였으므로 그래서 다시 청해진淸海鎭으로 돌아가 휴양시켰다.

838년 3월 무주를 수중에 넣은 장보고의 군대는 남원으로 진군하여 승리했지만 곧 철수했다. "군사들이 오래 피로하였으므로"라고 하는 표현에서 알 수 있듯이 남원에서의 전투는 완벽한 승리가 되지 못했던 것 같다. 이인철 선생은 앞서 남원에서 장보고의 군대가 정부군의 강력한 저지를 받았다고 추측한 바 있다.[12]

남원을 점령한 장보고의 군대가 왕경 경주를 향했다면 다음 목표
는 운봉이다.[13] 운봉은 남원에서 지리산을 종단하여 함양으로 넘어갈
때 반드시 거쳐야 하는 요충지다. 이곳은 고려 말 이성계가 왜구를 격
퇴한 지역으로 소수가 다수를 상대하여 싸울 수 있는 지형이다. 김우
징은 남원에서 피로해진 장보고의 군대가 운봉을 지나 지리산을 넘어
가는 것은 무리라고 판단했을 공산이 크다. 장보고의 주력은 기병이
었으며, 산악에는 그 효율성이 떨어진다.

838년 12월 주대감州大監 김민주가 무주 철야현 북쪽(나주군 남평
면)에서[14] 장보고의 군대를 저지하려고 했다. 장보고의 군대가 무주
武州(광주)를 지나기 전에 나주에서 막으려고 했던 것이다. 결과적으
로 장보고는 지리산 중턱에서 싸움은 피했다고도 볼 수 있다.

당시에도 나주가 평야지대였을 가능성이 크다는 점을 고려한다면
그것은 김민주와 신라 정부의 분명한 전략상의 실책이었다. 신라 정
부는 무주와 남원을 포기하고 장보고의 군대를 지리산의 중턱 운봉에
서 저지했어야 했다. 그 결과는 참담했다. 다시 『삼국사기』 권44, 김양
전을 보자.

북을 치며 행군하여 무주 철야현 북쪽에 이르니 주州 대감大監 김
민주가 군사를 이끌고 역습하였다. 장보고의 장군 낙금·이순행이 마
병馬兵 3천으로 저쪽의 군중軍中에 돌격해 들어가 거의 다 살상하였
다.

김민주의 신라 정부군은 나주평야에서 장보고의 3천 기병을 만나
전멸했다. 즉 낙금과 이순행의 기병은 신라군의 군중軍中을 깨고 들
어가 치명타를 가했던 것이다. 당시 전투의 장면은 다음과 같이 상상
된다. "장보고의 기병은 신라 정부군의 대열을 깨고 그들을 흩어지게
했다. 김민주가 이끄는 정부군은 모두 도주했으며, 그들은 추격하는

장보고의 3천 기병에게 순식간에 도륙 당했다.”

그렇다면 대구에서 장보고의 군대를 맞이한 신라정부군 10만도 이 러한 수순을 밟았을 가능성이 높다. 장보고의 군대는 치밀하게 조직 화되고, 지속적인 훈련을 받은 질서 있는 군대였지만, 10만이란 숫자 에서 알 수 있듯이 민애왕의 군대는 대부분 급하게 징발된 농민들이 었을 공산이 크며, 무엇보다 그들은 싸울 의지가 없었다.

근친 왕족 사이의 골육상쟁骨肉相爭과 잦은 왕위의 교체로 백성들 의 국왕에 대한 존경심은 실추되었을 것이 확실하다. 누구든 이 싸움 에서 승리하여 왕위에 즉위한다 하더라도 그들과는 상관이 없었다. 다시 말해 언제 끝이 날지도 모르는 이 명분 없는 정쟁政爭에서 그들 은 목숨을 던지고 싶지 않았을 것이다.

달구벌에 집결한 농민들은 한 달 전에 주대감州大監 김민주가 이 끄는 관군官軍이 장보고의 기병에게 전멸당했다는 소식을 들었을지도 모른다. ‘우리도 그렇게 될 수 있다. 장보고가 군사를 일으켰다는데, 흥덕왕 사후 2년이 되지 않아 2명의 왕이 교체된 지금 민애왕도 언제 권좌에서 밀려날지 알 수 없다.’

한편 달구벌 전투에서 민애왕 정부군의 진陣이 지나치게 넓었다는 사실도 고려해야 한다. 깃발과 소리 신호로 명령을 전해야 하는데 당 시로써는 벅찬 규모였다. 병력의 규모가 클수록, 훈련 상태가 저조할 수록, 명령전달체계가 제대로 작동되지 않을 가능성이 크다. 훈련을 받은 군대라 하더라도 한 곳에 집중된 필요 이상의 과잉 병력은 오히 려 그 운용의 탄력성과 순발력을 죽인다. 병력 과잉이 패배의 원인이 될 때가 있는 것이다.

민애왕은 10만이란 대규모 병력을 과신을 했던 것 같다. 이는 『삼 국사기』 권10, 민애왕 2년 정월 조에 “왕이 서쪽 교외의 큰 나무 밑에 있었는데” 라고 하는 것에서도 알 수 있다. 민애왕은 측근들과 전쟁을 여유 있게 관람하기 위해 높은 지대의 나무 아래에 있었다.

하지만 민애왕의 정부군은 초전에 무너졌다. 앞서 언급한 바와 같이『삼국사기』권10, 민애왕 2년 정월 조에 "한 번의 싸움에 크게 이기니"라는 표현에서도 알 수 있다. 정부군은 최후의 한사람이 죽을 때까지 싸운 것이 아니라, 최초의 충돌 이후 진진陣의 대형이 무너졌거나 돌파 당했을 때까지 싸웠던 느낌이 강하다. 그것도『삼국사기』권44, 김양전의 "왕이병영거王以兵迎拒 역격지逆擊之 왕군패배王軍敗北"라는 표현에서 알 수 있듯이 민애왕 정부군이 먼저 장보고 군대를 막으려고 하다가 역격逆擊을 당했다.

보병의 입장에서는 자신을 향해 질주해오는 기병은 너무나 높고 날랜 존재이다. 전쟁터에서 항상 엄습하는 공포, 정신적 공황은 정서를 억제하고 판단을 내리는 습관을 형성하지 못한 상태에서 생겨난다. 그것은 평소 지속적인 훈련을 통해서만이 제거된다. 끊임없는 훈련을 통해야만 전장에서 병사 그 자신이 무엇을 할 것인가 알게 하기 때문이다.15) 훈련이 안된 잡졸雜卒로 구성된 민애왕의 정부군들은 기병이 질주해 올 때 정신적 공황에 빠져 자신의 자리를 이탈했을 가능성이 높다.

장보고 기병의 공격에 정부군은 단숨에 그 대열이 흩어졌다. 죽은 자가 반수요 생포한 자가 이루 헤아릴 수 없었다. 흩어져 도망하는 보병이란 기병에게 학살의 대상에 불과하다. 반면 훈련이 잘된 기병騎兵의 위력은 우리의 상상을 초월한다.

이보다 후대의 일이지만 예를 들어보자.

북송北宋 흠종欽宗 정강靖康 원년(1126년) 정월에 여진의 금이 개봉開封을 공격하고 이어 송과 금 사이에 강화講和가 맺어진 직후의 일이다. 즉 동년 2월, 송에 온 금의 강화 사절단이 본국과의 연락을 위해 17기(騎)로 하여금 급히 본국으로 가게 하였다. 그리하여 그들

은 문서를 가지고 하북河北의 자주磁州를 달리고 있었다. 그런데 하
북로병마영할河北路兵馬鈐轄 이간李侃이 금군禁軍과 민병民兵 2,000
명(보병)을 거느리고 그들을 막았다. 17기병이 자신들은 강화사절단
의 일원으로 왔다가 본국으로 돌아가는 도중이라고 하였지만, 이간은
듣지 않고 공격하려 하였다. 그것은 조정의 밀지가 있었기 때문이다.
그러자 금의 17명의 기병은 즉시 좌중우 3대로 분열하고 활을 쏘며
돌진하였으며, 순간적 행동에 놀란 송군 2,000명은 동요하여 흩어지
기 시작하였다. 그 결과 송군의 거의 반이 전사했다. 반면 금金의 17
기는 단 1기도 죽지 않았다. 이 기록은 북송北宋 측의 실화이다.[16)

2. 서남해안 다도해多島海지역의 목축환경

장보고는 기병의 위력에 대해 일가견이 있었다. 두목杜牧에 의하
면 장보고는 말을 타고 창槍을 쓰는 데는 신라 본국에서는 물론 중국
서주徐州에서도 대적할 자가 없었다고 한다.[17) 당시 서주에는 유목민
출신자들이 상당수 있었다는 점을 고려한다면 이는 놀라운 일이다.
어떻든 이기동의 지적대로 그는 서주절도사徐州節度使 아군牙軍에서
창기병槍騎兵부대를 지휘했을 가능성이[18) 크며, 귀국 후 청해진에 자
신의 상비기병常備騎兵을 창설한 것도 이 같은 경험과 무관하지 않을
것이다.

우리는 이와 관련하여 장보고의 성장 환경이 진골귀족과 왕실의
목장이 밀집한 서남해안의 다도해였다는 것을 상기할 필요가 있다.
669년에 행해진 목장 재분배 기사를 보자.

말 먹이는 목장이 무릇 174개가 있는데, 왕실에 22개, 관청에 10개
속하게 하였다. 그리고 김유신 태대각간에게 6개, 김인문 태각간에게
5개, 이찬 5명에게 각 2개, 소판 4명에게 각 2개, 파진찬 6명과 대아찬

12명에게 각 1개를 하사했다. 이하 74개소는 적당이 나누어 주었다. (三國史記』卷6 文武王 9年 조 "領馬陆凡 一百七十四所, 屬所內二十二. 官十 賜庾信太大角干六仁問太角干五. 伊湌五人各二. 蘇判四人各二. 波珍湌六人大阿 湌十二人各一 以下七十四所 隨宜賜之").

그 재분배 내용을 보면 왕실에 22개소, 관官에 10개소, 김유신과 김 인문을 비롯한 대아찬 이상의 진골귀족들에게 68곳이 부여되었고, 나 머지 74개소는 대아찬 이하의 귀족들에게 지급되었다. 669년 신라의 목장 재분배는 백제 지역을 병합한 후 이루어졌다.

이는 지금의 남한 지역의 도서지방을 모두 포괄한다고 볼 수 있다. 조선시대에 가장 많은 수의 목장 분포 상황을 기록하고 있는 『증보문 헌비고』에도 총 171곳이 보인다. 이것도 서남해안 거의 모든 도서를 포함하는 것이었으며,[19] 신라의 174개 목장과 거의 일치하고 있다.[20]

사실 통일 이전 신라의 서해안 도서는 고구려 백제에 양면 공격을 받을 수 있는 위치라 목장으로 사용하기 쉽지 않았을 것이다. 다만 경 상도지역의 남해안 도서지역에는 신라가 목장을 가지고 있었던 것은 상정해 볼 수 있지만 그래도 174개의 대규모 목장의 확보는 백제지역 의 점령이 가져다 준 결실이 아니고서는 불가능했을 것이다. 이는 일 승 원인圓仁의 현장 기록을 보아도 알 수 있다.

846년 9월 일승日僧 원인圓仁은 무주(전남) 도서島嶼지역에서 신라 제3재상宰相과 내가內家의 목장을 목격한 바 있다.

오전 6시 경에 무주 남쪽 황모도 개펄에 배를 대었는데, 이곳은 구 초도丘草島라고도 부른다……. 이곳은 신라의 제 3 재상宰相이 말을 키우던 곳이다(『입당구법순례행기』 847년 9월 6일).
오전 6시 경에 안도에 머물러 잠시 쉬었다. 이곳은 신라의 남쪽지 방으로서 내가內家(왕실)의 말을 기르는 산이다(『입당구법순례기』 847년 9월 8일).

9년간 당에서 체류한 일승日僧 원인圓仁은 재당 신라인들의 도움을 받아 본국으로 귀국할 수 있었다. 원인圓仁 일행의 출발지는 산동반도의 적산포였고, 몽고에서 늦가을에 불어오는 북서풍을 타고 신라의 서남해안을 지나가게 되었다. 중대말中代末의 사실을 전하는[21] 『신당서』권220에서도 신라 재상가의 도서지방 목축에 대하여 언급하고 있다.

> (신라의) 재상가宰相家는 녹祿이 끊이지 않고 노동奴僮이 3천 명이며 갑병甲兵, 소, 말, 돼지의 숫자도 이에 맞먹는다. 바다 가운데 있는 산에서 목축하고, 필요할 때는 잡아먹는다.

초원에서 목축하는 것을 보아왔던 당나라 사람들에게 다도해多島海지방의 목축이 특이하게 보일 수밖에 없었다. 여기서 말하는 재상가宰相家는 이기백의 지적대로 진골 이상 중앙의 대귀족大貴族이다.[22] 3천의 노동奴僮은 진골귀족에 예속된 인력 조직의 존재를 가시적으로 보여주고 있다.

그들은 진골귀족의 가정家政에 소속된 조직화된 인력이며, 진골귀족의 가산경제를 운영하는 손발이었을 가능성이 크다. 무수한 소·말·돼지 등은 그들이 관리했을 것이다. 『삼국사기』권33, 잡지2 옥사屋舍에 마구간의 크기에 대한 규정을 보면, 육두품은 말 5마리, 오두품은 말 3마리, 사두품에서 백성까지는 말 2마리 이상을 넣을 수 있는 마구간을 지을 수 없다는 것이다. 여기서 진골에 대한 제한 규정은 없다. 가정기관家政機關을[23] 소유한 진골귀족만이 목장을 소유했다고 볼 수 있다.[24]

말은 사육·생산하는 데 많은 인력이 필요하며, 말을 사용 가능하게 하는 데도 상당한 훈련기간이 소요된다. 말을 생산하고 그것을 전마戰馬로 훈련시키는 데 전문적인 조직이 필요한 것이다. 장보고는 해도인海島人으로서 진골귀족의 목장에서 사역한 경험을 가지고 있었을 가능성이 크다.

앞서 언급한 바와 같이 장보고가 말을 타고 창槍을 쓰는 데는 신라 본국에서는 물론 중국 서주徐州에서도 대적할 자가 없었다고 한다. 장보고가 어린 시절부터 말을 다루지 않았다면 그것은 불가능한 것이다. 최소한 기수와 말이 한 몸이 되어 움직이는 경지에 오르기 위해서는 그렇다.[25]

당대唐代의 시인詩人 고적高適의 영주가營州歌에 "호아십세능기마 胡兒十歲能騎馬"란 구절을 보듯이,[26] 유목사회에서 자라난 아이는 10세만 되면 말을 타고 질주할 수 있었다. 이는 아래에 보이는 『정훈격언庭訓格言』내용과 부합된다.

> 말을 잘 타지 못하면 말 위에서 활을 잘 쏠 수 없다. 적당한 경험을 쌓기 위해서는 어려서부터 훈련을 해야 하고 겁을 없애는 것도 배워야 한다. 성인이 되어 말을 능숙하게 다루려면 열 살 정도에 이미 말을 타고 질주할 수 있어야 한다.[27]

아주 어려서부터 승마에 대한 겁을 없애고, 열 살 정도에 가서 질주를 할 수 있어야 성인이 되어 말을 능숙하게 다룰 수 있다고 하는 것이다. 말에 대한 숙련도는 장보고에만 국한된 것이 아닐 것이다. 대구에서 정부군 10만을 궤멸시킬 정도로 능숙했던 장보고의 3천 기병도 그러했을 것이다. 이들 구성원에 대하여 어느 정도 암시를 주고 있는 『삼국사기』 권10, 흥덕왕 3년 4월의 기사를 보자.

> 여름 4월에 청해 대사 궁복의 성은 장씨인데 당나라 서주徐州에 들어가서 군중소장이 되었으며, 뒤에 본국으로 돌아와 왕을 뵙고 1만 명을 거느리고 청해를 지키게 되었다.

장보고의 세력 기반이 된 군졸 1만의 성격에 대해서는 일찍이 김상기 선생에 의해 지적된 바 있다. 그에 의하면 군졸 1만은 장보고가 신라 국왕으로부터 현지 완도의 변민邊民 1만을 규합할 수 있는 양해를 받아내어 조직한 민군民軍이라 한다.[28] 장보고가 암살된 후 일본으로 도피한 어여계於呂系 등이 그의 '장보고가 다스린 지역의 섬사람(소섭도민所攝島民)'이라 한 것이[29] 이를 단적으로 말해준다.

서남해안에 집중된 진골귀족의 목장을 생각해 볼 때 완도의 변민邊民들이 목축의 경험이 있었으리라는 것은 충분히 상정할 수 있다. 다시 말해 장보고의 기병 구성원들도 말을 다루어 본 경험이 없었다면 정예기병이 되는 것은 불가능했다. 부유층만의 특권인 승마를 해도인들은 목축을 통해서 체험했을 것이다. 우리는 여기서 해도인海島人이란 명칭에 대하여 재음미할 필요가 있다. 지금까지 우리가 주목한 것은 해도의 해海였다. 그런데 도島가 목축지를 의미한다는 점은 간과했다.

문성왕이 장보고의 딸을 차비次妃로 맞이하려 했을 때, 귀족 신하들은 '장보고는 해도인海島人'이라며 신분상의 이유로 철저하게 반대하였다. 여기서 해도인이란 바닷가에 사는 평민·백성 또는 그 이하의 하층 계급 출신으로 생각되며, 그들이 바닷가에 살기 때문에 하층 계급이 된 것이 아니라 섬에 있는 진골귀족의 목장에서 목축을 하는 목동이기 때문에 그러했을 것이다. 해도인이란 표현이 평민 백성과 구별되는 특별한 의미를 가진 것이며, 해도인은 곧 천민賤民을 의미한다고 한 포생경자蒲生京子의 지적은[30] 타당하다.[31]

농경사회에서 목동은 천시되었던가? 어린 시절 양을 치던 위청衛靑도 노예취급을 받았다. 그러나 그는 장성하여 기사騎射에 뛰어난 것을 인정받아 후가侯家의 기랑騎郎이 되었고, B.C. 130년 차기장군車騎將軍으로 출전하여 흉노匈奴를 격파했다. 나아가 3회에 걸친 성공적인 출격으로 그는 한제국漢帝國이 오르도스를 확보하여 흉노匈奴에 대해 전략적 우위를 점하는 견인차가 되었다.[32] 대흉노전對匈奴戰에서 탁월한 기량 발휘는 위청의 어린 시절의 경험이 밑천이 되었으며, 그가 거느린 기병들도 목축의 경험이 있는 북쪽 변경 출신이었다고 한다.[33] 이 점 장보고의 기병과 관련하여 시사하는 바가 크다.

3. 장보고의 병력 부양과 진골귀족의 목장牧場·전장田莊

장보고의 기병 조직과 창설 그리고 그것을 유지하는 것이 어떻게 가능했는지 생각해 보자. 그것은 다음의 몇 가지 요소로 집약될 수 있다.

먼저 말을 정기적으로 공급받아야 한다. 이는 고가의 비용이 드는 것임에 틀림이 없으며, 안정된 공급지가 절대 필요하다. 다음으로 길들이지 않은 말은 실전實戰에서 사용할 수 없다. 말들을 전마戰馬로 훈련해야 하는 것이며, 적지 않은 인력과 시간이 소요된다.[34] 장춘수張春樹에 의하면 한무제漢武帝 당시 말馬사육에 남녀男女노비奴婢 30만이 동원되었으며, 말들은 흉년에도 곡물을 먹는 특권을 누렸다고 한다.[35]

마지막으로 기병을 보유하고 유지하는 비용이 막대하다. 『한서漢書』권69, 조충국전趙充國傳을 보면 군마軍馬 1마리의 1개월 식량이 병사 1인의 1년 식량에 해당한다고 한다. 말 한 마리는 병사 12배의 식량을 먹는다고 할 수 있다. 말과 곡물의 지속적인 확보를 실질적으로 가능하게 하기 위해서는 막대한 재원이 필요하다.

장보고의 대외무역이 그 재원 마련의 기반이 되었을 것임에 틀림이 없다. 특히 외래 사치품이 왕경의 신라 귀족사회를 휩쓸었던 것은 장보고와 진골귀족 사이의 거래를 입증하고 있다. 834년 홍덕왕은 사치 제한령을 반포했다. 『삼국사기』권33, 잡지 2에 보이는 이 규정은 옥사屋舍·색복色服·거기車騎·기용器用 등 일상생활 전반에 걸친 광범위한 제한령이다. 그 의도는 당시 진골귀족 이하 귀족층 사이에 만연되고 있던 사치풍조를 규제하려는데 일차적 목적이 있다.

이 제한령에 보이는 외래 상품 가운데는 그 원산지가 타슈겐트지방 아랄해海 동안東岸인 슬슬瑟瑟을 비롯하여 양모羊毛를 주성분으로 하여 만든 페르시아의 좌구坐具용 모직물인 탑등毾㲪, 캄보디아산 비취모翡翠毛, 보르네오·자바산 대모玳瑁, 자바·수마트라산 자단紫檀, 캄파·수마트라가 주산지인 침향沉香 등이 보인다. 이러한 사치품은 장보고의 무역 선단에 의해서 신라에 들어온 것이 분명하며, 진골귀족에게 판매되었을 것이다.[36]

그렇다면 장보고의 안정적인 말의 구입처가 된 곳은 어디일까? 완도 앞 다도해의 진골귀족들의 목장을 제외하고는 그 어떠한 것도 상정되지 않는다. 장보고의 외국산 사치품은 진골귀족의 말과 상호 교환되었을 것이다. 나아가 장보고가 그의 말을 먹이고, 그의 병력을 부양하는 데 소요되는 곡물도 마찬가지다.

진골귀족들의 토지 지배는 거의 전국적 규모였다. 그중에서 필자가 주목하는 것은 구 백제 지역에 존재한 그것이다. 개선사 석등기를 보면 전남 담양에 진골귀족의 농장이 존재했던 것을 알 수 있다. 890년에 건립된 이 석등은 개선사의 토지 문서적인 성격을 가지고 있다. 맨 아래 줄을 보면 "동쪽은 영행의 땅, 북쪽도 영행의 땅, 남쪽은 지택池宅의 땅"이라는 기록이 보인다.[37] 여기서 주목되는 것이 지택池宅이다.

주지하는 바와 같이 『삼국유사』에는 신라 전성시대 왕경인 경주에 존재했던 35개의 금입택金入宅의 명칭을 기록하고 있는데 그중에 지택의 명칭이 보인다. 금입택은 진골귀족들 각 가문의 호화저택으로 그 소유자는 일반 진골 가문 가운데서도 극히 유력한 계층이 아니었을까 한다. 왕경에 있는 지택은 전남 담양에 토지를 소유하고 있었다. 장흥 보림사 보조선사 탑비의 비문에도 금입택의 택호宅號가 보인다.

(헌안왕이) 망수택과 이남택 등에 교를 내려, 금 160분과 조 2,000곡을 공출하게 하여 절을 장엄공덕하는데 충당했다. 절은 (왕실의) 선교성에 속하게 했다(敎下望水·里南等宅 共出金一百六十分 租二千斛 助充裝飾功德 寺隷宣敎省.「장흥 보림사 보조선사 탑비」).

동 비문에 의하면 헌안왕은 즉위 후 금입택의 가운데 하나인 망수택望水宅과 리남택里南宅 택주宅主에게 하교하여 금 169분分과 조租 2,000곡斛을 보림사에 기부하게 했다. 여기서 필자가 주목하고자 하는 것은 조租 2천 곡이다. 양 금입택이 보림사에 기부한 조곡 2천 곡은 답畓 1,333결의 소출량에 해당하는 것이다.[38]

문제는 망수택과 이남택이 기부한 조곡 2천 곡이라는 막대한 양의 곡물의 운반이다. 그것이 왕경 경주에 있는 망수택과 이남택의 창고에서 전남 장흥으로 운반되어온 것으로 보아야 할까? 필자는 아니라고 본다. 헌안왕이 보림사에 희사를 하는 데 있어 망수택과 이남택을 지목한 것은 망수택과 이남택의 田莊이 전남 장흥 현지에 있었기 때문일 것이다.

이기동 선생은 보림사 불사에 심혈을 기울였던 장사현 부수 김수종金遂宗이 장사택長沙宅이 친정인 경명왕비景明王妃의 조부인 김수종金水宗과 동일인이었을 가능성이 크며, 장사택의 택호도 그가 부수로 재직한 바 있는 무주 장사현長沙縣에서 연유한 것으로 보고 있다. 근친왕족으로 생각되는 김수종이 국가로부터 식읍 내지 녹읍을 받았을 것이 틀림이 없고, 그곳은 김수종이 지방관으로 재직하여 연고지가 된 장사현 지방일 가능성이 크다는 것이다.[39]

고창 무장은 바다와 인접한 곳이다. 김수종이 보림사 경내에 있는 비로자나불 조성(858)과 삼층석탑 건립(870)에 막대한 사재를 던질 수 있었던 것은 장흥과 해로로 연결되는 그 자신의 전장과 밀접한 관련이 있을 것이다. 다시 말해 장흥 보림사의 불사에는 고창 무장에 있는

김수종의 전장에서 생산된 곡물이 배를 통해 장흥 보림사에 보내겼을
가능성이 크다.

서해안에 무열계 가문의 전장도 확인된다. 김흔金昕이 충남 보령
에 있는 자신의 사찰(성주사)을 낭혜에게 희사할 때 그 부근의 토지도
함께 희사했다. 무열계 김종기의 손자인 김흔은 충남 보령지역에 원
찰과 적지 않은 토지를 소유하고 있었다. 성주사낭혜화상비문聖住寺
朗慧和尙碑文을 보자.

"사찰寺刹 하나가 웅천熊川의 곤우坤隅(서남간西南間의 남포南浦)
에 있는데 이는 나의 조상 임해공臨海公이 예맥(고구려)을 정벌한 공
으로 봉封을 받았던 곳인데 중간에 화재를 당하여 금전金田이 반쯤
재가 되었으니 자비심이 어진 이가 아니고서는 누가 능히 없어졌던
것을 일으켜 존속시킬 수 있겠는가?" 대사가 대답하기를 "인연이 있으
면 가서 있겠노라"하였다.

우리는 여기서 무열계 김인문 가문의 대규모 토지가 충남 보령에
있었던 것을 알 수 있다. 김흔은 민애왕대 이찬상국伊湌相國까지 오
른 거물급 정치인이었다. 김흔의 사촌 김양金陽(=위흔魏昕)이 성주사
에 희사한 것도 같은 맥락에서 이해된다.[40] 즉 김양이 성주사 개창에
중요한 후원자가 될 수 있었던 것은[41] 그의 토지가 충남 보령 부근에
있었기 때문일 것이다.

왕경 소재 대사찰의 장원莊園도 남해안에 있었다. 원인圓仁의 일
기 『입당구법순례행기』 847년 9월 8일 조에는 "안도 가까운 동쪽에 황
룡사黃龍寺의 장원莊園이 있다"라 하고 있다. 구 백제 지역은 그야말
로 왕실·진골귀족·왕경의 대사찰大寺刹의 재산이 집중된 곳이다.
왜냐하면 이 지역은 신라가 백제를 정복하면서 획득된 지역이고, 전술
한 『삼국사기』 권7, 문무왕 9년 조의 목장 재분배 기사에서 알 수 있

듯이 신라 지배층들에게 재분배된 지역이었기 때문이다.

그곳에서 생산된 잉여물의 상당량은 서해를 통해 왕경으로 운반된 것으로 생각되며, 수로를 장악한 장보고의 청해진을 경유했을 것이다. 따라서 서남해안에 산재한 진골귀족의 농장에서 생산되는 곡물의 상당량이 그들의 사치품 구매 대금으로 사용되면서 자연스럽게 청해진으로 유입되었을 가능성이 크다.

장보고가 서남해안을 장악하는 데 보유했던 병력 부양에 상당한 물자가 소요되었던 것은 확실하고, 장보고가 수입한 사치품이 현지 신라 지배층의 전장과 목장의 수익을 교환되는 형태로 병력 부양에 조달되었을 것이다. 834년 홍덕왕이 제한령을 반포할 만큼 극에 달했던 신라지배층들의 사치품 수요는 특히 장보고의 잘 훈련된 3천 기병을 조직하고 유지하는 재원 획득의 원천이었다.

청해진 설치 이전에 서남해안의 군소 해상 세력들이 해적 행위와 불법적인 노예무역을 통해 이익을 얻었다면,[42] 그들을 철저히 단속하고 해상에 질서를 부여한 장보고는 당으로부터 사치품 수입을 독점하여 진골귀족들에게 판매했다. 그 상업적 거리巨利는 장보고의 병력을 부양하는 재원으로 전환되어 서남해안의 질서를 유지시켰다. 전자가 신라의 인력을 중국으로 유출하고 신라 지배층의 수익을 사장하는 축소재생산縮小再生産의 역할을 했다면, 후자는 전자가 가진 폐해를 막고 신라 지배층의 생산과 수익운반을 보장하고 나아가 그것을 소비할 수 있는 길을 열었다 할 것이다.

그러나 839년 신무왕이 장보고의 힘을 빌려 재기한 것에서도 알 수 있듯이 결과적으로 청해진은 반정부 세력에게 유용한 은신처를 제공해주고 무력기반이 되었다.[43] 우리는 여기서 해상세력의 번영이 국가의 존립에 부정적인 영향을 준다고 한 마르크 브로크의 지적을 상기할 필요가 있다. 그에 의하면 해상세력은 음모를 꾸미는 자들이 간계

奸計를 획책하는 데 소요되는 비용을 축적할 수 있는 수단이 된다고 한다.[44]

4. 소결

이상으로 장보고의 기병을 중심으로 서남해안의 목축 환경과 청해진의 경제적 기반에 대하여 살펴보았다. 베일에 가려진 장보고 초년의 생애를 밝히려는 것이 당초 목표였으나 장황한 서술이 되고 말았다. 그러나 필자로서는 영성한 『삼국사기』의 기사를 토대로 하여 두목杜牧의 문집에 보이는 장보고의 창기槍騎에 관한 기록과 최근에 얻은 기사騎射에 관한 지식을 갖고 청해진 기병의 실체를 보다 완벽하게 밝히고자 하는 욕망이 있었다. 이러한 노력이 어느 정도로 성공을 거두었는지 알 수 없다. 이제 내용을 요약해 봄으로써 본고의 결론에 대신하기로 하겠다.

839년의 달구벌 전투에서 10만의 정부군은 수적인 절대 우세에도 불구하고 장보고의 5천 강병에게 괴멸되었다. 민애왕은 궁정의 음모와 권력 투쟁에는 능했지만, 전쟁에 대한 지식은 부족했던 것 같다. 장보고 군대와 일대 결전 장소로 달구벌(대구)을 선택한 것은 전략상 치명적인 실책이었다. 민애왕의 병력이 장보고의 군대보다 20배가 많다고 해도 기병을 평지에서 막아내겠다는 생각은 상식 이하의 결단이었다. 이보다 앞서 838년 12월 주대감州大監 김민주가 무주 철야현 북쪽(나주)의 평야지대에서 장보고의 군대를 막으려고 했던 것도 전략상 실책이었다. 신라 정부군은 장보고의 군대를 지리산의 중턱에서 막아내는 것이 전략상 상책이었다.

장보고는 기병의 위력에 대해 체득하고 있었다. 두목杜牧에 의하면 장보고의 기마술과 창법에 관한한 신라 본국은 물론 중국 서주徐

州에서도 대적할 자가 없었다고 한다. 그는 서주절도사 아군牙軍에서 창기병槍騎兵 부대를 지휘했을 가능성이 크며, 귀국해서 기병단을 창설한 것도 이 같은 경험에서 비롯된 것이다.

장보고가 어린 시절부터 말을 다루지 않았다면 그것은 불가능한 것이다. 최소한 기수와 말이 한 몸이 되어 움직이는 경지에 오르기 위해서는 그렇다. 이것은 장보고의 성장 환경이 진골귀족과 왕실의 목장이 밀집한 서남해의 다도해였다는 것과 밀접한 관련이 있다.

846년 9월 일승日僧 원인圓仁은 무주(전남) 도서지역에서 신라 제3 재상과 왕실(내가內家)의 목장을 목격한 바 있다. 중대말中代末의 사실을 전하는『신당서』권220을 보아도 신라 재상가의 도서지방 목축에 대하여 언급하고 있다. 진골귀족들은 목장을 운용하는 데 있어 서남해안의 해도인들을 노동력으로 이용했을 가능성이 높다.

부유한 자들만이 탈 수 있었던 말을 장보고 기병의 인적 자원인 해도인들은 목축을 통해서 체험했을 것이다. 우리는 여기서 해도인海島人이란 명칭에 대하여 재음미할 필요가 있다. 지금까지 우리가 주목한 것은 해도의 해海였다. 도島라는 목축지에 대해서는 간과했던 것이다. 해도인이 바닷가에 살기 때문에 비천한 것이 아니라 섬에 있는 진골귀족의 목장에서 목축하는 목동이기 때문에 그러했을 것이다.

839년 1월 달구벌에서 목동들로 이루어진 장보고의 기병들이 싸우는 모습을 상상해 보자. 장보고의 기병은 한 번의 공격으로 민애왕의 10만 정부군을 단숨에 흩어놓았다. 정부군은 마치 혼란에 빠진 짐승 무리와 같았고, 장보고의 기병은 그들을 양떼 몰듯이 요리했다. 장보고의 기병은 다루기 쉬운 구역 안으로 정부군을 갈라 넣었고, 측면으로 돌아서서 혼란에 빠뜨려 흩어져 도망치게 한 다음 정부군 부대 중에 주력을 고립시켜 분쇄했다. 그들은 적에게 어떻게 위협을 가해야 수적인 열세를 극복하고 주도권을 장악하는지 본능적으로 알고 있었으며, 선택한 일부를 죽일 때도 다른 무리가 반항 못하도록 만들었다.

한편 장보고가 이러한 기병단을 창설·조직하는 데 있어 말馬 없이는 불가능하다. 그 말의 구입처는 완도 앞 다도해의 진골귀족들의 목장을 제외하고는 그 어떠한 것도 상정되지 않는다. 장보고의 외국산 사치품은 진골귀족의 말과 상호 교환되었을 것이다. 나아가 장보고가 그의 말을 먹이고, 그의 병력을 부양하는 데는 상당한 곡물이 있어야 한다.

구 백제 지역은 그야말로 왕실·진골귀족·대사찰의 재산이 집중된 곳이다. 서남해안에 있는 진골귀족의 농장에서 생산되는 곡물의 상당량이 그들의 사치품 구매 대금으로 사용되면서 청해진에 지속적으로 유입되었을 가능성이 크다. 다시 말해 장보고가 서남해안을 장악하는데 보유했던 병력을 부양하는 데 상당한 물자가 소요되었던 것은 확실하고, 그것은 장보고가 수입한 사치품이 현지에 있는 신라 지배층의 전장과 목장의 수익이 교환되는 형태로 조달되었을 것이다.

국가의 통제력이란 항상 사회의 희생하게도 하고 존립하게도 하는 양면의 경향을 갖고 있다. 국가의 통제력이 약해질 때 사회는 무질서하지만, 활력이 넘친다. 그렇지만 그 역동적인 사회적 활력이 풍요로움으로 전환되기 위해서는 질서가 부여되어야 한다. 서남해안에 창궐했던 해적은 진골귀족의 전장 목장에서 생산된 잉여물을 왕경으로 운반하는 데 치명적인 장애가 되었을 것이 확실하며, 834년 흥덕왕이 제한령을 반포할 만큼 극에 달했던 신라 지배층들의 사치품 수요로 나타난 사회적 풍요는 장보고가 해상의 혼란을 질서로 바꾼 결과였다.

그러나 신라 지배층의 사치품 소비는 장보고의 무력기반을 부양하고 정예화 하는데 필요한 원활한 재원 조달의 원천이 되었다. 그것도 그럴 것이 청해진의 출발 자체가 흥덕왕 정부의 재정적 지원을 받아 유지되는 것이 아니라 자체조달을 전제로 했을 가능성이 크기 때문이다. 신라 지배층은 해상의 평화와 그들의 안전한 수익 운반을 담보 받기 위해 장

보고의 청해진 설치를 허락했다.[45] 하지만 결과는 시간이 흐를수록 장
보고의 무력기반을 강화하는 쪽으로 선회되어 갔다.[46]

3장 기병과 목장 233

(미주)

1) 『三國史記』 卷,44 金陽傳(從兄弟 昕).

2) 서륜회는 이점 청해진이 군대가 그 만큼 강력함을 보여주는 것으로 보았다. 또한 그에 의하면 騎兵 3천의 존재는 청해진이 단지 해상활동만을 위한 곳이 아니었음을 보여주는 것으로 추측된다고 한다(徐侖希, 「淸海鎭大使 張保皐에 관한 연구」, 『震檀學報』 92, 2001, 20쪽).

3) 權英五, 「新羅下代 왕위계승분쟁과 閔哀王」, 『한국고대사연구』 19, 2000, 290-291쪽.

4) 김주성, 「張保皐세력의 흥망과 그 배경」, 『韓國上古史學報』 24, 1997, 164-170쪽.

5) 杉山正明 著, 이진복 譯, 『유목민이 본 세계사』, 학민사, 1999. 34쪽.

6) 조강환 譯, 『六韜三略』, 자유문고, 1995, 217-218쪽.

7) 838년 3월 장보고 군대가 남원을 함락시킨 직후부터 민애왕 정부가 경상도 일원에 있는 농민들을 징발하기 시작했을 가능성은 충분히 있다. 그들을 징발하고 대구에 집결시키는 데는 상당한 시간이 소요되었을 것이며, 농민들은 훈련을 받을 시간이 거의 없었을 것이다. 물론 민애왕과 그 휘하의 귀족들이 가진 사병들은 전투경험이 있었다. 하지만 이들은 소수였다.

8) 李基白, 「永川 菁提碑 貞元修治記의 考察」, 『考古美術』 102, 1969;『新羅政治社會史研究』 일조각, 1974, 293-295쪽.

9) 주 6)과 같음.

10) Ralph D. Sawyer, *The Seven Military Classics of Ancient China* (Westview Press Boulder), 1993. pp.313·488~490; 徐榮敎, 「羅唐戰爭期 唐兵法의 導入과 그 意義」, 『韓國史研究』 116, 2002, 42쪽.

11) 李基白, 「新羅私兵考」, 『新羅政治社會史研究』, 일조각, 1974, 260쪽.

12) 李仁哲, 「新羅 支配體制 붕괴와 군사조직」, 『新羅政治制度史研究』, 一志社, 1993, 397쪽.

13) 대감 김민주를 격파한 장보고 군대의 행군로는 지형을 고려해 본다면 현재 광주와 대구를 이어주고 있는 88고속도로나 이와 나란히 달리고 있는 국도와 흡사하지 않나 추측된다. 장보고 군대가 청해진에서 출발하여 나주를 지나 광주에 도착한 후 남원을 거쳐 대구로 향했다면 지리산 중턱의 운봉을 넘어야 한다. 운봉을 넘어서면 함양이다. 함양읍에서 수동면으로 나오면 두 갈래 길이 나온다. 하나는 남강을 따라 남으로 내려가 진주에 이르는 길이고, 하나는 남강을 거슬러 북상하여 안의면으로 가는 길이다. 거기서 대구로 가는 가장 단거리 코스는 안의를 경유하여 거창읍으로 가서 황강을 따라가다가 합천 묘산을 거쳐 고령 쌍림으로 향하는 것이다. 여기서 7세기 초반 백제군의 서부경남 공략과정은 하나의 참고가 된다. 602년 백제군은 남원을 출발기지로 하여 아막성(운봉)을 끈질기게 공격하였으며, 지리산의 관

문 운봉을 돌파한 뒤 624년 속함성(함양)등 6성을 함락한 바 있다. 이는 백제가 642년 신라의 서부전선의 지휘본부인 대야성(합천)을 함락시켜 신라 조야를 일대 위기국면에 몰아넣었던 서막이 되었다. 대야성이 함락 당한 후 신라는 낙동강 서쪽에서 철수하여 왕경의 지척인 경산에 신라서부전선의 지휘본부를 설치해야 했다.

14) 이병도 역주, 『삼국사기』 상, 을유문화사, 1983, 207쪽.

15) 徐榮敎, 「羅唐戰爭期 唐兵法의 導入과 그 意義」, 『韓國史研究』 116, 2002, 52쪽.

16) 『三朝北盟會編』 卷36, 靖康 원년 2월 조, "河北路兵馬鈐轄李侃以兵二千與金人十七騎戰敗績. 和議己定金人遣十七騎持文字報其國中, 經由磁州. 李侃以身爲兵官, 且承禁殺之旨. 乃率禁軍民兵二千, 往擊之, 與十七騎相遇. 金人日, 「不須用兵, 令城下己講和矣. 我乃被太子郎君差往國中幹事」. 侃不信, 欲與之戰. 十七騎者分位三, 以七騎居前, 各分五騎爲左右翼, 而稍近, 後前七騎馳進, 官軍少郤. 左右翼兩勢掩之, 且馳且射, 官軍奔亂死者幾半(『文淵閣四庫全書』 350冊, 史部108, 臺灣尙務印書館, 1983, pp.280-281); Jing-shen Tao, *The Jurchen in Twelfth-Century China*, University of Washington Press, Seattle, 1976, pp.22-23; Paul J. Smith, *Taxing Heaven's Storehouse— Horse, Bureaucrats and Destruction of the Sichuan Tea Industry(1074-1224)*, Harvard University Press, Cambridge Massachustts, 1991, pp.14-15; 杉山正明 著, 이진복 譯, 『유목민이 본 세계사』, 34쪽.

17) 杜牧, 『樊川文集』 卷6, 張保皐·鄭年傳 "騎而揮槍, 其本國與徐州, 無有能敵者"

18) 李基東 「張保皐와 그의 海上王國」, 『新羅社會史研究』, 일조각, 1997, 205쪽.

19) 물론 조선시대 목장은 함경도, 평안도, 제주도를 포함하는 것이며, 이렇게 볼 때 문무왕대 분배된 목장의 수가 너무 방대한 느낌도 준다. 그러나 당시 분배된 174개소의 목장이 서남해안 島嶼는 물론 신라본토에도 존재했을 가능성을 생각해 본다면 그렇게 무리도 아니다.

20) 南都永, 『韓國馬政史』, 한국마사회, 1996, 229쪽. 〈표 4〉參照.

21) 今西龍, 「新羅骨品考」, 『新羅史研究』, 1933, 198쪽.
    李基東, 「新羅 金入宅考」, 『新羅骨品制社會와 花郎徒』, 한국연구원, 1980. 203쪽.

22) 李基白, 「新羅私兵考」, 『歷史學報』 9, 1957;『新羅政治社會史研究』, 1974. 256쪽.
    金哲埈, 「新羅 貴族勢力의 基盤」, 『人文科學』 7, 서울대, 1962:『韓國古代社會研究』, 1975, 223-224쪽.

23) 李成市는 진골귀족들의 金入宅은 풍부한 경제적 기반 위에서 각각 家政機關을 갖추고 많은 사람을 거기에 예속시켰다 한다. 또한 그에 의하면 그 가운데는 왕실의 內廷에 견줄 만한 기구를 보유하기도 했으며, 그 가정기관에는 국가적 사업에 참여할 정도로 유능한 工匠이 소속되어 있었고, 그들은 관영 혹은 궁정공방에 결코 뒤지지 않는 역량을 갖추고 있었다 한다(李成市 지음, 김창석 옮김, 『동아시아의 왕권과 교역』, 청년사, 1999, 78쪽).

24) 서영교, 「신라 통일기 기병증설의 기반」, 『역사와 현실』 45, 2002, 149-153쪽.

25) Colonnel D. H. 'Gordon, Swords, Rapiers and Horse-riders' *Antiquities Vol. 27, No.106*, Newbury. Berks., June 1953, pp.76-78 參照; Chauncey S. Goodrich, Riding

Astride and the Saddle in Ancient China, *Harvard Journal of Asiatic Studies 44*, 2, Harvard-Yenching Institute Cambridge Massachusetts, 1984, pp.279-304 參照.

26) 『全唐詩』 卷44, 「營州歌」.

27) 조너선 디. 스펜스 지음, 이준갑 옮김, 「사냥과 원정」, 『강희제』, 이산, 2001, 58쪽에서 재인용.

28) 金庠基, 「古代의 貿易形態와 羅末의 海上發展에 對하여」, 『東方文化交流史論攷』, 乙酉文化社, 1948. 32쪽.
金光洙, 「張保皐의 政治史的 位置」, 『張保皐의 新研究』, 완도문화원, 1985, 72-74쪽.

29) 『續日本後紀』 卷11, 仁明天皇 9年(642) 正月 그 후 於呂系 등이 귀화하여 와서 '우리들은 장보고가 다스리던 섬의 백성입니다. 장보고가 작년 11월중에 죽었으므로 평안하게 살 수 없었던 까닭에 당신 나라에 온 것입니다.'

30) 浦生京子, 「新羅末期の張保皐の擡頭と反亂」, 『朝鮮史研究會論文集』 16, 1979.

31) 필자는 이전의 논고에서 장보고를 평민출신으로 표현한 적이 있다(서영교, 「청해진과 서남해안의 전장·목장」, 『STRATEGY21』 8, 2001 가을·겨울호, 한국해양전략연구소[2002, 3], 96쪽 8째 줄·97쪽 7째 줄·13째 줄). 이는 명백히 잘못된 것이다.

32) 『史記』 卷111, 衛將軍驃騎列傳; Yu Ying-shih 'Han foreign relation' *The Cambridge History of China* Vol.1, Cambridge University Press, Cambridge, 1986, pp.390·394·448.

33) Chang Chun-Shu, 'Military Aspect of Han Wu-Ti`s Northern and Northwestern Campaigns' *Harvard Journal of Asiatic Studies* 26, Harvard-Yenching Institute Cambridge Massachusetts, 1966, pp.167-172.

34) Lynn White, Jr. *Medieval Technology and Social Change*, Oxford University Press, London, 1962, pp.57-69 參照.; John Ellis, *CAVALRY-The History of Mounted Warfare*, G. P. Putnam`s Sons, New York, 1978, pp.19-21 參照; Karl F. Friday, *Hired Swords-The Rise Private Warrior Power in Early Japan*, Stanford University Press, Stanford, 1992, p.39 參照.

35) Chang Chun-Shu, 'Military Aspect of Han Wu-Ti`s Northern and Northwestern Campaigns' *Harvard Journal of Asiatic Studies 26*, p.168.

36) 李基東, 「長保皐와 그의 海上王國」, 『新羅社會史研究』, 일조각, 1997, 218쪽.

37) "東令行土 北同 土南池宅土 西川奧杏 十結 八畦東令行土西北同 土南池宅土"

38) 李基東, 「新羅 金入宅考」, 『新羅骨品制社會와 花郎徒』 일조각, 1984, 204쪽.

39) 李基東, 「新羅 金入宅考」, 앞의 책, 190쪽과 같은 쪽 註20); 그의 지적대로 경주 都內지역으로 생각되는 鄕에 郡縣名과 일치하는 鄕名이 8개가 보인다.

40) (결락)金殿 歎無佛像 頓捨家財(결락)租稻充入 鑄像工價 魏昕伊湌(결락)奉鑄丈六世尊像(결락)…(金人之 撰 「聖住寺碑」); 曹凡煥, 「朗慧無染과 聖住寺의 創建」, 『新羅禪宗史研究』 一潮閣(西江大 人文科學研究所 人文研究傳刊 第44輯), 2001. 49쪽.

41) 曹凡煥, 「朗慧無染과 聖住寺의 創建」 앞의 책. 49-55쪽.

42) 청해진 설치 이전 해적의 창궐은 서남해안 진골귀족의 전장·목장에서 생산되는 수익물을 왕경으로 운반하는 데 큰 장애를 주었을 것이다(서영교, 「청해진과 서남해안의 전장·목장」, 『STRATEGY 21』 8).

43) 徐榮敎, 「9世紀 중반 新羅朝廷의 海上勢力 統制」, 『慶州史學』 13, 1994, 16쪽.

44) 마르크 브로크 著, 한정숙 譯, 『봉건사회』 Ⅰ, 한길사, 1986, 70쪽.

45) 서영교, 「청해진과 서남해안의 전장·목장」, 『STRATEGY21』 8.

46) 본고의 작성에 동국대 사학과 정병준 선생님의 교시와 자료제공이 크게 힘이 되었다. 정병준 선생님께 감사를 드리는 바이다.

색인

서지사항

1. 「신라 시위부」『이기동 정년논총』주류성 2009.
2. 「안압지 출토 철과의 용도」『동국사학』37, 2002.
3. 「신라 하서정 군관조직에 대하여」『신라문화』17·18, 2000
4. 「신라흑의장창말보당」『軍史』74, 국방부 군사편찬연구소, 2010.
5. 「蘇定方의 長槍步兵과 對서돌궐전투」『중국고중세사연구』15, 2006
6. 「신라 步騎와 步騎幢」『대구사학』101, 2010.
7. 「신라 통일기 기병증설의 기반」『역사와 현실』45, 2002.
8. 「장보고의 기병과 서남해안의 牧場」『진단학보』94, 2002.

서영교 약력

◆ 경남 거창 출생. 1967년
◆ 부산남고 졸업
◆ 동국대학교 국사과 졸업
◆ 동국대학교 대학원 사학과 석박사 졸업
◆ 동국대. 중앙대. 경북대 강사
◆ 경북대학교 영남문화연구원 책임연구원
◆ 목원대학교 역사학과 교수
◆ 현 중원대학교 한국학과 교수
◆ 현 중원대학교 박물관장

新羅 軍事史 新研究
- 역사로 본 新羅 軍 이야기 -

2016년 10월 25일 초판 1쇄 발행

저 자 ‖ 서 영 교
펴낸이 ‖ 이은서
표지디자인 ‖ 유선주 디자이너
펴낸곳 ‖ 출판사 은서
주 소 ‖ 서울 성북구 지봉로 20길 12-15
메 일 ‖ sseo2015@naver.com
연락주실 곳 ‖ T) 02-989-0077 F) 031-793-5136
ISBN-979-11-958543-0-1 93910

20,000 원

「이 도서의 국립중앙도서관 출판예정도서목록(CIP)은 서지정보유통지원시스템 홈페이지(http://seoji.nl.go.kr)와 국가자료공동목록시스템(http://www.nl.go.kr/kolisnet)에서 이용하실 수 있습니다.(CIP제어번호: CIP2016020307)」